Iluminação, Sexo e Coca-Cola

Desafios no Caminho Espiritual

Sabrina Fox

Iluminação, Sexo e Coca-Cola
Desafios no Caminho Espiritual

Tradução
ZILDA HUTCHINSON SCHILD SILVA

EDITORA PENSAMENTO
São Paulo

Título original: *Erleuchtung, Sex & Coca-Cola.*

Copyright © 2004 Wilhelm Goldmann Verlag, Munique, uma divisão da Verlagsgruppe Random House GmbH, Munique, Alemanha.

Todos os direitos reservados. Nenhuma parte deste livro pode ser reproduzida ou usada de qualquer forma ou por qualquer meio, eletrônico ou mecânico, inclusive fotocópias, gravações ou sistema de armazenamento em banco de dados, sem permissão por escrito, exceto nos casos de trechos curtos citados em resenhas críticas ou artigos de revistas.

A Editora Pensamento-Cultrix Ltda. não se responsabiliza por eventuais mudanças ocorridas nos endereços convencionais ou eletrônicos citados neste livro.

Dados Internacionais de Catalogação na Publicação (CIP)
(Câmara Brasileira do Livro, SP, Brasil)

Fox, Sabrina
 Iluminação, sexo e Coca-cola : desafios no caminho espiritual / Sabrina Fox ; tradução Zilda Hutchinson Schild Silva – São Paulo : Pensamento, 2007.

 Título original: Erleuchtung, sex & Coca-cola
 ISBN 978-85-315-1491-3

 1. Conduta de vida 2. Espiritualidade 3. Filosofia e religião I. Título.

07-1619   CDD-291.4

Índices para catálogo sistemático:
1. Reflexões : Espiritualidade : Religião   291.4

O primeiro número à esquerda indica a edição, ou reedição, desta obra. A primeira dezena à direita indica o ano em que esta edição, ou reedição, foi publicada.

Edição   Ano
01-02-03-04-05-06   07-08-09-10-11-12

Direitos de tradução para a língua portuguesa
adquiridos com exclusividade pela
EDITORA PENSAMENTO-CULTRIX LTDA.
Rua Dr. Mário Vicente, 368 — 04270-000 — São Paulo, SP
Fone: 6166-9000 — Fax: 6166-9008
E-mail: pensamento@cultrix.com.br
http://www.pensamento-cultrix.com.br
que se reserva a propriedade literária desta tradução.

Para Júlia

Não descobriremos novos países, se não estivermos preparados para perder de vista a costa durante um longo tempo.

André Gide

Sumário

Prefácio 9

Querer convencer os outros 15

Entre a prudência e a naturalidade 27

Louca, corajosa ou espiritualizada? 37

Dedicação 54

Decisões 57

O anseio pela iluminação 63

O desejo de perfeição 70

Estar a serviço 77

Dedicação 83

Recordações pessoais 91

Modificações interiores e exteriores 94

As pessoas verdadeiramente espiritualizadas não precisam de nada 98

Karma 109

Vulnerabilidade e franqueza 132

Sexo 136

Vivências traumáticas 142

Dependências 148

Qual é a minha missão de vida?.. 154

Obstáculos para mestres.. 157

Admiração... 175

Sim e não.. 184

A fonte da sua sabedoria... 190

Sucesso e responsabilidade... 194

Orações, desejos e realidades.. 199

O que buscamos e como 205

Nós sabemos mais.. 209

Religião... 217

Iluminações instantâneas 223

Os santos saudáveis... 228

Situações limítrofes.. 247

Canalização.. 253

Serenidade.. 275

Aprender a viver... 282

Obrigada... 287

Prefácio

Nós começamos o nosso caminho espiritual porque não estamos felizes com a vida que estamos vivendo no momento. Algo nos causa grandes sofrimentos e nos obriga a nos interiorizarmos. Nessa altura não só examinamos o nosso ambiente, mas também a nós mesmos e tentamos trilhar novos caminhos com a ajuda de Deus.

Quando comecei a andar pelo meu caminho espiritual, eu tinha uma impressão bastante exata de como ele seria. É provável que no início ele fosse uma íngreme subida de montanha, o que exigiria grande esforço; mas, então, quando eu tivesse aprendido como se reza "corretamente", se medita "corretamente" e se vive "corretamente", ele seria uma magnífica caminhada em terreno plano. As pessoas queridas estariam ao meu lado cheias de espanto e de admiração pelo fato de tudo dar tão certo comigo. Naturalmente eu sempre serei saudável, sempre serei bem-sucedida, sempre serei radiante e amorosa. Eu sentirei a paz total – afinal, não meditei por tanto tempo em vão – e nada, mas absolutamente nada, me fará perder a calma. Mas, caso eventualmente um golpe do destino me atinja, eu o manterei dentro de limites inofensivos com as necessárias orações ou – conforme o caso – o mais depressa possível tirarei dele os meus ensinamentos para depois ir em direção ao majestoso nascimento do Sol ou do seu ocaso: cantando e numa eterna felicidade.

Bom, não é mesmo?

"Ah!", Deus deve ter pensado sorrindo. "Isso é muito tedioso. Você não está aqui na Terra para *viver*?"

E a minha resposta seria mais ou menos a seguinte: "Em princípio, nada tenho a obstar no que se refere a viver, mas quero me precaver contra as irritações e os sentimentos."

Os desafios, bem como os obstáculos, não se encontram em nosso caminho espiritual porque Deus gosta de observar quando nos chocamos com eles. Eles existem para que prestemos atenção neles. Em muitos casos, eles existem para preservarmos a humildade. Pois, justamente no nosso caminho para Deus, os perigos da arrogância, da teimosia e da intolerância se acumulam. Estamos tão encantados com o nosso novo caminho e com as nossas novas experiências, que olhamos compassiva ou instrutivamente para os nossos incrédulos semelhantes (com todos os matizes que existem entre eles) e lhes damos conselhos.

Na maioria das vezes, conselhos que não foram solicitados, como no exemplo a seguir.

Uma participante das minhas noites de vivências certa vez me perguntou, à beira das lágrimas, se eu também a abraçaria apesar de ela ter uma aura tão ruim. Eu lhe perguntei como chegara a essa conclusão. Ela me contou que há alguns meses estava num trem e o único lugar vago era a seu lado. Ela observou como uma mulher percorria o vagão de um lado para outro, obviamente à procura de um outro lugar, visto que aparentemente não queria ocupar o assento ao lado dela. Mas, como de fato não houvesse outro lugar livre, ela sentou-se ali, hesitante.

Depois de um curto intervalo de tempo ela começou uma conversa que, com a seguinte afirmação acabou com uma terrível conclusão: "Eu queria lhe dizer que só me sentei a seu lado a contragosto. A senhora simplesmente tem uma aura horrorosa. Deveria fazer algo a respeito."

A minha participante ainda se preocupava com isso meses depois! Não vi nada de assustador na aura dela.

Depois de mais de dez anos de intensivo treinamento espiritual cheguei a uma encruzilhada. Pude experimentar e aprender muitas coisas e, no entanto, havia outras que ainda me faltavam.

Eu quis escrever este livro por três motivos: em primeiro lugar, destina-se àquelas pessoas que acabam de iniciar o seu caminho espiritual. Como elas se vêem diante de uma massa enorme de informações e experiências, elas temem cometer erros ou cair na armadilha de algum charlatão. De acordo com a minha opinião, os erros são inacreditavelmente importantes, pois eles nos ajudam a juntar experiências significativas. Nós definimos como "erros" as experiências que não nos trazem os resultados que esperávamos. Contudo, muitas vezes, são exatamente esses resultados (portanto, esses erros) que nos ajudam a entender o que de fato queremos.

Naturalmente é muito importante não confiar em qualquer pessoa que prometa nos levar adiante no caminho rumo à iluminação. Temos de manter a razão atenta. E só porque alguém entende algo sobre cristais, freqüências eletromagnéticas e Feng Shui, isso de modo algum quer dizer que devamos entregar a nossa vida em suas mãos. Ao contrário, o caminho espiritual pede uma grande medida de perspicácia e atenção crítica, pois todo mestre que se oferece sempre tem também algo a aprender.

Até aqui sempre fui muito metódica no meu caminho espiritual. Um pouco metódica demais, como pude descobrir agora; pois, com isso, também fui um pouco obtusa. Mas podemos constatar isso com muito mais facilidade olhando para trás.

Enquanto eu me preparava para escrever este livro e pensava em tudo o que caberia nele, subitamente, numa meditação, tive a idéia de perguntar à minha família e aos meus amigos o que os perturbara mais no meu caminho espiritual. Muitos deles participaram desse caminho desde o início com horror e espanto. Eles tiveram de sentir no próprio corpo o que significava ficar perto de mim. Ficar perto de alguém que tem um único assunto de conversa: Deus.

Querida leitora, querido leitor, talvez por meio das narrativas do livro você consiga ser mais compreensivo com o seu meio ambiente: com o seu marido ou com a sua mulher, com o parceiro, os filhos, os colegas de trabalho, a mãe, o pai, os irmãos, os amigos... Esse foi o segundo motivo para escrever este livro. Talvez, desejo muito isso, o livro também sirva de inspiração para você obter a leveza que eu não consegui alcançar.

Quando pedi que os meus amigos escrevessem alguma coisa para o meu livro, eu lhes pedi o seguinte:

"No meu novo livro eu gostaria de incluir os seus pensamentos ou vivências. O objetivo desse livro é lidar com generosidade e compreensão com nós mesmos e com as pessoas da nossa convivência. Muitas vezes só nos ocorre mais tarde o quanto os nossos familiares ficavam nervosos por nossa causa, principalmente nos anos extremamente intensivos do nosso crescimento espiritual. Minha idéia é que vocês descrevam essas fases especialmente difíceis do seu ponto de vista. Não apenas as suas próprias fases, mas também aquelas que observaram em mim ou nos outros. Portanto, há dois aspectos sobre os quais vocês podem escrever. Os textos podem ser tão longos ou tão curtos quanto vocês quiserem. Eles não serão modificados, mas (caso haja necessidade) apenas traduzidos.

Atender ao meu primeiro pedido provavelmente será mais fácil: anotem com o que eu os irritei mais durante o meu caminho espiritual (por favor, nada de moderação!). Em segundo lugar, quaisquer experiências estranhas, divertidas, de advertência que vocês mesmos fizeram. Aqui cabe a pergunta (olhando retrospectivamente para o próprio caminho espiritual): Onde vocês poderiam ter sido mais generosos consigo mesmos? Analisando os fatos hoje, onde vocês se acostumaram e se desacostumaram às coisas que não eram tão necessárias?"

Devagar, muito devagar, as primeiras cartas e e-mails começaram a chegar. E logo tive de mandar muitos de volta, porque eram tão amorosamente escritos que me senti como se estivesse comparecendo ao meu próprio enterro. O maior desafio foi o apresentado aos meus amigos espiritualistas. Como eles tiveram experiências semelhantes ao mesmo tempo – assim como eu, eles na mesma medida irritavam as pessoas com quem conviviam com as suas dúvidas –, naturalmente a minha estranheza não lhes chamava a atenção. Eles eram igualmente "estranhos".

De vez em quando havia alguns aspectos nas histórias que meus amigos escreveram dos quais eu quase não conseguia me lembrar.

E, como sempre, também nessa troca, o que pensamos dizer, o que dizemos e o que os outros ouvem são três coisas diferentes. Apesar disso, eu achei importante não modificar nada. Afinal, trata-se das impressões dos meus amigos, as que mais se impregnaram na memória deles.

Lançando sobre eles um olhar retrospectivo, muitos acontecimentos que eu descrevo agora são simplesmente divertidos. E, talvez, à primeira vista, vocês não achem o meu novo livro suficientemente "sério". No entanto, cada experiência trouxe-me um ensinamento. E eu desejo que você encontre também aqui o amor a Deus, a conveniente seriedade, bem como a necessária leveza e o desejo de uma troca profunda.

O terceiro motivo para este livro são as exigências do mestre espiritual. Cada um que começou como discípulo (e de algum modo sempre continuará discípulo) também é um mestre. As outras pessoas sentem-se atraídas e buscam informações, amor, simpatia, franqueza. Essa fase é um grande desafio no nosso caminho. Até o momento tive mestres grandiosos – e aprendi muito com todos. Com alguns aprendi que não devia ouvi-los, o que sempre já é uma boa lição.

Diz-se de modo muito oportuno: nós sempre aprendemos o que ainda queremos aprender. Concordo com isso de todo o coração. Realmente, eu mesma preferi ser uma aluna. Simplesmente, acho isso muito mais excitante.

Este livro descreve os desafios existentes no caminho espiritual e, sendo assim, concentrei-me justamente neles ao escrever. Isto é, o conteúdo se diferencia dos meus livros anteriores, principalmente porque descrevo o que *não* funciona, na minha opinião. Naturalmente houve centenas de vivências extraordinárias. Milhares de meditações me presentearam com a paz profunda, e sou infinitamente grata a uma grande quantidade de pessoas porque me ensinaram muito e porque pude sentir muito amor por meio delas. Não me arrependo de nenhum segundo que passei no meu caminho espiritual.

Disseram-me, certa vez, que o mais importante que alguém pode dar é o seu tempo. Quero agradecer de coração o tempo que você dedicar à leitura do meu livro.

Que Deus o abençoe.

Sabrina Fox

www.sabrinafox.com

Querer convencer os outros

A senhora sentada a meu lado no avião queria conversar. Animada, ela olhou para mim e eu a cumprimentei cortesmente. Esperava que ela não percebesse a minha aversão a uma conversa. Afinal, eu não queria magoá-la.

Quando vôo sozinha, desfruto o silêncio e a calma do vôo de onze horas de Los Angeles à Alemanha. Graças a Deus, na classe executiva; eu me alegro com cada minuto em que não preciso preocupar-me com nada. Ao contrário, os maravilhosos atendentes de bordo da Lufthansa cuidam para que eu seja muito bem servida.

Eu levava um livro comigo, também a minha música e me preparava para folhear algumas revistas alemãs. Da *Spiegel* para a *Stern*, da *Focus* para a *Bunte*, de *Gala* para *Brigitte* e até *Cosmopolitan* e *GQ* – sempre se pode aprender mais alguma coisa. Eu sempre torno a constatar que não conheço mais de noventa por cento das pessoas retratadas na Alemanha. Dezesseis anos de América apagam os rastros.

No entanto, fui impedida de apreciar a minha leitura pela vizinha de cadeira. O que a senhora faz, ela quis saber; hesitei em responder.

Alguns anos antes eu teria ficado encantada: mais outro sacrifício! Naturalmente eu não o chamaria assim, e isso teria sido uma oportunidade magnífica para falar sobre o meu tema predileto, "Deus". Naturalmente, eu tinha certeza de que o meu anjo tinha a sua mão no jogo. Provavelmente essa mulher precisava de ajuda e talvez até tivesse perdido a sua fé; e assim eu tinha sido colocada a seu lado para ajudá-la.

Eu teria falado sem parar sobre Deus, anjos, crescimento espiritual, *visionquests* (a busca por visões por meio de vivências naturais) e flautas divinas, até que a mulher perto de mim ficasse encantada ou rapidamente se escondesse, fugindo para trás da "máscara" de dormir.

Naquela ocasião, a partir de 1993, nada mais me interessava – com exceção da minha filha. Eu não conhecia outro tema de conversação, e quase não tinha mais amigos cujo centro da vida não fosse Deus. Quem estava junto comigo – ou infelizmente perto de mim – forçosamente era atropelado. No mínimo eu dava um abraço, às vezes impunha uma mão, rezava-se em comum ou às vezes eu meditava durante vinte minutos. Com certeza, eu não me considerava cansativa nem cabeçuda. Aquelas pessoas que são cansativas e cabeçudas ao extremo não se vêem assim. Eu acho que se trata de defesa pessoal. Ou cegueira. Eu só queria ajudar! Algum dia os outros serão gratos...

Apesar de eu nem ligar muito para agradecimentos. Simplesmente eu queria dar ao maior número possível de pessoas aquilo que havia encontrado para mim: um retorno a Deus e, com isso, um caminho de vida melhor. Em algum momento, assim espero, a semente que eu lanço agora, germinará. Ao menos nisso eu tinha certa confiança em Deus.

O caminho do encantamento por determinado tema até a possessão não é muito longo. A história do nosso planeta está repleta de exemplos de fanáticos. Naturalmente, eu não era nenhuma fanática. É claro que não! Afinal, eu era pacífica. Cortês. Amigável. Normal.

Bem, mas o que é ser normal?

Certamente eu não deixava de notar os olhos cada vez mais esbugalhados das pessoas ao meu redor quando eu falava outra vez sobre o meu tema. Meu então marido, Richard, que pouco podia fazer com Deus e praticamente nada com o meu fanatismo, muitas vezes ficava nervoso e balançava a cabeça.

Ninguém que se aproximasse de mim era poupado.

Eu rezava com pessoas que não queriam rezar.

Eu explicava a vida de Jesus às pessoas, mesmo que visse que elas não queriam a explicação.

Eu falava sobre canalizações, vidas passadas e o significado espiritual de várias doenças, e a outra pessoa só queria saber se chegaria à estação de trem se virasse a primeira rua à direita.

A mulher ao meu lado no avião me perguntou mais uma vez o que eu fazia profissionalmente, e eu lhe disse, hesitando, que escrevia livros sobre espiritualidade. Curiosa, ela me olhou, e eu percebi que em pensamentos ela estava modificando a sua lista de perguntas.

Era isso o que eu temia. Comecei a me sentir indisposta. Durante anos eu me divertira ao falar sobre Deus ou sobre os meus livros. Mas agora isso é diferente.

Lembrei-me de como havia, há alguns anos, finalmente desistido de dar os meus conselhos. Acostumei-me a responder com frases curtas. Antigamente, eu usava cada oportunidade de responder à mais inofensiva pergunta durante uma eternidade, sem pausas e com frases cheias de efeito. Nas minhas respostas eu incluía outras informações espirituais – sempre sem que me pedissem, é claro. Por exemplo, eu acrescentava às diversas meias frases qual era o sentido da vida, como o mundo funcionava ou por que a reencarnação é tão importante. Se a outra pessoa cometesse o "erro" de se mostrar de algum modo interessada (e eu achava que o mínimo sinal, até mesmo um "Hum" murmurado com desespero, demonstrava um grande interesse) eu continuava com as minhas explicações.

Mais tarde, as minhas respostas curtas possibilitaram que o parceiro de conversa tivesse certeza de que queria me ouvir contar mais alguma coisa. Muitas pessoas queriam, muitas não. Em algum momento, simplesmente consegui aceitar isso. Sem julgar "até que ponto" o outro seria espiritualizado.

Assim, respondi à primeira pergunta da minha vizinha no avião ("Como você teve a idéia de escrever livros sobre a espiritualidade?") com um curto "Por causa dos sofrimentos".

Pude perceber imediatamente que ela queria saber mais, por isso também respondi, hesitante, às suas próximas perguntas.

Há seis meses eu havia decidido, finalmente, pela primeira vez na minha vida adulta, conceder-me umas férias do trabalho por dois anos, e não queria falar sobre o meu trabalho espiritual. Eu já falei sobre ele umas mil vezes. Eu estava no meu ano sabático e queria falar sobre outras coisas. Eu simplesmente lhe disse isso.

Ela ficou surpresa.

Eu fiquei aliviada.

"Isso é estranho," ela disse depois de um curto intervalo, "a maioria das pessoas que se ocupam com Deus, sempre são um pouco – bem, como direi? – instrutivas," ela acrescentou quase se desculpando.

"Sim", suspirei, "é horrível. Eu também conheci alguém assim..."

Vivências

Minha irmã Susanne Adlmüller faz massagens energéticas no corpo inteiro, é docente na escola Paracelsus, dirige *visionquests* e seminários, organiza excursões para mestres espirituais como Samantha Khury (que se comunica com animais) e Sharon Walker (que trabalha com energia); além disso, ela também cuida do nosso escritório em Munique e trabalha como supervisora no âmbito de Casting. Susanne é quatro anos mais nova do que eu, tem uma filha adulta, casada, Beatrice, e logo será avó, fato que a deixa indizivelmente orgulhosa. Ela escreve:

"No início era o missionar.
Naquela época não se podia contar nada para Sabrina, sem receber imediatamente o ultimato de modificar a nossa vida. Não que eu não aprecie conselhos, mas sempre, em cada oportunidade, hum... Isso foi o que demorou mais a passar.

'O olhar sagrado' ou 'O sorriso bem-aventurado'.
Isso também faz parte da fase inicial. Um sorriso suave no rosto, com um olhar que nos levava a pensar que o Papa já havia completado a sua canonização.
Quando Sabrina está em Munique, ela mora comigo; ela tem o seu próprio quarto, que ela mesma decorou. Eu moro numa fazenda antiga, da qual gosto muito, mas que também tem paredes muito finas.
Eu gosto de assistir televisão, todos sabem disso. Com Sabrina era difícil assistir televisão.
Assim que aparecia algo brutal ou com muita ação, ela literalmente fugia do aposento, e pela casa soava música de meditação, de preferência a de Enya. Então eu me acostumei a assistir televisão com fones de ouvido, pois bastava um minúsculo ruído de ação e como conseqüência se ouvia a voz de Sabrina vindo de cima com o ultimato 'Você pode abaixar o som da televisão?' Ela quase não ouvia outra música. Graças a Deus, essa fase passou.

Comer e beber.
Sabrina em Munique sempre significava Coca-Cola e Spezi, pãezinhos quentes com patê de fígado, pão Hofpfisterei e presunto. Isso sempre era assim, até que ocorreu a grande mudança. Quando ela vinha me visitar continuei comprando essas coisas.
De repente, ela explicou que não tomava mais bebidas com gás carbônico. Portanto, na vez seguinte, ofereci água em vez de Coca-Cola.
Então ela explicou que não comia mais carne, apenas peixe. Portanto, antes de ela chegar, providenciei peixe.

Isso funcionou bem por alguns anos, até ela mudar tudo outra vez e voltar a comer carne. Nessa fase, ela voltou a beber Coca-Cola e a comer Spezi. O período sem álcool também passou; e eu gosto muito de tomar um copo de vinho com ela à noite.

Fumo
Isso me deu muito nos nervos. A cada cigarro (e eu sei que faz mal e que cheira mal e, e, e...) ela reprovava erguendo as sobrancelhas. Então vinha a pergunta, 'Você já vai fumar outra vez?' ou 'Você fumou um cigarro há uma hora...', e assim por diante.

Então chegou ao auge: estava na hora de eu receber o meu cachimbo, o cachimbo cerimonial dos índios. Sabrina aproveitou a ocasião e me explicou que eu só receberia o cachimbo se parasse de fumar.

À guisa de observação: no caso do cachimbo de Sabrina, o espírito lhe disse que ela, Sabrina, só receberia o seu quando parasse de fumar, o que ela fez imediatamente. Eu nunca tive a sensação de que a mesma ordem valesse para mim.

Meses depois ela confessou que apenas quis me motivar a parar de fumar.

Os desamparados
Isso foi muito irritante e desagradável: nós íamos passear com alguém, e a cada dez metros ficávamos parados para falar com um desamparado ou para abraçá-lo. Durante aquele tempo, isso se reduziu a uma medida normal. E quando alguém lhe diz que está com fome, ela lhe dá seu café da manhã ou o seu almoço.

O apogeu: a fase dos detritos
Não devemos jogar lixo no chão, todos sabemos disso. Na nossa família isso também não se faz. Mas quando saíamos para passear com Sabrina, há cerca de quatro anos, não íamos muito longe, pois ela sempre ficava catando o lixo. Quando eu escrevo "sempre" eu quero dizer "sempre". Qualquer lixo, grande ou pequeno, fosse na floresta ou na cidade.

Aconteceu de ela voltar para casa com dois pacotes repletos de lixo. Também era muito divertido observar que ela nunca saía de casa com sacolas de plástico. Ela também encontrava essas sacolas nos seus passeios.

Certa vez, quando estava na minha casa e havia juntado três sacos cheios de lixo na floresta e na beira do caminho, ela pediu carona a um motorista. Ela ficou muito contente quando ele concordou, pois o lixo tinha um peso considerável.

Quem a trouxe para casa foi um apicultor muito idoso. Posteriormente, ele vinha até a nossa casa para visitá-la e assediá-la. Mas ela não concordou com isso, caso contrário eu hoje teria mel especial em casa, de graça.

Quando Sabrina me pediu para escrever o que me enervou mais no seu caminho espiritual, eu pensei que fossem muitas coisas temíveis. Só ao escrever, percebi que não foram tantas assim.

Mas me ocorreu que no meu tempo inicial também devo ter dado nos nervos de alguns amigos. Uma das minhas amigas mais antigas certa vez até ameaçou de proibir a minha entrada na sua casa caso eu pronunciasse mais uma vez a palavra 'anjo'. Ainda somos amigas até hoje."

A mais nova de nós três é minha irmã Renate. Ela é oito anos mais nova do que eu. Ao contrário da minha irmã do meio, Susanne, ela também continuou "pequena" fisicamente. Seja como for, eu nunca vi tanta capacidade de realização e tanta coragem em um metro e cinqüenta e nove de altura. Ela trabalha numa Clínica de Reumatismo, em Munique, e ali dirige o escritório de um dos mestres. Ela está casada com Boris há alguns anos e tem um filho de dezesseis anos de um relacionamento anterior, chamado Steven:

"Faz mais ou menos dez anos que Sabrina iniciou o seu 'recomeço'. Eu estava mais uma vez em Los Angeles. Rita, uma amiga de Sabrina, estava com ela, e tinha justamente começado a meditar também. Nós estávamos num restaurante, quando as duas começaram a tentar me convencer a meditar com elas. Mas eu não queria fazer isso. Eu não me interessava nem um pouco, para mim isso era 'vergonhoso' demais, ficar sentada ali murmurando um 'om'. Mas as duas não deram trégua, elas continuaram repetindo: 'Tente só uma vez' e 'acompanhe-nos'. Mas eu não queria, fiquei até mesmo muito contente quando pude voar para casa outra vez. Afinal, sempre gostei de estar com minha irmã, mas dessa vez realmente achei que foi um exagero.

O primeiro período realmente foi extremo: Sabrina intensificou muito a sua pureza e só tinha um tema de conversação – meditação e anjos. Durante certo tempo eu realmente pensei, desta vez ela enlouquece; devagar, mas com certeza. Por exemplo, ela me contou que ficou parada imóvel por três horas sem sequer piscar os olhos. Então, quando Susanne começou a meditar também, eu realmente pensei: 'Ó Deus, não permita que seja verdade!' Afinal eu sempre acreditei que minha irmã 'do meio' vivia como eu no mundo dos fatos; no entanto, eu tinha e ainda tenho a impressão de que Susanne não é totalmente 'maluca' como Sabrina. Sorry!

Depois de pouco tempo Susanne e Sabrina começaram a tentar me convencer de que eu também devia começar a meditar – toda vez que nos encontrávamos. E eu só pensava: 'Me deixem em paz', mas elas não faziam isso. Elas sempre tornavam a me provocar, eu ficava irritada, e as duas não falavam sobre outra coisa.

Quando Sabrina então gravou sua primeira fita cassete de meditação, ela me perguntou se eu queria ouvi-la.

Eu pensei comigo: 'Dê-lhe esse prazer, talvez ela deixe você em paz.' Em casa eu enchi a banheira e entrei na água – ali é onde relaxo melhor – coloquei a fita, fechei os olhos e me dispus a ouvir, descontraída, o que seria muito fácil, pois a voz de Sabrina é agradável e tranqüila – mas então... em primeiro lugar, silêncio; depois, subitamente, ouvi um 'kling' estridente e alto tocado com um triângulo.

Eu de fato me assustei e, segundo acredito, isso tudo demorou uns dez minutos: primeiro o silêncio e então outra vez esse 'kling' enervante. Fiquei totalmente agressiva, desliguei a fita e saí irritada da banheira.

Telefonei para Sabrina para lhe dizer que estava de mau humor por causa da fita e que essas coisas eram tudo menos relaxantes para mim.

No entanto, Sabrina então me disse: 'Veja, mas a fita de algum modo mexeu com você, mesmo que o resultado tenha sido negativo' – e afirmou que, no íntimo, eu sabia que tinha de meditar. Mas eu era muito 'enraizada' e também pensei que não tinha tempo para isso como profissional e mãe que educava o filho sozinha. Devo acrescentar que continuo sendo a única de nós três que não medita.

Ainda me lembro bem de quando Sabrina visitou a nossa mãe. Era outono, quase inverno, e ela saiu de casa, tirou os sapatos e dançou ao redor de uma árvore. Eu apenas pensei: 'Vou ter uma síncope', porque algumas pessoas estavam paradas ali e a observavam. Era tão desagradável, ninguém pode imaginar o quanto. Lá fora já estava realmente frio, e Sabrina dançava descalça em círculo e fazia algum ritual hindu. Eu acho que ela nem percebia as pessoas – ou lhe era totalmente indiferente o que pensavam sobre ela. Eu só fiquei pensando: 'Tomara que nenhuma das pessoas que me conhecem veja isso.' Eu estava terrivelmente envergonhada.

Em determinado momento, ela começou a abençoar a sua comida. Quando vinha nos visitar e fazia isso, eu não me importava, mas ela e Susanne, que fazia a mesma coisa – fizeram isso num restaurante. Eu achei isso muito desagradável. Imagine a cena: A comida é trazida, e as duas fecham os olhos, colocam a mão sobre o prato e murmuram. Eu gostaria de ter me escondido num buraco, porque todos ficaram olhando. Eu não sei se elas ainda fazem isso; acredito que não. Mas hoje vejo isso com outros olhos, e só penso: 'Ah, deixe que olhem.'

De uns anos para cá ela finalmente reconheceu que não pode me 'converter'. E não tentou mais fazê-lo, graças a Deus. Agora gosto de ler os livros dela e de vez em quando também ouço as fitas cassete. Nós nos aproximamos outra vez, pois muitas vezes eu me sentia posta de lado, quando nós três estávamos juntas, porque eu nunca fui 'espiritualizada'.

Hoje, sinto orgulho de Sabrina e também pelo fato de poder ser sua irmã – assim, do jeito que eu sou."

Mon Müllerschön é gerente de arte com firma própria, mãe de dois garotos formidáveis e uma mulher igualmente maravilhosa.

O mesmo vale para Ursula Karven. Ela é artista, autora de livros sobre yoga e sócia da firma "bellybutton". Ela é casada e mãe de dois filhos extravagantes. Temos uma grande amizade com os três há anos.

Há duas versões diferentes dos acontecimentos seguintes. Ursula me contou que se lembra como estranhamente estive na casa de Mon para um jantar. Ursula estava realmente preocupada comigo; ela temia que eu estivesse maluca ou "pronta para taramelar", como ela se expressou. Enviei um e-mail para Mon, e alguns dias depois recebi a sua resposta:

"Eu havia esquecido totalmente... ontem falei com Ursula. Nós nos lembramos de duas versões diferentes. Eu me lembro de um fim de tarde muito agradável na nossa maravilhosa casa no recife, onde estávamos sentados diante da lareira. Você, Richard, Niki, Ursula, Jimmy e eu conversávamos, ocasionalmente também Jessika e Al, quanto a isso já não tenho muita certeza... Nós mantínhamos discussões acaloradas, especialmente Niki, e você começou uns debates tórridos sobre a espiritualidade. Você sempre estava em contato com os seus amigos do 'outer space'. Parecia que tinha conversas íntimas com outras entidades que só você captava. Você ria para o céu, olhava para cima com conhecimento, fazia uma reverência, sorria, rejubilava-se em voz alta, totalmente surrealista... muito irritante.

Richard reagiu corajosamente e nós todos também. Essa era a Sabrina. Quando todos foram embora, Niki me disse: 'Richard deve ser um santo, como ele suporta isso?' Naturalmente Ursula e eu também nos divertimos muito no dia seguinte – à sua custa. Muito depois, um pedido de desculpas (risos)...

Ursula achava que estávamos na minha casa com uma porção de amigas... mas eu acho que éramos casais. Sim, portanto, essa foi uma das mais estranhas situações com você.

Eu sempre refleti sobre como deve ser difícil para vocês viverem juntos sendo tão diferentes, tanto para Richard como para você."

Surpreendentemente não consigo mais lembrar-me disso. E Richard também não. Eu tenho certeza de que isso aconteceu – assim ou de modo semelhante. Mas de uma coisa Richard consegue lembrar-se muito bem:

"Realmente, eu deveria conhecer Sabrina melhor do que os outros. E, no entanto, ela sempre me surpreendia. A viagem espiritual de Sabrina a levou por muitos caminhos. Eu era um observador – curioso, na maioria das vezes respeitoso, de vez em quando cético e, com freqüência, cínico. O dia que quero descrever, em abril de 1995, na verdade pertence à última categoria.

Foi durante o período em que Sabrina definiu as suas quartas-feiras de silêncio, o que significava que ela não falava desde o raiar do dia até o sol se pôr. Nós estávamos fazendo um cruzeiro de navio para festejar o aniversário de uma das nossas amigas mais íntimas. Nós aportamos na ilha St. Bart e tínhamos a escolha de ficar a bordo ou de descer à terra firme. Decidimo-nos pela excursão em terra. E, como você provavelmente já intuiu, era Quarta-feira, o dia de silêncio de Sabrina.

St. Bart era uma ilhota, e a única possibilidade de um turista explorá-la, além de ir a pé, era passear numa espécie de carrinho de golfe. Imagine só, você tem a chance de passar um tempo junto com seu parceiro num lugar idílico e romântico, de fato ocasionalmente você erra o caminho, os moradores não falam a sua língua, e a sua parceira não fala nada! Sim, ela ainda tem a sua opinião, que ela anota de modo irreconhecível num pequeno caderno de notas. Ou ela cutuca as suas costelas com o cotovelo, olha para você de olhos arregalados e você lê algo como 'Em nome do céu, o que você pretende fazer?' ou 'O que você está fazendo agora?' (Você também tem de saber que não se tratava da nossa primeira Quarta-feira silenciosa, mas era mais ou menos a nossa vigésima; e essa frustração que ambos sentíamos não era uma experiência nova para nós.)

Tínhamos um almoço com o nosso grupo de amigos logo mais e eu me consolava com o fato de que a minha conversa unilateral logo teria fim. O que eu e a minha parceira silenciosa não sabíamos, era que chegaríamos com mais de uma hora de atraso a esse almoço conjunto. Quando chegamos os outros já estavam quase terminando sua refeição, e o restaurante estava repleto, com exceção de uma mesa que estava posta e oferecia exatamente dois lugares.

Sim, ela tinha o seu caderno de notas, e sim, ela é maravilhosa. 'Mas isso não deve ser o fim do mundo', você deve estar pensando. Mas, infelizmente, a caligrafia de Sabrina é a segunda pior da Terra – depois da minha. Quando então já havíamos feito todas as perguntas que podiam ser respondidas com um sim ou um não, o que pode acontecer facilmente depois de uma viagem de três horas com um carrinho de golfe – chegamos ao fim.

Finalmente o nosso almoço acabou – viva!!! – e, continuando a celebrar o silêncio, voltamos com o carro de golfe até o porto. Paramos algumas vezes e compramos presentes; em seguida devolvemos o carro para a empresa locadora. Lá a senhora nos cumprimentou e eu preenchi o necessário formulário para devolver o carro.

Sabrina tentou explicar à senhora de algum modo que o seu cinto de segurança emperrava e não abria direito. A dama observou primeiro Sabrina, não conseguiu entender as suas explicações pantomímicas e então voltou-se para mim, buscando ajuda. Provavelmente eu deveria saber o que ela queria dizer. Nesse momento eu retirava justamente os vários pacotes e presentes do assento traseiro e os coloquei nos braços de Sabrina, dizendo: 'Simplesmente ignore a minha mulher. Ela é loura, surda e muda. Mas ela é bem útil para carregar as coisas'.

A senhora ficou me encarando assustada e não conseguia entender o meu comentário, e Sabrina ia justamente dizer algo, mas desistiu no último momento. Ela olhou para mim e nós dois demos uma sonora gargalhada.

A promessa de Sabrina de ficar em silêncio nas quartas-feiras foi respeitada – mas ao menos podíamos rir disso alto e de coração de vez em quando.

P.S.: Esses dias, sem que ela diga uma palavra, talvez mostrem até que ponto chegamos na nossa vida em comum. Pois eu também me lembro de um acontecimento bem no início do nosso casamento, quando tínhamos discutido sobre alguma coisa. Depois de a discussão continuar por algum tempo, eu disse que não ia mais ouvi-la. A isso ela gritou que, afinal, ela havia sido uma apresentadora de televisão: 'Eu sou paga para falar. Você recebe as minhas palavras de graça, e nem sequer se interessa por elas'.

Ora, assim mudam os tempos."

Kathy Ojjeh mora na Suíça, está casada há vinte anos e tem quatro filhos maravilhosos. Eu me sinto muito próxima dela. Na nossa vida muitas vezes enfrentamos desafios semelhantes e os nossos hábitos se assemelham. Kathy cuida da sua grande família com muito amor, e o seu círculo de amizades é enorme. Ela consegue reunir as pessoas com facilidade e é uma anfitriã perfeita.

"Em sua busca incessante para ampliar suas experiências 'divinas', a minha amiga Sabrina decidiu, há muitos anos, não falar mais às quartas-feiras. As pessoas que tomavam conhecimento disso, simplesmente ficavam confusas.

Por que alguém decidiria querer e deixar de falar durante um dia por semana? O que Sabrina estava tentando provar?

Como sou uma boa amiga, não fiquei muito surpresa com a decisão dela. Honestamente, eu até mesmo a admirava. Simplesmente não conheço ninguém que tenha escolhido uma tarefa tão difícil – ainda mais uma tarefa humana que impede o contato social com o entorno – para desenvolver-se pessoalmente. Era interessante observar como as pessoas perdiam o interesse por comunicar-se com ela quando Sabrina escrevia as respostas num bilhete. Como amiga dela, às vezes era doloroso ver os outros rolar os olhos e manifestar a sua irritação com a sua linguagem corporal: 'Por que você simplesmente não responde?' Mas Sabrina ficou firme em sua decisão.

Também era interessante que muitas pessoas não quisessem comunicar-se com ela nesse dia, porque pensavam que Sabrina não queria comunicar-se com elas. Mas não se tratava disso. Ela sempre escrevia uma resposta quando lhe faziam uma pergunta e também fazia perguntas. O mecanismo da conversação havia se modificado, mas não a intensidade. Pude observar isso muitas e muitas vezes.

Eu achava a disciplina de Sabrina surpreendente. Até hoje, nove anos depois, ainda tenho amigos que me perguntam como vai a minha amiga que não fala às quartas-feiras. Isso quase se tornou um minilegado, sobre o qual ainda se dará muita risada, mas também um objetivo honroso e sério.

Em todo caso, preciso confessar que Sabrina falou uma vez comigo numa quarta-feira desse ano em que tentou fazer isso. Nós estávamos juntas de férias num grupo, e aconteceu algo particular que me causou grande preocupação. Isso foi maravilhoso porque ela sabia intuitivamente que era a única que podia aliviar o fardo que eu estava carregando. Dessa vez ela quebrou sua promessa e falou comigo – e naquela ocasião me ajudou nesse momento de crise."

Quando me decidi a não falar mais às quartas-feiras, eu não tinha certeza de apesar disso ainda estar me comunicando. O primeiro passo consistia em não usar a voz, contudo eu não estava em silêncio. Embora eu nunca lesse, nem ouvisse rádio ou assistisse televisão e também não me distraísse, eu vivia a minha vida normal. Só que ela era mais complicada. Eu tinha de anotar tudo; o que, com a minha caligrafia, representava um risco considerável.

Só alguns meses depois eu tive a certeza de que com essas quartas-feiras silenciosas eu não tinha menos stress, mas muito mais. E só então dei o passo seguinte. Sobretudo, não me comunicar mais. Portanto, também não anotar nada e não fazer nenhum sinal manual pantomímico. Eu ficava no meu quarto de meditação, no meu jardim e na minha casa. Eu executava as tarefas domésticas muito normais e me esforçava por me concentrar totalmente nelas. Mas na ocasião Júlia estava com quatro anos. Desisti das minhas quartas-feiras por ela. Para mães isso não é apropriado a longo prazo. Como com as coisas que eu experimentei, também nesse exercício era importante viver seu efeito. Ver se isso era algo que eu queria incluir na minha vida. E, no entanto, foi uma das minhas muitas tentativas de viver mais no "agora", portanto, mais no presente.

O resultado foi insuficiente, se eu o analisar melhor. Além de algumas histórias admiráveis das quais ainda rimos hoje, eu só aprendi que posso ser muito teimosa quando pretendo fazer algo. Mas eu também já sabia disso antes.

LD (pronuncia-se "Eldie") Thompson é produtor de televisão, autor, conselheiro intuitivo e médium de transe. Somos muito amigos há alguns anos. Eis aqui a história dele sobre o tema teimosia espiritual:

"No início, quando conheci Sabrina, eu dirigia um workshop com Solano, em Maoi, do qual ela participou. O Centro ficava numa magnífica extremidade do lado norte do grupo de ilhas do Havaí, e como todos nós logo iríamos descobrir, o clima se modificava continuamente.

Uma das coisas que Sabrina me contou certa vez, foi que ela gosta de dormir ao ar livre e que o seu mestre Zaratustra (que era canalizado por Jacqueline Snyder) havia lhe dito: 'Se você quiser saber quem é Deus, durma sob o céu estrelado'. E assim, todas as noites depois do workshop, Sabrina arrastava o seu saco de dormir para pernoitar do lado de fora. O firmamento se enchia de nuvens todas as noites, e então, em algum momento durante a noite, às vezes às três horas da madrugada, às vezes às cinco, abriam-se todas as comportas do céu e toda a água acumulada caía sobre Sabrina.

Bem, Sabrina é a mulher mais decidida que eu conheço. Essa chuvarada não teve grande influência sobre ela. Durante o dia ela secava o saco de dormir ao sol, à noite tornava a deitar-se sob o céu estrelado. E todas as noites ela ficava encharcada. Acredito que o que Sabrina aprendeu sobre Deus naquelas noites, em última análise, é o seguinte: Como Deus faz chover quando quer, convém dormir num lugar protegido da chuva."

A única coisa que eu aprendi foi que, assim que voltei do workshop, comprei um saco de dormir emborrachado para proteger meu saco de dormir contra a chuva. Certamente meu aprendizado é mais lento do que LD imagina.

Entre a prudência e a naturalidade

De repente, tive um clique. Há uma encruzilhada no caminho que modifica os comportamentos futuros. O segredo é deixado de lado, a prudência é deixada para trás. Então chega o momento em que nós – muitos de nós com coragem, muitos com hesitação – reconhecemos Deus.

E independentemente do modo como chegamos a Ele, devagar ou depressa, de modo planejado ou surpreendente, o resultado é o mesmo: nós estamos diferentes.

Depois que decidi não mais ocultar a minha espiritualidade, o meu interesse e o meu amor por Deus, começou um novo tempo. Mais ou menos durante um ano eu havia meditado em silêncio e só falei sobre os meus novos interesses com alguns poucos amigos. Eu tinha medo de que os outros me considerassem louca. Então não pude e não quis mais esconder as minhas novas vivências e experiências. Eu estava escrevendo o meu primeiro livro *Endlich aufgewacht* [Finalmente desperta] e tinha de lidar com o fato de que a minha reputação como apresentadora da televisão logo oscilaria devido ao meu interesse espiritual.

Então me preparei para admitir a minha fé. Eu tinha certeza de que seria julgada. Talvez me considerassem louca, pensassem que eu havia caído nas mãos de uma seita, talvez até me considerassem suspeita de querer fundar uma. Mas, no mínimo, achariam que passei tempo demais sentada sob o sol da Califórnia, sem proteção. Algumas pessoas esperariam que essa fase "passasse" depressa – o que se constatou ser improvável.

Como acontece com tudo a que nos habituamos, o primeiro período é uma fase de experimentação. Ainda parece estranho. Temos sempre de pensar antes de agir. Ainda não é "natural".

Eu estou aprendendo a dançar o tango, e um cartaz na escola de dança chamou a minha atenção para as diversas fases do aprendizado:

1. Aprender os passos.
2. Dar os passos desajeitadamente.
3. Usar os passos com consciência.
4. Uso natural dos passos.

O mesmo aconteceu com todas as minhas mudanças. Simplesmente demora, é necessário certa prática, até que os comportamentos se modifiquem. No entanto, quando algum vem do fundo do coração, quando devemos fazê-lo?

Quando ouvi pela primeira vez durante as minhas meditações, que tinha de abraçar um mendigo, abri os olhos de susto. Pelo amor de Deus, será que ouvi direito?

Demorou quase um ano até eu finalmente conseguir fazer isso. Além disso, continuo não achando natural abraçar um mendigo. Por dois motivos: em primeiro lugar, eu tenho um olfato apurado, e no futuro pouca coisa mudará esse fato. Em segundo lugar, porque os sem-teto talvez não desejem um abraço de uma pessoa totalmente desconhecida. Além disso, o pensamento, que só muito tempo depois se tornou um conhecimento intuitivo: Que mania de grandeza acreditar que um desses desamparados possa ficar contente quando é abraçado! Por isso, acostumei-me a entregar o dinheiro ou seja lá o que for nas mãos do outro, olhando diretamente para ele, sorrindo para ele ou ela, e dizendo algumas palavras. Às vezes, naturalmente, percebo logo quando a respectiva pessoa está mentindo ou me contando um conto de fadas. Na maioria das vezes dou um sorriso e digo que a história é ótima e que só por isso ele ou ela deve ganhar alguma coisa.

Certa vez encontrei um desamparado que me mostrou as cicatrizes nas pernas para despertar a minha compaixão e conseguir mais dinheiro desse modo. Eu havia sofrido um acidente de moto e minhas pernas estavam com uma péssima aparência. Então, no meio da rua, arregacei a calça da perna direita e mostrei as minhas feridas para ele. Enquanto eu lhe contava minha história com todo o drama que faz parte de uma boa história, pude observá-lo. Da descrença até a perplexidade: a expressão do rosto dele era impagável! Quando eu – assim como ele antes – continuei contando a minha "história de terror", um sorriso tomou conta do rosto dele. Depois de alguns momentos, ambos caímos numa gargalhada sonora.

Pelo canto do olho pude observar como as pessoas se detinham à direita e à esquerda e se admiravam ao nos ver. Deve ter sido precioso: um mendigo arruinado, andrajoso, com a calça arregaçada e eu ao seu lado, com um terno de estilo com a perna da calça arregaçada.

Só muito depois constatei que havia uma parte de mim que gostava de ser original. Uma das minhas partes gostava de surpreender os outros, quando eu abençoava a minha refeição, recolhia o lixo das calçadas ou ficava segurando a mão de um pedinte por longo tempo. Uma parte de mim gostava de ver a surpresa dos outros, quando fazia questão de rezar sem hesitar nas minhas palestras. E uma parte de mim tinha orgulho da minha coragem. Pois eu fazia o que achava certo, e o que as outras pessoas pensavam de mim não me incomodava.

E, no entanto, isso não é verdade. É claro que me incomoda o que os outros pensam. Quando eu ainda era apresentadora de televisão ocasionalmente, ouvia comentários negativos sobre o meu trabalho ou a minha aparência, o que me deixava magoada durante vários dias. Eu quase não conseguia me acalmar e chorava bastante. Muitas vezes na minha profissão sigo as idéias ou conceitos dos outros. Com freqüência imagino que a experiência deles, a sua intuição, é maior do que a minha. Percebi como cada vez mais precisava responsabilizar-me pelas decisões dos outros. Perdi empregos porque apoiei decisões erradas das outras pessoas por insegurança pessoal. Depois que passei novamente por uma fase profissional extremamente dolorosa, prometi a mim mesma: Já que é para fazer bobagem, ao menos vou assumir a minha própria responsabilidade e não a das outras pessoas.

Essa decisão me ajudou a trilhar o meu caminho espiritual com mais coragem. O que provavelmente foi motivado pelo fato de o caminho espiritual também ser um caminho solitário. As direções precisam ser escolhidas a sós; as orações acontecem no silêncio; "as noites escuras da alma" ficam tolamente no escuro. Com os meus primeiros passos para Deus senti que estava no caminho certo, e provavelmente foi por essa razão que as novas opiniões ou julgamentos não me incomodaram mais. Afinal, eu já estava um pouco acostumada com isso. Contudo, pela primeira vez eu tinha certeza de que o caminho que escolhi era o certo. Não importa que seja cansativo, não importa que seja longo, é indiferente que seja doloroso... caminharei por esse caminho até o fim, seguindo unicamente o meu coração.

Uma pessoa que conheço há muitos anos, naquela ocasião acabou com a nossa amizade, exatamente depois dos dois anos em que eu meditei. A seus olhos o que eu fazia era uma temeridade; e ela achava que não conseguiria mais me defender diante das amigas comuns. Eu a entendi, mas ao mesmo tempo fiquei surpresa com o fato de a sua retirada não fazer doer meu coração.

Se, ao contrário, alguém me enviava um e-mail sobre o fato de eu escrever unicamente livros espirituais para obrigar as pessoas a gastar dinheiro, isso não me saía da cabeça por muitos dias. Eu me sentia mal compreendida, perguntava-me o que havia feito de errado para dar essa impressão.

A coragem de fazer algo inusitado faz parte da minha personalidade. Talvez isso provenha do fato de eu vir de condições precárias e tudo o que eu fizer venha sempre a ser uma melhora. As modificações sempre foram fáceis para mim, provavelmente pelo mesmo motivo: sempre foram vantajosas. Mesmo que o período de modificação sempre seja cansativo, eu tenho a sensação de que ele me leva adiante. Ele me abre novos caminhos, me obriga a pensar, a mudar. E mesmo que eu tenha de fracassar, eu sempre quero assumir o risco.

Eu me lembro de que quando tinha cerca de dez anos, prometi a mim mesma que aos oitenta anos eu não me sentaria numa cadeira de balanço lamentando metade da minha vida.

Há alguns anos eu atravessei uma rua em Los Angeles para cortar caminho e não usei a passagem para pedestres com sinaleiro que ficava a uns cem metros de distância. O que podemos fazer sem problemas em Munique, Paris ou Nova York; em Los Angeles é considerado quase um crime grave: isso se chama "Jay walking" e é punido com uma multa igual a que se recebe por estacionar em local proibido.

Logo ouvi a sirene de um carro de polícia atrás de mim e fui detida por um policial. Como se vê no cinema, ele aproximou-se devagar e me olhou com muita seriedade. No momento em que percebi que fui "pega", meu coração disparou, e dentro de mim ficou tudo quieto. As lágrimas me vieram aos olhos e só pude reprimi-las com muito esforço. O que o policial pensaria a meu respeito, se uma mulher adulta como eu caísse em pranto na frente dele?

"Eu sei, eu sei," logo me desculpei, sem que ele tivesse dito nada. "Eu também sempre digo à minha filha que ela deve atravessar a rua no semáforo."

Depois de mais um olhar severo e de balançar a cabeça (do mesmo jeito que a minha mãe fazia quando eu trazia notas baixas para casa) ele afastou o seu talão de multas mais uma vez.

Assim que ele desapareceu no seu carro, as lágrimas correram dos meus olhos. Eu me sentia como uma garotinha surpreendida a roubar. O que me causou uma admiração profunda foi a intensidade dos meus sentimentos. Afinal, eu não tinha roubado nada, não cometera nenhum assassinato em massa nem tinha traficado cocaína. Então por que todas essas lágrimas? De onde vinha esse medo?

Assim, a minha coragem de fazer algo inusitado se opõe ao meu medo de desrespeitar as regras. A luz opõe-se à sombra.

Para surpresa dos meus amigos eu sou a primeira que joga o sorvete fora quando entra numa loja, mesmo que não haja um cartaz na porta avisando que é proibido comer e beber no recinto. Ao que parece, uma parte de mim parece ocupar-se em pensar sobre o que é permitido ou não, para então comportar-se correspondentemente. Por motivos de segurança eu carrego o meu pequeno cão dackel nos braços assim que entro numa loja. Ele poderia perturbar a dona da loja. O pânico que sinto quando, em desespero, tenho de encontrar um banheiro e entro num lugar em que não comi, só se compara ao medo que uma criancinha tem da tempestade. Nenhum dos meus amigos adultos parece ter receio semelhante. Portanto, por que eu? Será que uso um espartilho tão apertado que se recusa a me dar ar quando "cometo algum erro"?

De acordo com quais regras, tenho de me perguntar, eu vivo a minha vida?

Eu creio que o nosso treinamento espiritual existe para que possamos nos conhecer melhor, portanto, nos reconhecermos. Como nos modificamos muito ao percorrer o caminho espiritual, será muito interessante rever os velhos amigos depois de um longo tempo.

Vivências

Isso aconteceu com minha amiga Ursula Karven, que havia se preocupado bastante com o meu estado de espírito no jantar de Mon.

"Nós nos conhecemos há mais de vinte anos. Sabrina e eu nos vimos pela primeira vez em Munique – desde o primeiro momento fomos almas irmãs.

Quando me casei com um norte-americano, anos depois, e mudei para Los Angeles, Jim me falou sobre um homem que também havia se casado com uma alemã.

'Oh!', eu disse. 'Isso é excitante', e pensei: 'Pelo amor de Deus, eu não estou aqui para me entreter com alemães.'

Quando ouvi o nome Sabrina, corri para o telefone.

Que maravilha, Sabrina aqui nesta cidade...? Naturalmente eu tinha ouvido dizer que Sabrina havia se mudado para Los Angeles e que estava casada com um homem do cinema – mas nós havíamos perdido contato há cerca de oito anos... e então, mal tendo chegado, numa cidade de quinze milhões de habitantes, o meu marido me dá o número do telefone dela.

Quando nos falamos ao telefone foi como se não tivéssemos perdido contato.

'Venha me visitar', ela disse, 'nós moramos na casa que tem a cerca bavariana.'

Quando, durante o caminho, fiquei pensando no que afinal seria uma cerca bavariana, graças a Deus encontrei o seu endereço... sem ter de depender dessa cerca.

Ao tocar a campainha, eu já ardia de curiosidade. Qual será a sua aparência? Será que ela se transformou numa gatinha de Beverly Hills?

Demorou um pouco e a porta se abriu. Lá estava ela na minha frente, minha amiga de Munique... e, de início, nada mais me ocorreu.

'Será carnaval?', pensei. 'Ou será primeiro de abril?'

Sabrina estava na minha frente e usava uma espécie de 'óculos de inseto' com muitos vidrinhos semelhantes a favos, nos quais o meu rosto surpreso se refletia umas duzentas vezes...

'Entre, o chá já está pronto. Que bom que você veio', ela disse e fechou a porta atrás de nós.

Eu a segui até o terraço passando por uma bela casa inundada de luz, onde o chá soltava vapor. Sobre a mesa havia mais uma dúzia de outros óculos de todas as cores do arco-íris.

Quando me sentei, intimamente ainda esperava que a tentativa de Sabrina de fazer uma piada com os óculos aos poucos chegasse ao fim, porque confesso que também gostaria de ver os olhos dela, em vez de ver a xícara de chá e eu refletidos em várias versões – e ela não dava nenhum sinal de que se tratava de artigos destinados a uma brincadeira – finalmente tive de tomar a iniciativa e pedir-lhe uma explicação.

'Sabrina, por favor, tire os óculos – já estou tonta.'

E agora chegara a hora da explicação. Trata-se de uma cromoterapia, ela explicou, durante semanas era preciso usar óculos de cores diferentes – e a cor que detestássemos mais, era aquela de que mais necessitávamos; e, infelizmente, não era possível tirar os óculos durante a terapia. Embora essa declaração parecesse totalmente deslavada, de algum modo eu a achei divertida.

O resto da tarde passou rapidamente, ela falou sobre terapias de hipnose, sobre a sua faixa preta de karatê, sobre meditações, sobre cânticos e sobre a melhor maneira de cozinhar. E apesar de eu não poder ver os olhos dela naquela tarde, eu sabia que essa 'maluca' fazia totalmente parte da minha vida.

Nada é como a gente pensa; quando estamos diante de Sabrina, tudo é possível. Assim pude ver como ela segue o seu caminho como radiestesista, terapeuta de hipnose diplomada, missionária angélica, portadora do cachimbo e de algum modo como algo semelhante a um vigário (ela tem um licença que lhe permite casar pessoas), como pintora, compositora e cantora, yoguini, especialista em Feng Shui, autora de sucesso, mas principalmente como minha amiga querida.

Sabrina, sou muito grata por toda a sua inspiração, mesmo que às vezes você me tenha dado animalescamente nos nervos."

Além disso, algo sobre a minha influência boa: alguns meses depois Ursula me pediu os óculos. Mas ela afirma categórica e firmemente que nunca os usou.

Eu não só experimentava as coisas, mas muitas vezes eu também deixava que outras pessoas experimentassem as coisas comigo. Temo que, com freqüência, contra a vontade delas. Agora, anos depois, muitas emoções me fazem recordar diversos desses acontecimentos.

Às vezes balanço interiormente a cabeça ("Pobres pessoas que participaram disso"), então me envergonho pelo fato de não perceber o que "era exagerado". E, naturalmente, com freqüência tenho um acesso de riso; e aí sinto uma profunda gratidão pelo fato de os meus amigos continuarem sendo meus amigos, apesar de todos os meus comportamentos estranhos.

Uma das minhas amigas mais antigas, Carolin Frydman, que trabalhou como artista (Carolin Ohrner) e agora é desenhista de jóias e mora em Paris com o marido e dois filhos crescidos, certa vez falou sobre isso:

"As suas mudanças não me atingiram muito pessoalmente, embora eu nunca soubesse o que lhe dar de presente, visto que você e o seu gosto mudavam com muita freqüência.

Mas não era eu que tinha mau hálito porque bebia continuamente limonada, e sim, você! Não era eu que tinha de reformar o meu guarda-roupa para que cada peça se adaptasse à nova cor de cabelo, mas sim, você! Não fui eu que tive de ir ao cume da montanha para meditar e passar frio à noite, mas sim, você!

Em todo caso hoje me alegro pelo fato de podermos tomar uma taça de vinho de vez em quando e ocasionalmente comermos um Leberkäse."

Peter Probst é escritor e autor, pai de dois filhos de grande vivacidade, e vive com Amelie Fried, sua mulher, nos arredores de Munique. Além do seu modo magnífico de escrever, me alegro cada vez que posso passar algum tempo com os dois:

"Nós perdemos a fé, meu irmão e eu. Em primeiro lugar, a fé na Igreja, depois também a crença numa vida no além. É provável que nos ativéssemos por tempo demais às crenças infantis para depois tentarmos rapidamente demais sintonizar-nos com a fé dos adultos. No meu caso ainda passei por treze semestres de teologia católica (matéria secundária), que realmente me fizeram conhecer as diversas formas da crítica da religião mas, ao mesmo tempo, eliminaram qualquer tendência à espiritualidade.

Portanto, totalmente desespiritualizados, estávamos sentados bem acomodados tomando um café com bolo, meu irmão e eu. Uma figura radiante entrou na nossa cozinha rústica. Nós não reconhecemos imediatamente que o seu brilho nada tinha que ver com o luxo norte-americano em que ela vivia. Erroneamente, achamos que era uma espécie de exposição pessoal ao sol que fazia a nossa bem-sucedida amiga brilhar tanto.

Então ela começou a falar de anjos. Meu irmão e eu nos entreolhamos. Pensamos: 'Que pena, uma mulher tão bonita. Que pena que até uma mulher sensata da Baviera fique gagá na América.'

Naturalmente não dissemos o que pensamos, porque somos educados. Só deixamos que ela percebesse que havíamos perdido a fé e a espiritualidade há muito tempo.

Ela sorriu e, contra as nossas expectativas, não se sentiu repelida pelo nosso defeito. Não, ela se aproximou por trás do meu irmão que ela nem sequer conhecia, e começou a lhe fazer uma massagem na nuca com suas belas mãos, como se essa fosse a coisa mais natural do mundo. Meu irmão é um homem, mas isso não afetou Sabrina nem um pouco. Continuando a massagem ela preferiu contar sobre todo tipo de coisas que existem entre o céu e a Terra, com as quais tínhamos perdido o acesso.

Meu irmão ficou sentado ali e usufruiu a massagem. Infelizmente, ele não viu mais Sabrina desde então, mas muitas vezes investigou se haveria outra oportunidade de fazer mais uma massagem espiritual daquelas. Até agora eu não consegui saber se como homem ou como um ser humano que quer encontrar alguma coisa que perdeu. Mas talvez isso não seja uma contradição tão grande assim."

Peter me contou essa história num almoço em comum com Amelie, quando perguntei a ambos se eles achavam que o meu livro tinha valor. Quando Peter começou a contar, eu precisei dar algumas gargalhadas em voz alta no meio da história. Na verdade, eu não conseguia mais me lembrar disso. Era quase como se ele estivesse contando a experiência de uma pessoa totalmente desconhecida. Mas tenho de concordar. Essa pessoa se parecia comigo.

Mon Müllerschön também viveu alguns anos em Los Angeles. Antigamente eu dava regularmente aulas de meditação aos domingos, às quais Mon vinha com freqüência:

"Portanto, de uma coisa ainda me lembro com exatidão: Por assim dizer, isso aconteceu no início da minha carreira espiritual, que está plenamente associada com ela.
Eu estive pela primeira vez na sua casa para meditar nas colinas de Beverly Hills. Eu trouxe Jessica comigo, por assim dizer, como reforço, nunca se sabe... Nós nos alegrávamos com uma manhã descontraída de domingo.
E qual foi a primeira coisa que você fez? Nos mandou para fora para buscar pedras no bosque! Nunca me esquecerei do rosto da Jessica, quando murmurando e maldizendo ela pulava de um lado para outro na nossa frente no meio de ramos e gramas buscando a pedra certa. Eu sempre atrás dela... igualmente resmungando para a minha barba inexistente, que droga era procurar uma pedra, 'que combine com você, portanto a sua pedra, afinal; ela está ali, você vai ver; por assim dizer, ela sempre esperou por você' (A voz da minha amiga Sabrina).
Portanto, para fora, para a floresta, deixar os espinhos espetar as pernas, em vez de se deixar embalar até dormir pelas canções de Sabrina nos seus macios travesseiros. Jessica sempre na frente (ela também está mais alta, nunca se sabe), eu resmungando atrás dela: 'Pelo amor de Deus, qual é a aparência da minha pedra?' (A voz de Sabrina: 'Ela olha para você e você para ela, você a pega nas mãos, ela fala com você'.) Resmungando outra vez para Jessica: 'As suas pedras falam? As minhas se calaram...'
Depois de longos dez minutos e, honestamente, de algumas pragas nada espirituais, finalmente a libertação. Algo ali no chão, pode ser ela; sim, não exatamente como Sabrina formulou, pois ela não pode falar. Mas a sensação que transmite é boa.
Portanto, recuperada a serenidade, um abençoado sorriso espiritualizado nos lábios e voltando ao mais sagrado... finalmente chegamos e fomos aceitas!"

Isso aconteceu há muitos anos, e, do meu ponto de vista, Mon seguiu seu caminho espiritual com muita determinação. Cada um de nós que trilha esse caminho, ao que me parece, tem seus desafios pessoais. Mon descreve os seus da seguinte maneira:

"Sempre me coloco sob a pressão de ser espiritualizada, mas o que é espiritualidade? Nos momentos iluminados eu sei que sou muito espiritualizada, e quando estou outra vez sob pressão ou me coloco sob pressão, esqueço disso. Isso me dá trabalho. Mas eu tenho uma profunda força espiritual em mim, que eu uso muito raramente, isso para não falar em cultivá-la. Espero algum dia chegar lá: ser espiritualizada o tempo todo e sem ser obrigada a isso".

Louca, corajosa ou espiritualizada?

Viver de modo espiritual naquela ocasião significava que eu tinha de ser muito comportada e viver com Deus no coração e, além disso, ajudar a "salvar o mundo". Eu faria tudo o que fosse possível para isso. Eu ainda me achava relativamente normal, pois no decurso do meu treinamento espiritual encontrei outras pessoas que colocavam a missão de Deus em dimensões muito diferentes.

Por exemplo, recebi uma carta, em 1996, na qual me diziam que eu fazia parte dos escolhidos, que eu teria um lugar num determinado abrigo contra bombas quando o mundo acabasse (o fim estaria próximo) para o qual eu devia me dirigir nas quatro semanas seguintes.

Aconselharam-me enfaticamente a não partilhar essa informação com mais ninguém, visto que não havia lugares suficientes no abrigo e não queriam ser perturbados por pedidos nervosos diante da porta fechada.

Obviamente, deduziu-se que eu deixaria minha filha e minha família para trás, sem mais nem menos...

E então uma mestra disse a mim e a um círculo de oito pessoas que meditavam, que nós também fazíamos parte dos escolhidos que salvariam a Terra. Para tanto deveríamos nos encontrar regularmente todas as quartas-feiras às dezoito horas (pontualmente) na casa dela para uma meditação de duas horas. A ausência não seria desculpada!

Ela era a nossa orientadora (como eu tenho problemas com essa palavra!) e esperava continuar sendo por muito tempo, embora ela receasse muito pela própria vida. A indústria farmacêutica planejava matá-la, justamente porque ela tinha grandes forças de cura – e por isso, naturalmente, vários remédios se tornariam supérfluos. (Ela não nos explicou como pretendia curar todas as pessoas do planeta.) Naturalmente a indústria farmacêutica queria impedir isso por todos os meios.

Apesar de eu ter perdido contato com ela, acredito que continue viva.

Conheço ainda outros grupos de meditação, que acreditam ter de aumentar o número de participantes num determinado período de tempo, caso contrário há a ameaça de
o mundo acabar,
ou irromper a Terceira Guerra Mundial,
ou o eixo da Terra se deslocar.
Ou os extraterrestres, que são urgentemente necessários para a nossa salvação, não conseguirão aterrissar.

Nesse caso sempre se trata de alguns grupos obscuros, que chamam a atenção pelo seu comportamento estranho. Muitas dessas "previsões" vêm de gurus espirituais conhecidos.

Vivências

René Tischler é um jornalista suíço e escritor; ele se ocupa intensivamente, há mais de vinte anos, com tudo o que tenha relação com a espiritualidade. Eu o valorizo muito. Ele é o "meu" especialista no "cenário" espiritual. Ele simplesmente conhece cada um e tudo. Ele enviou para o meu livro um excerto da sua obra *Irdische Schritte, himmlische Schätze* [Passos terrenos, tesouros celestes] (www.soham.ch):

"...Gostaria de contar uma experiência que fiz há muitos anos nas montanhas do Himalaia. Marchei durante horas com a mohila nas costas subindo pelo leito do rio Gautam-Ganges. Cheguei ao ashram de Baba ji (pronuncia-se Baba dschi), venerado como santo. Diz a lenda que um camponês de Herakhan o encontrou numa caverna, da qual o yogue só saiu depois de ficar sentado imóvel durante quarenta e dois dias sem comer e sem beber. Fui admitido e comecei, como as duas dúzias exatas de habitantes desse retirado centro espiritual, a cantar o mantra sagrado 'Om namah schiwaya'.

Alguns dias depois o Baba me chamou. 'Fique aqui no meu ashram. Logo o mundo todo será destruído, só este lugar será preservado da queda', ofereceu ele, amigavelmente, e esclareceu algumas das coisas que diziam respeito ao futuro.

Essas profecias também podiam ser confirmadas pelo seu sábio e astrólogo 'Schastridschi'. Por alguns momentos, a idéia de encontrar abrigo num lugar seguro me atraiu, caso o extermínio e o caos fossem verdadeiros. Mas então senti a minha beleza interior. Uma vibração que vem do coração, que está sempre presente e que não depende das circunstâncias externas. E eu soube: quando me sinto pleno e sinto a paz interior, o que pode me acontecer? Seja lá onde eu estiver, não preciso ter medo e não preciso fugir para nenhum lugar. Isso sem mencionar que o meu corpo, como o de todas as outras pessoas, está destinado à decadência algum dia.

Assim deixei o 'mestre' com o ânimo alegre; ele teve de abandonar o envoltório terreno uns poucos anos depois, e perseguiu novos objetivos."

Eu também me recordo vagamente de uma história comparável, que aconteceu com um conhecido. Vamos chamá-lo de Michael. Ele encontrou uma carta escrita por um desconhecido e endereçada a ele na caixa de correspondência.

O remetente se apresentava como um xamã. Na carta dizia que os mentores espirituais de Michael haviam pedido que ele, o xamã, entrasse em contato com Michael. Os espíritos naturalmente haviam tentado primeiro falar com o próprio Michael, mas ele ainda estava tão bloqueado que o contato não fora possível e por isso esses espíritos haviam solicitado a ajuda do xamã, apesar de ele na verdade não ter tempo, pois muitos visitantes buscavam o seu conselho. E ele (o xamã) também era muito importante – essa última afirmação foi feita de modo muito mais dissimulado. Como esses espíritos o acordavam todas as noites, ele se prontificou a entrar em contato com Michael, a fim de finalmente ter paz.

Presumivelmente, os espíritos explicaram ao xamã que Michael tinha problemas de relacionamento (mas quem é que não tem?); esses só poderiam ser solucionados mediante um determinado ritual. Para isso ele teria de colocar uma coleção de cristais, que o xamã providenciaria, num recipiente vazio de café. Eu acho que poderia ser uma lata de Tchibo. Na verdade, a marca parecia ter grande importância. Esse recipiente teria então de ficar por vinte e um dias no armário de roupas. E muito importante: ninguém deveria tocar nele!

Das demais recomendações já não me lembro exatamente. Só o final da carta ficou novamente mais claro: embora esses cristais fossem muito caros e também já tivessem sido enterrados em solo sagrado durante um ritual noturno anterior por alguns meses – uma vez que o xamã intuiu que eles seriam importantes para alguém – apesar de todo o seu trabalho, ele daria as pedras preciosas por "apenas" quinhentos marcos (cerca de duzentos e cinqüenta euros).

Naturalmente também havia um P. S., mais ou menos como segue: Caso ele não se decidisse a ficar com eles, o próprio xamã veria que vantagem tirar deles. Quem é que gosta de viver toda a vida sem um parceiro...?

Michael ficou confuso. Ele estava começando o seu caminho espiritual e admirou-se pelo fato de os seus orientadores terem se dirigido a esse xamã.
"Esquisito", tornou ele, e me perguntou depois de pensar por uns instantes, "por que eles não procuraram você? Ao menos você eu conheço."
Talvez se tratasse do pote de café. Eu só bebo chá.
Eu sugeri que ele telefonasse para o xamã e lhe fizesse uma pergunta – se ele não acreditava que a mudança de comportamentos só podia acontecer por meio do crescimento pessoal. Quanto a isso, o xamã respondeu de mau humor que a sua dádiva era muito preciosa para desperdiçá-la com um descrente como Michael. Este então decidiu, como qualquer pessoa ajuizada faria, defrontar-se também com os seus problemas de relacionamento com diálogos, amor, franqueza e compreensão mútua. Achei difícil digerir a sua compreensão para com o assim chamado xamã.

Sharon Walker é pintora, xamã e agente de cura. Ela pertence ao meu mais íntimo círculo espiritual; para mim ela é uma das minhas almas irmãs (almas irmãs são mulheres com as quais tive uma estreita ligação espiritual durante várias vidas):

"Durante o ano letivo, todos os finais de semana, o meu neto Bryce, de seis anos, vem para minha casa com o seu camaleão. Sua tarefa até a segunda-feira seguinte é servir de 'babá' para o animal. Por isso, tive muito tempo para observá-lo, e chamou a minha atenção a perfeição com que ele se adapta ao ambiente: pode ser um besouro, uma árvore ou uma planta de estufa.
Tenho de pensar no tempo que passei na Inglaterra, isso foi de 1970 a 1971, em que estudei com John Bennett na Academia Internacional para Filosofia, Ciência e Arte.

Durante o meu estudo não tinha permissão de ler nada além de romances. Não havia rádio, não havia televisão, em outras palavras, não era permitida nenhuma influência externa. Eu nem sequer tinha permissão de visitar as classes de filosofia, como os outros alunos. O Sr. Bennett descobriu, depois de uma conversa mais longa comigo, que eu devia descobrir a minha própria 'filosofia' e não a de qualquer outro. Ainda sou muito grata pela decisão dele e pela sabedoria baseada nela, pois desde então pude viver melhor a minha espiritualidade.

Eu mesma me peguei muitas vezes experimentando as mais diversas crenças ou filosofias – da mesma maneira como se experimenta roupas novas – para ver se elas me serviam. Será que poderia usar realmente bem esses conhecimentos dos outros? Eles combinariam comigo?

Há anos viajei certa vez para a Índia; e quando voltei, eu não só tinha um sotaque, mas também dez saris. Sempre que eu usava um sari, eu me sentia como se andasse sobre um mar de flores. Eu sentia a alegria das mulheres hindus, a sua crença, a sua harmonia. E então uma coisa me chamou a atenção: posso sentir essa paz também sem um sari. Não preciso usá-lo. Eu não sou indiana, simplesmente não sou hindu. Eu sou eu.

Quando comecei a me ocupar com a cultura hindu, e participei de muitas cerimônias, em pouquíssimo tempo eu tinha colecionado algumas coisas outra vez: cascos de tartaruga, penas, pedras, capim doce, salva, tabaco, saco de remédios, cachimbos da paz, e assim por diante. De acordo com o grupo com o qual eu fazia a viagem, também captava imediatamente o seu ritmo de fala ou sotaque. Outra vez acontecia a mesma coisa.

Depois de algum tempo reconheci: nesta vida não sou nenhuma hindu, eu sou eu! Ainda tenho as penas, as pedras, a salva, o capim doce e todo o resto, mas sobrepus a minha música, não a música de alguma outra pessoa.

Gosto de observar Sabrina quando ela se adapta ao seu ambiente como um camaleão ou – como ao comprar um vestido – testa a sua sabedoria para saber se ele combina com ela. Ela se joga tão totalmente numa nova idéia, num novo pensamento. Ela não segura nada, mergulha de cabeça, para então, depois de um intervalo, voltar ao seu centro e ser ela mesma outra vez.

Com os índios americanos ela fez o mesmo que aconteceu comigo: penas, cachimbos, pedras, saco de medicamentos. Ela pintou uma águia num velho casaco de couro e até tinha tipi crescido no jardim. Dos aspectos que lhe pareciam sagrados, ela pegava as partes que despertavam harmonia e equilíbrio, e então ela integrava esses aspectos na sua vida diária.

Há muitos anos, quando ela começou a se ocupar com anjos e a consciência dessas entidades se espalhou pela humanidade, ela tinha estatuetas e imagens de anjos por toda parte. Talvez umas cem, ou mesmo umas duzentas. Ela colecionava tudo o que tivesse algo a ver com anjos. Ela também deixou isso de lado depois de se aprofundar por um tempo, a fim de recuperar o seu equilíbrio.

Há mais ou menos cinco anos ela encontrou uma mestra, Byron Katie, que ela admirava muito e cujos ensinamentos a tocaram fundo. Nós, suas amigas, a ouvíamos pronunciar o nome da mestra com muita freqüência. Ela nos dava os livros dela de presente, as suas fitas, nós ouvíamos falar sobre os seus workshops e aulas. Nós ríamos. Nós sabíamos que em algum momento essa fase intensa na vida de Sabrina também seria integrada. Que, como sempre, ela reteria o que lhe servisse e o resto seria eliminado.

Tudo o que acontece durante essas 'experiências de camaleão' nos ajuda a entender cada vez melhor quem somos. Nós, seres humanos, estamos sempre no nosso caminho espiritual, e esse caminho tem muitas veredas laterais que nos prometem aventuras. Mas todas essas veredas laterais sempre nos trazem de volta à rua principal. Não se trata de rodeios que experimentamos, mas de experiências importantes para que encontremos o nosso equilíbrio altamente pessoal e a harmonia com a nossa própria divindade. Não nos tornamos seres espirituais, nós sempre o fomos. Chegamos à Terra assim.
Namastê (saudação hindu: O divino em mim saúda o divino em você)."

Byron Katie (www.thework.com), que Sharon menciona, sugeriu que cada afirmação que fizéssemos fosse comprovada por quatro perguntas e uma inversão. Nós devemos julgar o outro (o que no treinamento espiritual em geral buscamos imprescindivelmente evitar), a fim de chegarmos à verdade. Exemplo: "Meu pai sempre me irrita."

Primeira pergunta: "Isso é realmente verdade?"
Resposta: "Sim, ele vive me dando nos nervos."
Segunda pergunta: "Você pode realmente saber que isso é verdade?"
Resposta: "Bem, naturalmente, há momentos em que ele não me irrita. Mas na maior parte do tempo, sim! Ele sempre – sim, na maioria das vezes! - quer ter razão e vive me dando conselhos."
Terceira pergunta: "Como você se sente quando pensa nisso?"
Resposta: "Eu me sinto mal quando estou perto dele, pois sempre espero que ele volte a me dar um conselho."
Quarta pergunta: "Onde você estaria sem esses pensamentos?"
Resposta: "Provavelmente estaria mais calma e não ficaria logo agitada se não pensasse que ele sempre me enerva. Talvez eu até pudesse ver que ele se preocupa comigo, ou que talvez esse seja o seu modo de demonstrar amor."
No final, a *inversão* de "O meu pai sempre me enerva".
Resposta: "Meu pai me enerva – eu enervo meu pai. Provavelmente isso até seja verdade. Por certo não será muito fácil ver que a própria prole não se interessa pelos seus conselhos."

Entre outras coisas, Katie explicou que há três interesses no Universo: os meus, os seus e os interesses de Deus. Os meus interesses são claros, os "seus" também. Quanto aos interesses divinos, eles se referem, por exemplo, a "quem deve viver ou morrer, como está o clima, como anda o universo em geral", e assim por diante. E se eu cuidar dos seus interesses ou dos de Deus, então não estou cuidando dos meus interesses.

Ainda sei que eu fugia de cada comentário. O sentido, naturalmente, sempre era cuidar dos "próprios" interesses. O que é o mesmo que impossível numa conversação. Naquela ocasião eu me recusava a valorizar quaisquer opiniões e, em vez disso, sempre fazia somente quatro perguntas como resposta. Quase toda sentença que eu ouvia do meu oponente era forçada a esse padrão; e assim eu me perguntava diariamente umas cem vezes: "Estou interessada nisso?" Na maioria das vezes, não estava. E assim eu evitava todo conselho, todo comentário, toda piada. O que nunca me acontecera antes, aconteceu: eu não sabia sobre o que devia pensar. Passei por longas fases, nas quais eu simplesmente só observava, porque elas não faziam parte dos meus interesses.

Ainda me lembro de como fiquei surpresa pelo fato de algumas das minhas amigas demonstrarem tão pouca satisfação com o sistema. Eu estava de tal modo fascinada por esse "sempre comprovar outra vez" e "por que penso em algo", que achava totalmente incompreensível por que isso enervava os outros. Eu tinha certeza de que era uma mera questão de tempo até as minhas amigas entenderem como esse sistema é maravilhoso.

Byron Katie é uma mulher que ainda admiro muito. Eu acredito que simplesmente adotei o seu método e fui longe demais. Eu ainda uso as suas perguntas para autodescoberta. Só que não mais com a mesma intensidade.

Naquela ocasião diversos amigos ainda levavam as mãos à cabeça. Entre outros, também a minha amiga de muitos anos, Rita Werner. Rita e eu nos conhecemos desde a televisão matutina. Fui apresentadora durante dezessete anos; e ela era a mais incrível, animada e doce fada do tempo que jamais existiu na televisão alemã (não só na minha opinião). Aonde quer que eu fosse, me perguntavam como Rita estava. Depois de trabalhar na televisão durante muitos anos, ela agora mudou totalmente de orientação. Ela é diretora de PR [o que é PR?] e escreve livros bem-sucedidos (*Let's talk*).

"Outra vez notícias de Sabrina: 'Eu me caso e vou para a América do Norte.'
'Puxa!', pensei. 'Mas que surpresa!'

Realmente, Sabrina apaixonou-se pelos grandes olhos azuis de um esperto norte-americano, que além de tudo era um intrigante importante que concordava com tudo o que era majestade, e com o que ela tivesse a oferecer. Mas como poderia ser diferente? Com Sabrina raramente acontecia algo 'comum'. Graças a Deus! Ela nunca dava motivos para tédio e bocejos...

Pois bem. Ela mudou-se para Beverly Hills e a partir daí cada um poderia supor que em poucos anos ela faria uma cirurgia plástica perfeita para mudar de aparência a fim de ser uma estrela ou uma paciente da Clínica Betty-Ford (um centro para doentes viciados). Eu esperei. Veio a maternidade. Chegou um cão. Mais um casal de gatos. Um papagaio, que era tão eloqüente quanto ela e que na sua gaiola pregava com total convicção 'Enjoy Life' [Goze a vida]. Chegou o primeiro, o segundo, o terceiro... ano de relacionamento. Nenhum 'Sex and the City'. Nenhum escândalo! Seguiram-se, ao contrário, muitos anos de uma boa vida familiar. Portanto, mais uma vez: nenhum excesso, nenhum tratamento de beleza e também não a esperada visita à Clínica Betty-Ford.

Então, aos poucos, eu tenho quase de dizer que ficou monótono: temos de admitir neste ponto que a presumível dolce vita *na Califórnia ensolarada fez da antiga* femme fatale *loura uma singela e calma mulher de família e dona de casa.*

Eu admito, deixei de passar uma informação importante, que fez com que não só a sua, mas também a vida de todos os amigos e parentes continuasse divertida e movimentada. Sabrina tornou-se espiritualizada! Ela se pôs em busca da grande fonte primordial de todo ser, e isso gerou fenômenos e efeitos colaterais interessantes. Para todos!

Não que ela aparecesse subitamente nos trajes que em geral servem de proteção contra os maus espíritos. Não, ela começou o seu caminho em silêncio e mais introvertida. No início, ela meditava. Isso estava totalmente certo. Eu também o fazia e, infelizmente, muitas vezes adormecia. Mas então ela trilhou o caminho dos milagres (Um curso de milagres... um livro comovente, que nos ajuda a obter a conscientização divina e nos treina com diversas tarefas realizáveis e não realizáveis).

Assim, houve épocas em que, subitamente, podia-se falar com Sabrina, mas ela não respondia. A conversa era tola, ou o quê? No entanto, ela não dizia nada. Nada mesmo. Ela silenciava e assim forjava o seu ouro para a alma. Em algum momento, a fim de evitar o caos e os erros ou outro tipo de coisas, nós, os amigos, recebíamos dados exatos de quando e onde e por quanto tempo ela se calaria. Primeiro, foi um dia. Depois uma semana inteira! Eu já temia que ela desistisse totalmente de falar... ou talvez tivesse desaprendido... será?

Durante esse tempo ela conquistou força para si e outra vez a total atenção, pois então todos nos ocupamos com a 'iluminação' ou o 'conhecimento' que ela obteve. Descobri que ela pretendia mudar a sua alimentação. Logo ela passou a comer de acordo com as cores que o seu Eu superior lhe indicava. Vá almoçar num restaurante com alguém que consulta o cardápio segundo as cores! Ou imagine que você é o garçom nessa situação e imagine também que rejuvenesceu. Nós todos deveríamos comer de acordo com as cores...

Então ela tornou-se abstinente. Nada mais de bebidas alcoólicas nem de cigarros, e ela ia dormir pontualmente na hora. Acredito que ela ainda fazia sexo. Ao menos, espero. Na presença dela, eu que continuava a gostar de fazer tudo isso, me senti aos poucos como um junkie do prazer.

Mas isso não foi tudo. Certo dia ela veio outra vez à Alemanha e me fez uma visita. Antes que pudéssemos nos cumprimentar, ela desapareceu no meu jardim e enterrou os pés na terra. Eu fiquei literalmente ao seu lado e observei com interesse.

'Depois de um vôo tão prolongado preciso me fixar à terra... Em casa costumo deixar para isso um balde cheio de terra fresca embaixo da minha escrivaninha. Faz bem, você deve experimentar!'

Então eu teria de me fazer enterrar totalmente, pensei, e fui fazer um chá para nós.

A nova filosofia de vida dela ficava cada vez mais divertida... Ela saudava todas as pessoas, abençoava sua comida colorida, se fixava à terra e, então, em alguma ocasião, falou de Byron Katie e sobre 'The Work'. Nesse negócio tratou-se dos nossos pensamentos, do sistema de julgamento e dos meus erros.

Estávamos sentadas num restaurante quando Sabrina me interrogou sobre a minha vida na ocasião. Eu deveria ter intuído que hoje 'seria a minha vez'. Mal acabei de dizer 'e isso que a minha vizinha fez não foi certo', ela interveio e surgiu a situação seguinte:

Sabrina: 'Quem disse isso?'
Eu: 'Eu!?'
Sabrina: 'Como você sabe que isso é verdade?'
Eu: 'Ora, afinal, eu vivi a situação. Lisa poderia ter um pouco mais de consideração.'
Sabrina: 'É verdade que Lisa teve tão pouca consideração?'
Eu: 'Sim!'
Sabrina: 'Como você sabe que é verdade?'
Eu: 'Afinal, ela poderia ter sido mais gentil e solidária comigo.'

Sabrina: 'Como você sabe que é verdade que ela não é gentil e solidária?'
Eu: 'Bem, quando alguém lhe diz que você é uma idiota... isso fica claro, certo?'
Sabrina: 'E isso é verdade?'

Será que eu estava falando baixo demais?
Eu: 'Pergunte aos meus ouvidos, sim!!!'
Sabrina: 'Quem disse?'
Eu: 'Tanto quanto sei, eu mesma!!! Mas ainda existe um outro nível de entretenimento...'
Sabrina: 'Como você sabe que isso é verdade?'
Garçom, a conta!

Essa conversa durou cerca de uma hora e fez com que eu, aos poucos, acreditasse na teoria da Matrix e esperasse ser salva por Neo.
Naquela tarde eu fiz questão de que Sabrina pagasse a conta do restaurante. Ela fez isso de boa vontade. Ao menos eu acho que fez. Hum!? Que seja, em todo caso senti isso... portanto, isso também foi verdade... ou... será que não?

No dia seguinte eu fiquei bastante tempo perto da minha árvore no jardim, os pés descansavam na terra, e eu pensei, contente comigo mesma, que era bom sentir uma terra verdadeira debaixo dos pés. Aí ao menos sabemos o que temos.
Como sei que isso é verdade?
Eu sinto isso."

Minha fase Byron-Katie extrema durou apenas meio ano, graças a Deus. Se tivesse durado mais, não restariam mais amigos. Só agora eu percebo como devo ter sido insensível.

Minha amiga Eva Herman, de Hamburgo, ainda ri quando conta a história de quando ela e o marido Tom Ockers me levaram para um *jour fixe* numa casa de gente importante de Hamburgo. Todos os convidados eram de algum modo famosos ou conhecidos. Eles tinham aquele tipo de fama que se conquista com trabalho ou talento.

Naturalmente o assunto logo se voltou para os anjos (a essa altura eu já tinha prática) e então ofereci uma meditação, em que cada pessoa podia encontrar o seu anjo da guarda.

"Sim, sim", o encanto foi geral. Todos nós nos sentamos na sala de jantar, fechamos os olhos e nos demos as mãos, enquanto eu primeiro fiz uma oração e então conduzi a meditação. Em meio à meditação, justamente quando chegara o momento de o anjo da guarda mostrar-se diante dos olhos interiores das pessoas, um convidado atrasado abriu a porta da sala de jantar com estardalhaço, causando um choque relativo nas pessoas que meditavam. Mas que meditação! O anjo apareceu com um ruído impossível de não ouvir! Depois de o convidado assustado ter dado uma olhada no círculo de pessoas, ele achou conveniente retirar-se o mais depressa possível. Nós outros ficamos sérios com esforço, intimamente estávamos rindo.

Quem sabe por que os convidados decidiram fazer essa meditação! Simplesmente, porque seria uma diversão interessante, talvez, e eu duvido muito que ela tenha despertado um interesse mais profundo em alguém. Mas àquela época era simplesmente impossível eu passar uma noite normal com pessoas interessantes. Tudo o que não tivesse relação com Deus, eu simplesmente achava maçante. Provavelmente a recordação daquela noite deve despertar naqueles convidados, assim como aconteceu com Eva e comigo, sonoras gargalhadas interiores. O que deve ser muito saudável...

Mais tarde, na mesma noite, nós passamos do terraço de Eva e Tom para o telhado levemente diagonal do prédio de apartamentos em que moravam, no sexto andar, para fazer uma cerimônia do cachimbo. Fiz fogo numa churrasqueira aberta. Estava ventando. O fato de eu não ter ateado fogo em toda Hamburgo desse modo ainda me tranqüiliza até hoje. De fato, todos os anjos devem ter nos ajudado.

Tom Ockers é um bem-sucedido jornalista da televisão e escritor (*Eis-Lauf* [Caminhada no gelo]). Eu o conheci porque a minha amiga Eva estava casada com ele naquela ocasião. Ele continuou meu amigo. É o pai orgulhoso de um menino que a esta altura está com seis anos e, no segundo casamento, é padrasto de uma moça de dezesseis. Ele é incrivelmente bem-humorado e gosta de me levantar quando me abraça. Ele ainda se lembra muito bem do "incêndio de Hamburgo":

"Muitas lendas e preleções religiosas se baseiam em milagres. Alguém vai a determinada região, tem uma vivência extraordinária, responsabiliza a mãe de Deus por ela e, depois de alguns séculos, é considerado santo. Por que, me pergunto, ainda não temos nenhuma santa Sabrina? Não foi uma vez só ou duas... em cada encontro eu vivi algum milagre.

O primeiro milagre aconteceu a cinqüenta metros de altura, diretamente acima da zona de pedestres mais famosa de Hamburgo. Naquela época Sabrina ainda fazia o ritual do cachimbo da paz e me permitiu tomar parte do ritual original principal. Nós nos sentamos numa cumeeira, ateamos fogo em alguns pedaços de madeira, onde os cachimbos deveriam ser acesos, e celebramos a magia da fumaça sagrada.

Várias coisas aconteceram ao mesmo tempo, que na ocasião interpretei como realização dos desejos divinos: em primeiro lugar, o papelão se carbonizou com as nossas chamas, e não entendi por que não pegou fogo. Em segundo lugar fiquei surpreso com o fato de o locador não cobrar pelos inúmeros buracos negros causados pelo incêndio no telhado. E, em terceiro, é simplesmente inexplicável como pude manter o equilíbrio sobre o telhado escorregadio e enevoado pelo forte tabaco e não me precipitei nas profundezas.

Hoje eu sei, é claro, que esse milagre tinha a ver diretamente com a aura de Sabrina. Fui fortalecido algum tempo depois, quando ela mudou das fumaças indígenas para os voadores anjos da guarda. Estávamos sentados num ônibus, a caminho de uma cerimônia de batismo; lá fora chovia a cântaros. Um pouco antes de chegarmos, ela olhou para mim e sorriu.

'O sol logo vai brilhar', ela sussurrou, enquanto os pára-brisas da janela da frente lutavam bravamente contra a tempestade.

Eu achei maravilhoso o fato de não rir alto de Sabrina. Mas quando chegamos ao nosso objetivo, algum tempo depois, e as portas do ônibus se abriram e o sol brilhou no nosso rosto, jurei que no futuro eu mandaria colocar uma fotografia dela num broche com a promessa de levá-la sempre comigo. Depois que Sabrina saiu da festa, a tempestade recomeçou.

Pouco tempo depois ela fez com que acontecesse outro milagre. Minha mulher, na ocasião, sempre se recusara a deixar que eu colocasse no banheiro um espelho para fazer a barba. Ela dizia que era por motivos estéticos. Eu havia perdido a esperança de ir ao escritório sem as pequenas ilhas de tufos de barba, muito feios.

Então Sabrina nos fez uma visita. E quando ela foi embora, perto da minha escova de dentes, que também não cabia na ornamentação, mas que eu havia defendido contra toda resistência, havia um espelho para barbear relativamente grande com luz. Esse foi de fato um milagre. Não só porque eu nunca havia falado com Sabrina sobre o meu desejo, muito menos lhe pedira para dar peso à minha pretensão; não, principalmente pelo fato de que para eu obter o meu artigo cosmético minha mulher teve de desistir do seu secador gigante; fiquei tão admirado como devem ter ficado os habitantes de Israel quando Jesus caminhou diante deles sobre as águas.

Apesar disso, às vezes ainda me divirto à custa dela. Muitas das suas teorias me parecem estranhas e diferentes. E como ela reage? Ela responde a cada piada, a cada ironia e a cada ataque sempre amigável e séria. Ela nunca se deixou provocar. E, antes de tudo, ela previa a minha atitude. E até hoje eu acho isso especialmente maravilhoso."

Eva Herman há anos é apresentadora de TV e escritora. Nós nos conhecemos desde que começamos a trabalhar na televisão e nos tornamos amigas íntimas no decorrer de todos esses anos. Ela tem um filho maravilhoso, Sam, e é uma mãe encantada:

"Não há muitas pessoas que realmente conheço e com as quais tenho amizade, isso para não dizer que se trata de menos do que os dedos de uma mão. Sabrina faz parte desse círculo de amigos!

Nós nos conhecemos há mais de vinte anos na rádio da Baviera. Ambas estávamos em início de carreira, o que na época nem suspeitávamos. Certamente cada uma de nós estava contente de ter chegado à televisão, pois esse era o primeiro passo importante no caminho para o grande e vasto mundo.

Enquanto eu me decidi, desde o início, por trabalhar com as notícias (um motivo não essencial é que durante a transmissão eu podia me ater às folhas de papel, sem as quais eu literalmente teria escorregado de medo para debaixo da bancada), para Sabrina estava claro que ela pertencia ao entretenimento. O que os chefes logo perceberam.

E assim, ela se tornou apresentadora em alguns setores que esse gênero tem a oferecer: notícias noturnas, transmissões noturnas especiais, transmissões para a Baviera, transmissões internacionais.

Quando ela comentava um jogo de futebol para a estação, embora nunca tivesse comparecido a um jogo, muito menos soubesse o que era uma lateral ou uma falta, e isso apesar de uma notável ingenuidade que dirigia a sua ação e o fato de ter sobrevivido a isso, eu soube que ela nascera para as alturas da fama.

Muitos anos mais tarde, depois que eu havia seguido de Munique para Hamburgo, ela conheceu o marido norte-americano e menos de quatro meses depois ela havia feito as malas e mudado para Hollywood. Ainda desconheço o que aconteceu por lá. Posso supor algumas coisas; mas mencioná-las aqui não seria adequado, visto que entrariam no âmbito da vida íntima.

Em todo caso, depois de curto espaço de tempo ela se tornou outra pessoa. Para que eu não seja mal interpretada: no que se refere aos ingredientes que a tornam um ser humano, a mistura não mudou. O caso foi antes o contrário: ela se tornou mais reflexiva e se pôs na busca do sentido da vida. Como pude perceber, um desenvolvimento muito bonito, uma vez que empreendi um caminho semelhante.

Quando nos encontramos, trocamos os nossos conhecimentos sobre qual seria a nossa grande missão na Terra. Logo em seguida constatei que Sabrina levava a coisa mais a sério do que eu havia suposto.

Num dos nossos encontros seguintes ela me falou sobre muitos encontros com os indígenas sábios das montanhas da Califórnia. Ela passara bastante tempo com eles, havia surpreendido o marido quando fez as malas outra vez e saiu para lançar sinais de fumaça nas montanhas, entoar cânticos xamanísticos e filosofar com os peles-vermelhas sobre o caminho que teria de trilhar nos solos eternos de caça.

Logo depois disso nos encontramos numa clara noite de inverno sobre o telhado de um prédio em Hamburgo, no qual eu morava. Sabrina fez uma pequena fogueira e fumou o cachimbo da paz comigo. Não, nós não tínhamos desacordos, isso fazia parte do grande ritual típico de cada raça de índios, que de certa maneira leva a sério o sentido da sua existência. E depois de algum tempo naquele ritual, com os dentes chacoalhando eu ganhei um nome indígena squaw, que Sabrina recebeu por inspiração dada pelos sinais de fumaça, nome que hoje infelizmente esqueci. Dessa maneira fui iniciada nos ritos dos grandes chefes e suas mulheres.

Num jantar ao qual havíamos comparecido antes, nós nos sentamos com pessoas bem-humoradas da mídia e da televisão e registramos de passagem por que encerramos o jantar prematuramente. Muito imprudente, eu havia informado que nós iríamos até o telhado para fumar um cachimbo, e até hoje isso causa irritação e admiração entre eles.

Poderíamos pensar que a minha amiga Sabrina havia se transferido de corpo e alma para os índios. Mas isso é um grande erro. O reino celeste é grande e o cosmos tem uma amplidão inimaginável, como ela me informou um pouco depois, quando abriu a porta da casa com uma roupagem indígena e uma pena no cabelo. Ela havia encontrado o seu anjo da guarda, o seu anjo especial, até então mantido em segredo! Quem achar graça disso por desconhecimento, deve saber que esse encontro do destino não está reservado para todas as pessoas e que, em segundo lugar, o próprio posicionamento diante da vida se modifica totalmente depois de um encontro como esse.

O mesmo aconteceu com a minha boa amiga. Então ela se ajoelhou diante do trabalho, meditou quatro horas por dia e por noite, jejuou, desistiu de praze-

res mundanos como carne e álcool a fim de purificar o corpo e libertar a alma, e prestou serviço ao próximo, até ser apenas uma linha na paisagem. Enquanto algumas pessoas balançavam a cabeça sem compreender e davam de ombros, eu seguia encantada as suas palestras e certo dia me vi diante da intenção egoísta de encontrar o meu anjo da guarda também.

Alguns dias depois Sabrina veio dos Estados Unidos de avião; e como os meus colegas da redação no mínimo achassem essa história interessante para o talkshow, pouco depois estávamos sentadas no meu programa ao vivo, demos as mãos aos outros convidados, fechamos os olhos, e buscamos os nossos anjos da guarda na luz difusa da imaginação.

Podemos imaginar o resultado dessa cena: as linhas telefônicas da rádio não pararam de tocar. Espectadores que não entenderam muito bem como achar seus anjos, bloquearam as linhas desesperados, até entender. Outros acharam seus anjos com uma forma ou um nome, que lhes veio aos sentidos, outros subitamente escreveram um número, que deveria ser o do anjo protetor e queriam contar-nos isso.

A rede eletrônica de comunicação da minha emissora local foi interrompida e, no final, os assistentes de redação quase não sabiam mais os próprios nomes, mas em compensação haviam obtido conhecimento suficiente sobre inúmeras entidades celestiais, que voavam ao redor deles e aos quais, obviamente, só conseguiram ter acesso por essa medida terrena extraordinária.

O sucesso de Sabrina com os anjos da guarda foi indescritível. Ela escreveu vários livros sobre esse fenômeno espiritual, deu prolongadas palestras e fez viagens por todo a Alemanha e ajudou muitas e muitas pessoas a obter nova coragem de vida e grande esperança. A Igreja devia alegrar-se pelo fato de muitas pessoas terem descoberto dessa maneira que devia haver mais coisas do que os cinco sentidos lhes transmitiam; devia alegrar-se por elas terem voltado à Igreja.

Nesse meio tempo, Sabrina dedicou-se a um grupo de ajuda para pessoas com doenças em fase terminal e dava a essas pessoas palavras de consolo e ajuda para o caminho.

A fase ativa dos anjos durou bastante tempo, anos portanto, e eu sei que a minha amiga ainda hoje leva acompanhantes invisíveis com ela, o que a distingue significativamente das outras pessoas nos momentos decisivos. Ela mesma é um anjo peregrino, sempre e em toda parte impassível, virtuosa, prestativa e cheia de humildade, e poderia bem ter acontecido que eu contasse com uma próxima iluminação do seu espírito, caso ela não se visse presa por virtudes *humanas demais e confrontada por verdades terrenas, de que ainda hoje me lembro. E, então, aconteceu o seguinte:*

Sabrina me visitou outra vez, vinda da distante Califórnia. Fomos jantar num restaurante chique e caro em Hamburgo. Apesar de as contas no final de uma noite agradável serem altas, as mesas estavam sempre ocupadas. O garçom nos havia colocado numa mesa de bistrô cuja distância das mesas vizinhas não era maior do que vinte centímetros, à direita e à esquerda. Eu não conhecia o casalzinho à esquerda; eles falavam russo ou curdo. Do outro lado, contudo, estava alguém que não só eu mas todas as pessoas do país conheciam bem: Otto Waalkes, com sua bela mulher, Eva.

Nós nos cumprimentamos, e logo percebi que Otto – ao qual me liga a nossa origem do leste da Frígia; ele deve até mesmo ter vindo ao mundo na mesma maternidade que eu – não tinha nenhum interesse numa conversa comigo; e até mesmo sua mulher olhava surpresa que seu marido preferisse falar com Sabrina. O que talvez se deva à maravilhosa irradiação dela, mas por outro lado também ao fato de o marido norte-americano de Sabrina, que trabalha numa grande firma de cinema mundialmente conhecida nos Estados Unidos, já ter jogado várias partidas de tênis com e contra Otto; eles haviam feito amizade.

Minha amiga não se interessou nem um pouco por isso. Impaciente, ela tentou evitar qualquer contato entre nós e a mesa vizinha, à medida que enviava comentários curtos quase indelicados para eles.

Alguns minutos depois descobri para onde soprava o vento: ela tinha descoberto uma nova figura-guia e havia decidido confiar em suas regras de vida e segui-las: Katie Byron ou algo semelhante era seu nome. E ela tinha poucas horas de tempo para esclarecer as suas regras básicas.

O que se seguiu ninguém que não tenha estado presente pode imaginar. Essa nova mestra se distinguia pelo fato de questionar todas as teses, cada sentença, cada constatação ainda que mínima e ocasional.

Isso é necessário, como Sabrina me explicou com o rosto sério, para chegar mais perto da verdade, não da realidade – ou seria o contrário?

Portanto, se eu dissesse: 'Me alegro por jantarmos juntas hoje, a pergunta contrária seria: É realmente verdade que você se alegra? Você pode saber cem por cento que isso é verdade? Como você reage quando tem esse pensamento? E: Quem ou o que você seria sem esse pensamento?'

No início eu dei uma de valente, pois argumentar é uma das minhas ocupações prediletas. Além disso, essencialmente não sou contra duvidar das coisas que as outras pessoas afirmam e lançar dúvidas quanto à sua legitimidade. Na verdade, isso pode requerer esforço contra um oponente como o meu anjinho.

Como eu ainda comentei que no dia seguinte faria um prato único para o meu marido e depois iria ao zoológico com meu filho, ouvi o seguinte: 'Prato único? Isso é mesmo verdade? Você pode saber com cem por cento de certeza que isso é verdade?' E assim por diante.

Quando falamos sobre a política do dia e eu mencionei que não achava a reforma dos impostos da oposição muito ruim, ela ficou me olhando pensativamente: 'Você acredita realmente que os impostos têm sentido para o povo? Isso de fato é verdade? Você tem cem por cento de certeza que isso é verdade?'

Depois de menos de uma hora eu estava mentalmente acabada! Pensei seriamente o que ou quem eu teria sido sem esses pensamentos, mas mais urgentemente eu perguntava a mim mesma em quem ou no que a minha boa amiga havia se transformado no decurso dos últimos meses e o que seria dela se as coisas continuassem nesse rumo. Para tomar um pouco de ar fresco e fazer alguns exercícios de respiração para me tranqüilizar, eu me levantei com a observação de que voltaria dentro de alguns minutos.

Quando voltei ao lugar outra vez, um pouco depois, deparei com uma cena lamentável: durante a minha ausência, Otto aproveitou a oportunidade para uma conversa curta com Sabrina e havia se mudado para o meu lugar. Presumivelmente ele havia se esforçado em fazer a conversa rolar amigavelmente, mas deve ter deparado com uma parede de gelo. E lá estava ele sentado com o canto dos lábios caídos, com ar resignado e postura abatida, como o cavaleiro da triste figura, ouvindo as explicações dela.

Andei depressa até a mesa, justamente quando a ouvi dizer: 'Você tem cem por cento de certeza de que gosta de jogar tênis com ele?' Eu empurrei Otto depressa para o lugar dele, olhei severamente para Sabrina e disse com voz firme: 'Sabrina, agora basta!'

Katie Byron, ou seja lá qual for o seu nome, nunca mais foi tema das nossas conversas.

No momento ainda me preocupo um pouco com a minha querida amiga Sabrina. Ela está radiante de felicidade, come carne outra vez, ri bastante e recentemente nos convidou para um chá. Algumas pessoas chegam a afirmar que a viram fumar um cigarro. O que significará isso?"

Naturalmente eu contesto com veemência que tenha feito algum comentário sobre a reforma dos impostos, mas confesso que nessa fase também devo ter sido incrivelmente enervante. Graças a Deus, Otto Waalkes ainda fala comigo, o que valorizo muito pessoalmente! Nós todos sabemos que ele tem um magnífico senso de humor, e preciso dele perto de mim.

Dedicação

Só muito tarde me ocorreu que eu não tinha apenas o desejo da proximidade de Deus e dos anjos, mas também um desejo intenso de controle. Eu queria me assegurar. No meu coração e na minha vida. Mas Deus, como sempre, tem uma idéia muito mais clara daquilo que queremos aprender. Eu preferia aprender a ter controle sobre mim, sobre os meus sentimentos e a minha vida. Na minha lista de pedidos eu não escrevi nada sobre dedicação.

Somente há pouco tempo encontrei estas linhas que escrevi há cerca de uns dois anos, quando passava novamente por "uma noite escura da alma".

"Ao que parece sou muito amada. Enquanto os meus olhos se enchiam de lágrimas e eu escondi o rosto por trás das mãos, procurei me encontrar. O que não é muito simples. Surpreendi-me outra vez esquecendo de respirar. Não me concedo ar suficiente. Eu poderia tirá-lo de alguém. Ou talvez somente sentir demais... e parece que tenho medo disso.

Meu coração está pesado... Toda a região do coração parece estar de algum modo mais funda do que o resto. Os meus pensamentos não se concentram no presente. Eles viajam para um futuro imaginário. Um futuro que eu desejo mais leve para mim. Mais amoroso. Mais quente. Mais alegre.

Novamente tenho a impressão de estar me observando. Como um regente observa um artista, um biólogo uma taturana. E talvez seja essa divisão que torna o todo tão solitariamente intragável.

Embora eu pareça ter muitos amigos, não visito nenhum com freqüência. Eles aparecem com regularidade. Ocasionalmente, as conversas exigem muito esforço da minha parte. Eu tenho de me explicar. Justamente quando não tenho nada a explicar. De algum modo eu pareço flutuar no espaço sem ar, sem uma verdadeira fixação à terra. Até mesmo andar descalça não ajuda. Quando me

entretenho com os meus amigos, o presente parece se encher. E é exatamente isso que eu tento evitar. Eu não quero encher nada. Eu quero sentir o que eu sinto, sem me distrair. E, no entanto, os pensamentos, as fantasias me distraem. Um futuro como eu imagino, repleto de realizações. E tenho de me buscar de volta, para o presente incerto.
   Tudo ficará novo. Também eu.
   Outra vez.
   Como tantas outras vezes, tive de me proteger, e me esfregar como uma serpente nas pedras pontiagudas, para trocar a pele que ficou apertada demais.

   Minhas amigas se preocupam comigo. Isso ao mesmo tempo me comove e perturba. Talvez em parte porque até agora controlei tudo e também controlarei esse novo tempo. Quando reconhecer o novo caminho, eu irei por ele. Por mais doloroso que ele possa ser. E, no entanto, desta vez está mais difícil caminhar por ele. Talvez porque já não precise provar nada. Agora simplesmente quero me recolher... e essa dedicação não me parece dar certo.
   A dedicação não pode ser alcançada pela mera vontade. E esse é o problema. O contrário disso é necessário. A disposição de ser fraca. De ceder. De ser profundamente solitária. Saber e admitir que não há nada que os outros possam fazer. A única coisa a fazer é relacionar-se com o outro com franqueza e honestidade. Sem esperar ajuda. Sem ter apoio. Apenas admitir: 'É assim que me sinto. É isso o que sou agora.' Isso parece ser dedicação. Entregar-se ao outro. Sem esperar algum tipo de solução.
   Eu tenho o grande desejo de compartilhar o que escrevi. Mas com quem? Eu não quero despertar nada além de... hum... sim, o quê? Aceitação? Que se aceite o modo como me sinto agora. Isso nem mesmo é um presente. Caso contrário seria de alguma utilidade para o outro. Simplesmente existe. Como a chuva. O vento. Ou o cheiro da salva, que está queimando agora sobre a minha escrivaninha."

   Agora, muitos meses depois, eu sei o que aconteceu. Cada um de nós passa por vales profundos, também chamados de "noite escura da alma". A gente se sente só, perdido. Duvidamos de tudo o que aprendemos até o momento e nos perguntamos se estamos no caminho errado. Nos últimos tempos alguma coisa melhorou? A vida realmente ficou mais fácil? Tudo o que aprendemos é analisado outra vez. Muitas vezes as dúvidas se amontoam. Não é raro que nos sintamos num buraco profundo. Esse período, que na ocasião durou algumas semanas, foi um período profundamente solitário. Um dos muitos que são necessários para nos conhecermos melhor, para aprendermos a conhecer Deus melhor. E embora eu tivesse a minha família, os meus amigos e os meus animais ao meu redor, ainda assim eu me sentia separada deles. Como se tudo o que me alcançasse, me atingisse através de uma densa camada de neblina. E através dessa camada de neblina, a animação, a alegria e a leveza ficaram mais pesadas.

Mais difusas.

Mais molhadas.

Mais desagradáveis.

Eu estava prestes a reconhecer que eu tinha deixado o meu coração morrer. Um dos aspectos mais importantes no meu treinamento espiritual era ficar mais desperta para a vida. Muitas escrituras sagradas sugerem observar a nós mesmos e aos outros como se estivéssemos num palco. Desse modo surge um certo distanciamento do drama em que muitas vezes nos encontramos. Quando temos condições de contemplar uma situação "de fora", ela com freqüência fica mais clara para nós do que quando ficamos sentados no tumulto.

No entanto, nisso também se oculta um perigo: o perigo de nos distanciarmos, o perigo de não estarmos mais suficientemente perto de nós mesmos e da nossa vida. Nós perdemos o sentimento profundo que desejamos para nós, mas obtemos mais espaço para respirar. Nós obtemos mais ar. Nós não nos sentimos mais tão limitados, tão envolvidos, tão arremessados de um lado para outro pela vida.

Um treinamento espiritual rigoroso naturalmente oculta outros lados de sombra. Eu esperava ter sensações angélicas, e não consegui realizar essa pretensão. Eu não me permitia ser um ser humano com todas as fraquezas, com a solidariedade pelas pessoas, com as quais eu nunca havia feito uma grande amizade.

Ocasionalmente, eu ficava com pena de mim – eu tinha de descarregar a minha dor em algum lugar – mas também para isso eu havia desenvolvido métodos bem-sucedidos, para me recuperar depressa. "O quarto da autocomiseração" para onde eu fugi, às vezes, era visitado por alguns minutos, pois eu sabia que se é responsável pela própria vida e não me permitia ter autocomiseração. Também não me permitia consolação pessoal. Nem mesmo solidariedade. Algo que eu podia dar generosamente aos outros, não havia para mim mesma. Eu tinha de ser perfeita – seja lá o que fosse isso.

E embora eu pudesse perdoar as emoções ou os hábitos dos outros, eu não podia perdoar os meus.

A suavidade do coração sempre começa em nós mesmos. Na própria vida, no próprio corpo. Para isso precisamos de... dedicação. Só então a nossa vida será plena.

Decisões

Nesta semana precisei tomar quatrocentas e noventa e oito decisões, cujos ecos movimentariam a minha vida em direções diferentes. (Naturalmente eu exagero sem medidas.)

Certa noite, quando eu assistia a uma transmissão antiga de televisão (*Lassie*) com a minha filha, eu nada mais queria do que ser a mãe nesse velho seriado. De belos aventais brancos, ela conhecia o seu lugar no mundo, e a decisão que ela tinha de tomar no episódio de hoje, era se Tommy (o filho) ainda podia brincar mais um pouco lá fora com Lassie (o cão). *Essa* é uma decisão que sou capaz de tomar.

No decurso da nossa vida chegamos a muitas encruzilhadas. Devo pedir demissão ou ficar? Mudar? Ir embora? Casar? Divorciar-me? Fazer uma cirurgia? Fumar? Sair de carro?

Não é raro que desejemos alguém que nos poupe do trabalho de decidir. E alguns de nós optaram por uma vida desse tipo. Pode ser o marido, que impõe a sua vontade; e mesmo que a mulher não aprecie, inconscientemente ela está grata pelo fato de não ter de tomar nenhuma decisão. Quer o resultado dessa decisão seja agradável ou desagradável, ao menos ela o pode empurrar para o marido e evitar assumir a responsabilidade pela própria vida.

No caminho espiritual isso significa que procuramos oportunamente mestres que nos dêem instruções exatas. Astrólogos que nos digam quando devemos fazer alguma coisa. Canalizadores que nos mostrem detalhadamente os nossos próximos anos. Pêndulos que nos mostrem se o novo emprego também dará certo.

Quando queremos falar com anjos, quando desejamos o apoio de Deus, por trás disso existe o desejo de um conselho que seja perfeito e de acordo com o qual possamos nos orientar. Quando nos lembramos o quanto os nossos pais nos enervavam, quando mais uma vez nos recusavam algo sem motivos aparentes, mal podíamos esperar até sermos finalmente responsáveis pelas nossas decisões.

Todos nós desejamos ter facilidade para tomar decisões. De sabermos "intuitivamente" o que é certo. Especialmente quando meditamos. Nós quebramos a cabeça para saber se decidimos "corretamente". Embora eu saiba que todas as minhas decisões em última análise são corretas – porque elas me trazem as experiências que eu quero – apesar disso, sou arremessada de um lado para outro durante o processo de decisão.

Será que tenho medo de alguma coisa, ou só estou agitada? Uma reação corporal igual e que só é classificada pelo exame da razão em "boa" = excitada e "má" = ter medo. Naturalmente, como qualquer outra pessoa, desejo ter o dom da previsão. Seria magnífico se eu pudesse ver o resultado antes de uma possível decisão – como no cinema.

Caso eu viajasse por toda a Alemanha, uma das minhas perguntas mais importantes na ocasião: minha filha ficará feliz com isso? Assistindo ao filme, já vejo como ela – três anos depois – está feliz sentada comigo à mesa de jantar ou pendurada embaixo de uma ponte porque não conseguiu se adaptar e fugiu na neblina da noite.

Na maioria das vezes, o pior período é aquele que antecede a decisão. Depois dela, em geral ocorre um relaxamento. Comigo já aconteceu algumas vezes de não haver paz nem mesmo depois da decisão. Com o termo paz não quero designar que todos os problemas estão solucionados, mas simplesmente um sentimento interior de que me sentirei bem no caminho tomado. Eu digo sim com muita freqüência e agarro a vida e o que tem de ser resolvido com muita intensidade. E em vez de me conceder uma existência mais tranqüila, começo a tomar decisões que tornam tudo muito mais complicado.

Muitas vezes demora um bocado até eu perceber isso. Na maioria das vezes porque não surge essa sensação de descontração. Continuo a me sentir tão indecisa como antes de uma decisão. Portanto, não me sinto bem no caminho em que acabei de entrar, e quanto mais o percorro, tanto pior me sinto. Então tenho de mudar de direção, o que sempre me traz dificuldades para eu tomar a decisão de ir numa direção contrária.

No pior dos casos, concordei com alguma coisa de que devia discordar. *Trágico, trágico!* Isso desperta sentimentos de culpa (coitados dos outros que já confiavam tanto em mim), de tal modo que deixo o meu bem-estar em último lugar. Preciso de infinita força de superação para virar o volante e (naturalmente pedindo desculpas) me separar dos deveres que havia prometido cumprir.

Há alguns meses eu havia me apresentado para acompanhar um doente no transporte para Lourdes. Um mês antes do compromisso tive cada vez mais certeza de que não tinha estrutura suficiente para cuidar de um doente. Eu não tinha quase nada a oferecer, eu mesma precisava de ajuda. Durante dias me senti desprezível. É algo totalmente diferente desistir de uma viagem e desistir de uma viagem caritativa. E, contudo... não ajudou em nada. Com o coração pesado, eu desisti. A confirmação veio logo depois: eu me senti aliviada.

Não é raro questionarmos o nosso treinamento espiritual quando não obtemos logo algumas respostas sábias. Não pude responder durante dias à pergunta sobre se eu devia recusar a viagem a Lourdes. Eu rezava, meditava e ficava pensando sobre isso. A espiritualidade não representa nenhum encurtamento do prazo. Diante das decisões ela não nos oferece nenhuma vantagem perceptível. Somos jogados de cá para lá exatamente como as pessoas que não meditam. Cada um de nós busca aconselhamento com sua família, com seus amigos, e nós ainda buscamos um conselho adicional: com Deus. Mas muitas vezes é o nosso desejo que influencia as respostas. Então, nós ouvimos o que desejamos ouvir. Contra isso não existe nenhum seguro. Quando os meus anseios de obter um determinado resultado são muito intensos, o que eu desejo ouvir confirma esses anseios.

Incertezas nas decisões muitas vezes indicam uma transformação. Nós nos modificamos. Alguma coisa em nós quer vir à tona, quer tomar ar. Essa incerteza é como um parto. Ela é importante para o nosso desenvolvimento. Ela nos traz nova vida e novos pensamentos. Justamente nós, que nos esforçamos corajosamente (essa foi a palavra que me ocorreu...) para progredir no caminho espiritual, não deveríamos ser muito severos com nós mesmos. Sim, as decisões são cansativas. Sim, elas são dolorosas, e sim, muitas vezes elas demoram. E, no entanto, nada nos resta a não ser sentir, viver e participar delas. Em algum momento, a decisão será tomada. E o caminho à nossa frente parecerá mais claro.

Vivências

Samantha Khury comunica-se com os animais e é ao mesmo tempo uma das minhas almas irmãs. Ela ensina no mundo todo como os animais se comunicam com as pessoas. Ela é casada, tem quatro filhos crescidos e vive em Los Angeles:

"Eu estava com vinte anos quando comecei a meditar, e tinha dois objetivos diferentes para as minhas meditações: certa vez elas me trouxeram uma

sensação de unidade com Deus, cujo conselho eu buscava e cuja Presença sempre me trouxe maravilhosos conhecimentos intuitivos. Quando me sinto unida a Deus, isso me ajuda na elaboração da minha intuição, e sempre sinto uma paz profunda. O segundo objetivo era a concentração nas minhas insuficiências: eu queria ficar livre das dúvidas pessoais, dos sofrimentos da minha infância e de diversos comportamentos autodestrutivos que me impediam de alcançar a iluminação. Eu passava bastante tempo me aprofundando e elaborando diversas coisas para me curar e separar de antigas profissões de fé.

Naquela ocasião eu passava por muito stress *na minha vida. Cuidava de meus quatro filhos, cinco cachorros e cinco gatos, uma vaca, um coelho, um hamster, meu sogro e meu marido. Como você talvez possa imaginar muito bem, eu mal podia esperar pelos tranqüilos momentos das meditações. Embora levasse uma vida relativamente normal como mãe e artista (Samantha era pintora de retratos, naquela ocasião), eu queria saber por que estava aqui nesta Terra e do que eu precisava para curar o meu cérebro e superar todos os sentimentos de inutilidade que arrasto comigo desde minha tenra infância.*

Naqueles tempos eu não sabia ler nem escrever direito, muito menos calcular, coisas que as outras crianças da minha idade dominavam com facilidade. Todas as noites eu deitava na minha caminha e rezava: 'Meu bom Deus, me dê um cérebro que funcione!' Meu coração ansiava por aceitação, e eu sempre desejava poder fazer alguma coisa corretamente.

Eu tinha enormes dificuldades para pensar, para reter informações e quase não conseguia me concentrar. Esse fato me frustrava demais, e minha autoconsciência não queria formar-se direito por conta disso. Por isso, eu me sentia especialmente atraída por essas meditações, que deveriam afastar o passado e o stress emocional e físico daquele tempo.

Todas as semanas, durante dezessete anos, eu recebi novas idéias e pensamentos nas minhas meditações sobre o modo como deveria elaborar os germes das minhas emoções. Eu os chamava de 'meus instrumentos energéticos'. Às vezes havia determinadas cores e luzes que eu enviava para o meu corpo – cada uma responsável por eliminar uma emoção como o medo, a dor, a tristeza e a inutilidade. Eu me divertia sentindo as luzes movendo-se em mim. Não estou certa de quanto tempo eu passei examinando minhas antigas emoções, ano após ano. Era uma circulação sem fim. Uma parte de mim desejava muito mudar isso, mas eu não sabia como.

Uma manhã acordei sentindo-me muito mal, mas não tinha nenhuma idéia do porquê. Sentia um peso sobre mim, que empurrava os meus ombros para baixo, como se eu tivesse uma pedra enorme pendurada num colar. Minha razão estava envolta na névoa e o meu coração doía. Adiei minha meditação matutina. Eu não estava certa do motivo da minha hesitação. Demorou mais de uma hora antes de eu atingir o estágio tão conhecido da meditação. Coloquei como fundo música de meditação, e ela me ajudou a diminuir regularmente a respiração, e depois de mais cinco respirações profundas minha razão também se aquietou. Meus ombros se descontraíram, o peso desapareceu.

Quando o meu corpo se tranqüilizou, ouvi uma voz silenciosa e suave na minha cabeça, que me disse: 'Samantha, observe bem o que você faz. Você pode levar mais dezessete anos elaborando as emoções do seu passado.'

Eu perguntei: 'O que quer dizer com isso?'

Essa voz suave, silenciosa, fez o meu coração vibrar, e então houve um ruído estranho em mim, semelhante ao que fazemos ao rasgar um pedaço de pano. Com esse ruído meu cérebro também pareceu se romper. Diante da minha visão interior eu vi uma tela de linho. Nessa tela havia algo semelhante a um campo de futebol. Bem, não me interesso especialmente por esse esporte, e por isso fiquei muito surpresa por ter subitamente essa imaginação. A voz voltou e ela me disse que eu não vivia harmoniosamente, que eu precisava urgentemente de mais equilíbrio.

Quando olhei para o campo de futebol, a minha alma me mostrou os jogadores. O time branco tinha três jogadores que brilhavam muito, de um lado do campo. O outro time usava roupas negras e estava rodeado por uma aura de tristeza.

A voz falou outra vez, justamente no momento em que senti a imensa tristeza e culpa em mim, e fiquei com dificuldade de engolir. Eu estava prestes a me debulhar em lágrimas. Eu tinha a sensação de estar no meio de um tremor de terra e que ele era necessário para eu finalmente trilhar outros caminhos.

Senti a sabedoria quando ouvi: 'Samantha, você vê onde concentrou a sua energia? Os jogadores escuros representam todos os seus traumas passados, os seus medos, a sua raiva e o seu sentimento de insuficiência. Veja, você tem centenas de figuras escuras, pesadas, de um lado do seu campo de jogo.'

Comecei a chorar. Senti-me inacreditavelmente culpada e me abracei com força, me envolvi com ambos os braços e comecei a me embalar de um lado para outro. Depois peguei um lenço, enxuguei as lágrimas e, depois de um suspiro incrivelmente profundo, de algum modo senti-me livre. Minha atenção voltou-se novamente para os dois lados diferentes do meu campo de futebol.

A voz em mim continuou a falar: 'Você se concentra mais no que não está em equilíbrio na sua vida, do que na luz que você realmente é. Você vê os três jogadores luminosos no seu campo?'

'Sim', respondi.

Uma força amorosa vinha da voz, quando ela disse: 'Esses jogadores representam a aceitação de você mesma. O resto lhe mostra o que você não é mais. Concentre-se naquilo que é agora'.

A voz continuou a explicar: 'Nós sabemos no que você acredita: Você acredita que se jogar tudo o que você não é fora, então você é o que resta: a criatura viva, luminosa, que você quer ser. Nós conhecemos o seu desejo de ficar a serviço de Deus. Mas isso não significa que você tenha de sofrer por isso. Você já é a luz que deseja ser'.

Eu estava com meus trinta e cinco anos quando tive essa experiência modificadora de vida. Agora estou com mais de sessenta. E quando olho para trás com o conhecimento que tenho agora, eu sei que deveria ter me concentrado mais no que eu sou: pensamento, amor, luz. Desejaria ter estabelecido uma ligação maior com o meu corpo. Desejaria ter me alegrado mais por estar viva. Por estar em boa forma física. Desejaria ter me movimentado mais e me divertido mais. Desejaria que tivesse me permitido brincar, sabendo que eu sou a luz que eu buscava. Agora que sei o que sou, desejaria ter sabido disso antes: a minha vida certamente teria tido mais risadas, teria sido mais cheia de alegria, de mais vontade de viver, de mais criatividade e de mais luz. Tudo começa com o amor por si mesmo. Com a aceitação de si mesmo."

O anseio pela iluminação

Eu não aceitara a mim mesma. Encontrara muitos pontos fracos em mim que era preciso melhorar. Eu era sensível demais, insegura demais, preguiçosa demais e estava demasiado esgotada. No fundo do meu ser me sentia só. Não me sentia parte do todo. Certamente eu tinha também alguns lados bons, mas eles não eram suficientemente bons. Quando me pus no caminho espiritual, pensei ter encontrado a solução. Eu queria ser iluminada. Nesta vida. Tão depressa quanto possível. (Eu gosto de fazer tudo depressa.) E estava disposta a tudo para isso.

Eu sabia, naturalmente, que Deus nunca pediria para eu deixar a minha filha e a minha família para trás. Ter filhos e criá-los não impede a nossa iluminação; isso nos sustenta. Além disso, a vida é suficientemente longa. Caso eu também tivesse acreditado que seria útil para a minha vida espiritual viver só numa caverna do Tibete durante cinco anos, eu ainda teria tempo para fazer isso depois que minha filha saísse de casa. Eu, pessoalmente, não consigo acreditar que temos de abandonar nossos filhos para nos desenvolvermos espiritualmente. Até mesmo no caso de Buda, que deixou mulher e filho (ou eram filhos?) para trás a fim de encontrar sua iluminação, essa circunstância foi a primeira coisa que chamou a minha atenção. Por isso foi difícil para mim seguir com satisfação o caminho dele para a iluminação. Eu sempre me perguntava: "E o que aconteceu com a mulher dele? O que aconteceu com os seus filhos?"

Não tenho o direito, é claro, de julgar as decisões das outras pessoas. Mas com freqüência observamos algo e pensamos sobre como reagiríamos em determinadas situações. E embora eu estivesse disposta a fazer tudo pela minha iluminação, eu ainda não estava preparada para abandonar a minha filha. O Deus que eu conheço nunca exigiria isso de mim.

Naturalmente eu tinha certeza de que esse objetivo – minha iluminação – exigia grande disciplina e atenção, e eu estava disposta a renunciar a determinados hábitos ou coisas.

Muito tempo depois me ocorreu que para isso eu quase renunciei à vida.

Eu não desejava mais nada além de viver como os anjos. Naturalmente isso não é muito fácil, se pensarmos que estamos na Terra e que temos um corpo muito denso. O primeiro, segundo e terceiro chakras (nos órgãos sexuais, na barriga e no umbigo) eram degradados por mim como centros energéticos "inferiores", que devíamos evitar. Só a partir do quarto chakra (no coração) começava a ficar interessante. E os demais deveriam ser percorridos relativamente sem interrupções (no pescoço e entre as sobrancelhas) para depois podermos nos concentrar no chakra do alto da cabeça.

Eu não comia mais carne, não bebia nada alcoólico, não conseguia mais suportar música alta, muitas pessoas (quando não estavam sentadas em meditação comigo) eram muito cansativas e eu achava as cores vermelho e laranja muito desagradáveis.

Eu odiava esportes e todo tipo de exercício; festas, viagens, encontros sem motivo espiritual simplesmente eram muito monótonos. Todas as minhas conversas, curtas ou longas, giravam em torno de Deus.

Mas, de preferência, conversas curtas.

A iluminação era como uma cenoura balançando na frente de um burro – *eu*. Com isso não quero chamar as outras pessoas que anseiam por essa "iluminação-cenoura" de burras. Quem é que não a quer? Afinal, a iluminação nos promete – de acordo com livros e mestres – a realização perfeita. E o que é quase mais importante: nada mais de sofrimentos. E era isso o que eu queria. Eu não queria ter mais sofrimentos. E eu esperava alcançar isso por meio da "iluminação".

Minha idéia sobre "iluminação" começou a balançar um pouco quando vi o Dalai Lama chorar. Ele descrevia uma situação em que um monge de vocação tardia lhe perguntou se o seu treinamento espiritual estaria muito mais adiantado se o tivesse começado na infância. O Dalai Lama confirmou isso. No dia seguinte o monge foi encontrado morto. Ele desejou imediatamente uma nova reencarnação para poder começar o treinamento mais cedo. Obviamente, as lembranças, a conversa e a decisão de cometer suicídio que esse monge tomou naquela ocasião, provocaram grande sofrimento no Dalai Lama.

Compreensível. Embora eu reconhecesse que se uma iluminação – partindo do exemplo do Dalai Lama – realmente não eliminava todos os sofrimentos, eu ainda esperava que a maioria deles desaparecesse.

Quando comecei a conduzir workshops, me vi diante do início da realização de todos os meus desejos. Era isso o que eu queria fazer. Era isso, eu tinha certeza, que me proporcionaria alegria até o fim da minha vida. Eu não conseguia imaginar mais nada. Quando minha filha estivesse crescida – naquela ocasião ela estava com cinco anos – eu teria a liberdade de dividir mais facilmente o meu tempo. Para que eu pudesse continuar no serviço. Para que eu pudesse ajudar. Para que eu pudesse transmitir aos outros o que aprendi. Eu me limitei. Julgava as outras pessoas – embora eu me esforçasse bastante por não fazer isso – de acordo com o grau da sua prática espiritual. Eu não conseguia mais lidar com pessoas que não tivessem feito um treinamento semelhante ao meu ou que ao menos demonstrassem ter um interesse ativo pela espiritualidade.

A "iluminação" era o meu desejo mais profundo. Eu rezava todos os dias pedindo isso, ajoelhava-me por isso, fazia o que eu achava que tinha de fazer. E assim eu tentei alcançá-la por meio da meditação. Por meio de mais silêncio. Pelo controle dos meus pensamentos. Eu achava que desse modo viveria mais no "agora". E vivia na corda em que a cenoura estava pendurada.

Quanto menos nós nos queremos movimentar, tanto menos estamos no corpo. Afinal, isso é lógico. Simplesmente requer demasiado esforço movimentar o peso do nosso corpo quando quase não estamos dentro. Como um motorista, que ao pensar em outra coisa, não trafega com segurança pela rua. Nós não estamos mais presentes.

Talvez por isso haja um tempo na nossa vida em que nos ocupamos intensivamente com Deus, para dessa maneira estabelecer uma base: uma base para a vida!

Não uma base para nos afastarmos da vida.

Vivências

René Tischler, sobre quem já falamos, escreveu as linhas seguintes sobre esse tema:

"Entre os adeptos do esoterismo também entrou muito na moda a saída do corpo e as assim chamadas viagens astrais. Um dos 'envoltórios' sutis que estão entrelaçados em geral com o corpo material, sai de viagem. Pode ser o corpo onírico, o corpo astral, o corpo mental ou o corpo de luz da alma.

Muitas vezes os mundos astrais do além são descritos como sendo maravilhosos. 'De preferência, eu nem teria voltado. As cores das flores, as montanhas e a visão do sol astral superam tudo. Senti uma satisfação profunda', dizem os implicados, extasiados. E eu acredito neles. Não porque me disseram, mas porque eu também pude sentir uma saída do corpo. Todo o corpo parece subitamente surdo, a respiração é calma, então nos encontramos num universo inimaginável.

Mas o que eu não consigo acreditar é no conceito que existe na fantasia da cabeça dos viajantes do mundo astral. Eles dizem: 'Somente pela saída do corpo podemos experimentar a consciência mais elevada e a verdadeira felicidade'. No entanto, basta viver a beleza do 'reino interior' na meditação profunda. Isso também é muito mais sensato, visto que recebemos um corpo de presente, com o qual podemos nos alegrar com as formas materiais fenomenais. Quando o homem da foice bater à nossa porta, mais tarde, e tivermos de abandonar o envoltório terreno, por certo ainda teremos muito 'tempo' para descobrir os mundos astrais. Partindo disso, não são poucos os viajantes do astral que por uma curiosidade imatura ou um entusiasmo mal orientado forçam uma saída, mesmo não estando maduros para isso. Eles ainda não conseguem suportar as experiências fora do corpo. Eles sofrem danos mentais, e pode mesmo acontecer de ficarem confusos por um tempo mais prolongado."

Eu havia me recolhido da vida com o desejo mais profundo de não sentir mais dor. Não consegui. Apesar de eu tentar várias coisas: meditações, rezar cem "pai-nossos", censurar a mim mesma, jejuns, discussões comigo mesma, tentar desistir da idéia... o sofrimento não acabou. E embora eu pudesse perdoar os sentimentos e hábitos de todos os outros, não conseguia perdoar os meus.

Muita coisa se modificou na minha vida, e há pouco tempo me ocorreu que por certo eu desisti de querer ser iluminada. Perdi o interesse nisso. Comecei a viver outra vez. Subitamente, voltei a me interessar pelas pessoas que não meditam. A arte e o exercício físico tornaram-se importantes outra vez. Uma taça de vinho tinto tem um sabor surpreendentemente precioso.

Quando fiz quarenta e cinco anos, reuni meus amigos para um jantar, como sempre faço, e depois da refeição pedi que formassem um círculo, para contar aos meus queridos como tinha sido o meu último ano e o que eu havia aprendido. Então alguém me perguntou qual era o meu maior desejo. Precisei pensar. Depois de um intervalo eu disse: 'Sentimento profundo – sentimento profundo unindo-me às pessoas que amo'.

Na minha meditação noturna me ocorreu pela primeira vez que eu não havia pedido a iluminação. Nos últimos anos eu sempre pedia a iluminação. Surpreendentemente isso mudou de um ano para outro. Dessa vez desisti da iluminação – por algo mais importante: sentimento profundo. Eu nem sequer tinha percebido o quanto sentia falta disso. Agora, que tenho esse sentimento profundo por Deus, também quero senti-lo pela vida. E para tanto tenho de "descer do meu alto cavalo espiritual" a fim de viver esse sentimento profundo.

Eu trouxe outra vez à vida meu coração em descanso. Com isso vieram à minha vida sentimentos cambiantes intensos, dores, incertezas e o costumeiro vaivém.

Depois de dez anos de treinamento trabalhoso, em que queria exatamente me livrar desse vaivém, agora sou grata por sentir tudo isso outra vez. E, contudo, é diferente, eu estou diferente do que era há dez anos. Agora existe uma estabilidade, uma serenidade profunda, e isso provém do meu conhecimento do sentimento profundo por Deus. As coisas que me abalavam no meu caminho espiritual, agora não me tocam mais: quando uma amiga recusa um convite na última hora, quanto um outro motorista corta a minha frente, quando as coisas quebram, os computadores não funcionam, os telefones ficam mudos, quando as coisas caem das minhas mãos e se quebram: não tomo mais conhecimento de nada disso. Isso acontecia antes. Os dramas diminuíram.

Como eu não acredito em "acasos", os inter-relacionamentos me deixam curiosa. Embora nem sempre eu tenha uma resposta para cada situação, ainda confio em que descobrirei a resposta em algum momento.

O que se acrescentou recentemente é a consciência do que faço. Quase não tenho mais reações "automáticas" diante de situações desagradáveis. Primeiro há uma pausa. Uma consciência que me dá a possibilidade de pensar nelas. Que parte de mim quer ser tocada? Quais lembranças da infância surgem à tona? Qual antigo sofrimento é relembrado? Isso me permite pensar. Permite que eu diga: "Minha reação automática seria dar meia-volta e ir embora, porque me sinto muito magoada. Mas agora eu me obrigo a ficar e conversar sobre isso com você." Agora eu me permito confessar quando alguma coisa me fere. Aceito, finalmente, que eu sinto o que sinto.

Nós queremos modificar muitas coisas quando nos colocamos no caminho espiritual. Queremos ficar mais leves e elevar as nossas vibrações. Queremos ser sempre amorosos e generosos. Queremos irradiar paciência e compreensão. Queremos curar tudo com a nossa mera presença. Queremos poder consolar. Queremos ser inabaláveis na nossa fé. Queremos entender a sabedoria antiqüíssima secreta. Por assim dizer, queremos obter informação dos que estão por dentro. Queremos saber tudo sobre a Lua, as estrelas e as outras criaturas vivas nos planetas distantes. Queremos ver os anjos, reconhecer as fadas e poder falar com os animais. Queremos nos comunicar telepaticamente com o nosso amado, queremos ter pressentimentos e, já que estamos falando nisso, também queremos poder ler os pensamentos dos outros, poder sondar as camadas mais profundas da alma. Nós queremos sabedoria. Nós queremos alcançar o extraordinário. Na vida como na morte.

Há pouco tempo eu ainda estava realmente convencida de poder "levar o meu corpo junto" quando morresse. Embora eu não tivesse muita certeza do porquê, ainda assim eu queria experimentá-lo. Jesus conseguiu, e nos prometeu: "O que eu posso fazer, vocês também podem – e muito mais."

Obviamente, assim eu pensava, só preciso de uma certa leveza para poder despertar a coisa de novo à vida depois da minha morte (meu corpo – que também chamava de "a coisa" – o que já demonstra como eu lidava com ele). Como eu já havia renunciado há muito tempo à carne, ao álcool, aos cigarros, à Coca-Cola e aos doces, eu matutava sobre o que mais eu poderia fazer para deixar o meu corpo "mais leve".

Naturalmente também ouvi falar da possibilidade de me alimentar unicamente de ar (ou seja, de prana), para o que se esperava um treinamento de semanas. Quando li sobre isso, fiquei curiosa. Seria excitante experimentar uma coisa assim. Mas novamente fui impedida pela minha "maternidade". Como algo desse tipo é possível quando temos de cuidar da nossa família? Além disso, eu acharia difícil não ter mais jantares em comum.

Depois de pensar muito, finalmente surgiu a pergunta do por que eu achava isso tão interessante. No meu caso será simplesmente um tipo de disciplina olímpica em que só eu quero vencer? E o que eu ganho realmente? Não comer mais nada? Também seria uma pena. No final desta vida eu me alimentarei mais ou menos de ar, por que começar logo agora com isso? Ou me impele o desejo de notoriedade: "Não, obrigada, também não como sobremesa; há três anos não como mais nada; mas um copo de água morna me deixaria muito contente."

Eu tinha grande convicção de que esta vida atual seria a última nesta Terra. Na ocasião eu gostava bastante de viver. Não era à toa que a minha canção predileta era a de Herbert Grönemeyer, *"Ich fühl mich unbewohnt"* [Sinto-me desabitado]. Sim, eu amo a minha filha, e sim, eu me dei bem no meu casamento. Mas raras vezes me permito uma diversão. E, embora eu passasse uma impressão de tranqüilidade e satisfação, eu só tinha essa paz porque meditava bastante e regularmente. Hoje desejo muito poder viver várias vezes neste planeta. Aqui é simplesmente muito excitante!

Gerhard Riemann é meu editor há dez anos. Eu o respeito e admiro muito, pois ele lida bastante com idéias e autores espiritualizados e sempre consegue levar claridade ao pântano.

"Há cerca de dez anos nos encontramos pela primeira vez, para falar sobre o projeto do livro Como os anjos nos amam. *Vindos da sua agência, nós chegamos ao restaurante italiano da rua Maximilian, onde conversamos durante duas horas numa troca intensa sobre a vida e a espiritualidade em geral.*

Você me impressionou sobretudo pela sua convicção de que esta vida realmente seria a última do ciclo de encarnação terrena. Esse tipo de ambição espiritual eu não só achei exagerada, mas também enfaticamente irrealista; pois quando alguém deseja tão obstinadamente despedir-se do planeta Terra e leva esse desejo consigo tão teimosamente, com certeza ainda tem muitas coisas a terminar por aqui.

Quando nos despedimos, você me abraçou longamente, longamente demais, de pé no aposento e em público, o que considerei um exagero e, a partir disso, extremamente fatigante. Igualmente fatigante como o seu desejo de cair fora da existência terrena com botas de sete léguas. Pare, Sabrina superstar."

O desejo de perfeição

Sou uma planejadora. Além do plano A sempre tenho pronto um plano B e um plano C. E eu também tinha planos de como deveria ser o meu desenvolvimento espiritual. A minha iluminação. A minha morte e naturalmente também o meu futuro. Mais exatamente, a minha velhice.

Eu dirigirei uma moto, terei cabelos brancos curtos e usarei roupas divertidas. Até então, muito cheia de vida. No mínimo, estranha. Mas o que farei além de andar eventualmente de moto? Durante muito tempo eu pensei em ser cantora de bar por volta dos oitenta anos. Para essa ocasião eu usaria um vestido longo preto. Depois que lancei o meu CD, há alguns anos, constatei que cantar *diante* de pessoas não é divertido – eu gosto de cantar *com* as pessoas. Por isso desisti dessa idéia de ser cantora de bar.

Então eu me vi sentada num círculo de alunos que me ouviam fascinados.

Na Itália.

Na Úmbria, para ser mais exata.

Naturalmente a admiração deles não me impressionava, afinal sou uma mestra espiritual! Quando fico com vontade, posso me desmaterializar e surgir num outro lugar do mundo. Os doentes são curados pela minha mera presença. Posso andar pelo fogo, finalmente tenho uma barriga chapada e só sinto bem-aventurança. E brandura. Se alguém quisesse me fazer mal, eu não sentiria. Por isso a brandura. Tal como Jesus. Ou Buda.

Depois de todos esses anos finalmente todas as pessoas aceitam que não sou nenhuma charlatã espiritual, porém quero realmente ajudar os semelhantes. Finalmente, estou acima de toda a crítica.

Meus netos preferem passar o tempo comigo do que com os amigos da mesma idade. Tenho as minhas amigas ao meu redor, e nós nos sentamos à beira da água, jantamos salada de folhas e legumes levemente refogados e lemos mutuamente os nossos pensamentos. Nenhum cão latirá contra mim, nenhum mosquito me picará. Naturalmente estou perfeitamente saudável; e o meu médico, que visito regularmente só para ver o seu rosto surpreso, me explica que nunca viu ninguém como eu.

Além disso, contento-me com três horas de sono. É isso o que me alegra mais. Em algum livro espiritual certa vez li que é possível avaliar a profundidade da espiritualidade e da sabedoria de uma pessoa, pela sua quantidade de sono. Eu que gosto de dormir nove horas diárias, naturalmente não fiquei muito encantada com isso. Esperemos que isso não tenha nada a ver.

Em todo caso quando penso em como a minha vida prevista seria monótona, hoje me pergunto o que, em nome dos céus, eu faria com as restantes vinte e uma horas do dia?

E, contudo, todos os preparativos iam nessa direção: e escrevi vários livros sobre temas espirituais. Minhas leituras, meu website (www.sabrinafox.com) tiveram grande aceitação. Tudo cresceu.

Apenas eu não.

Eu estava fatigada. Falava de pausas, que nunca fiz. E tentava disfarçar a minha exaustão. Fazia massagens, tratamento jin-shin-jyutsu; e, apesar disso, eu não melhorava. Eu tenho o dom de fazer os outros se encantarem comigo – encanto que me pareceu faltar subitamente. O que, em nome do céu, me encanta?

Durante longos anos foi o desejo de ter mais sabedoria. Eu era curiosa. A vida parecia não fazer sentido e, portanto, eu decidi – numa das minhas noites mais escuras – procurar por Deus e pelo sentido da vida. Pus-me a caminho, entusiástica e metodicamente, e descrevi cada fase dessa busca, cada nova percepção nos meus diversos livros. Eu queria ajudar os outros a encontrar igualmente o sentido da sua vida. Assim como eu ouvia a minha própria voz interior, eu desejava que os outros também o fizessem.

Como uma tola, eu não ouvia realmente a minha voz interior. Eu ouvia a voz interior dos outros. A minha não tinha vontade de fazer viagens pelos livros. Mas o meu senso de dever alemão não permitia essas perguntas e sentimentos. Assim, eles foram reprimidos bem profundamente.

Durante quatro anos dei *visionquests*, busca de visões. Por quatro anos isso não me divertiu. Só por causa da minha irmã Susanne, que fazia essa busca de visões na natureza com uma alegria e vontade, chamou-me a atenção de que eu não sentia esse tipo de satisfação. Sempre fico contente quando elas acabam!

Dou as *visionquests* por senso de dever. Exatamente o mesmo motivo que me fez conduzir excursões ou workshops durante sete anos.

Aqui uma parte de mim hesita ao escrever isso. O que pensarão as pessoas que compareceram às minhas noites? Que visitaram as minhas *visionquests*? Elas se sentirão traídas? Não amadas? Que eu não lhes dei atenção? Elas ficarão com a impressão de eu ter representado algo para elas?

Eu sei que as minhas noites de vivências eram interessantes. Eu sei que foram dados muitos estímulos e que rimos muito. Eu sei ter dado a impressão de que não havia nada no mundo de que eu gostasse mais. E ao fazer isso, eu não estava mentindo. Eu mesma não tinha certeza. Eu dava sempre, e percebi que não recebia em troca aquilo de que precisava. As noites em si eram divertidas; mas, na verdade, as viagens constantes eram muito fatigantes. Eu não tive a idéia de interromper as viagens. Por que os outros deveriam viajar para onde eu estava, quando eu poderia viajar para onde eles estavam?

Eu não estava muito interessada em ser admirada. Embora prefira isso a hostilidades. Eu vivo muito recolhida nos Estados Unidos. Se precisasse dessa admiração, eu teria aberto um centro em Munique ou Hamburgo. Teria feito alguma coisa nesse sentido. Eu não procurava aventuras, nem os homens estrangeiros que me observavam com encantamento.

Eu não estava realmente interessada em ser mestra. Como disse: se tivesse de decidir entre ser mestra ou aluna, eu de fato seria aluna. Isso é muito mais excitante e me realiza muito mais.

Eu havia confundido algo: só porque sou boa em alguma coisa, isso absolutamente não quer dizer que devo fazê-la.

Uma das coisas às quais me acostumei desde a juventude foi o método de trabalhar pelo sucesso. Tudo o que eu fazia, precisava ser bem-sucedido. Precisava ter a confirmação dos outros para ser valioso. Afinal, eu queria fazer parte e para isso a aceitação dos outros é imprescindível. Assim, criei em mim a ambição de alcançar determinados objetivos com certa pressão. E eu também sei como se faz isso. O sucesso é construído. Ele requer tenacidade. Requer a disposição de cometer erros. A sabedoria de aprender com os erros cometidos e de continuar apesar de tudo. E desse modo sempre tomei as decisões profissionais na minha vida. Primeiro, como redatora fotográfica, depois como fotógrafa, em seguida como apresentadora de televisão, como escritora, como mestra espiritual e como escultora.

E depois de cada uma dessas carreiras recomeçava do início com a próxima. Sem realmente usufruir o alcançado.

Para que construo?

O que me impulsiona?

Há quatro anos comecei a estudar escultura. Comecei com isso porque os meus anjos me enviaram a idéia, durante uma meditação, de que eu devia procurar algo que me divertisse. Durante muito tempo não me ocorreu nada. Até que me lembrei de que na escola, certa vez, havia modelado um cavalo do Nilo, que ficou bem bonito. Eu conseguia lembrar vagamente que havia me divertido. Comecei a observar atentamente os corpos humanos, especialmente os rostos. A escultura me proporcionou muita alegria e eu tenho talento. Ao lado de muitos outros projetos, eu esculpi um anjo em oração (um para mim e outro para dar de presente) e os ofereci pelo website. E não queria ir mais longe na exibição dos meus trabalhos.

Certo dia meu professor veio me perguntar se eu tinha vontade de fazer uma exposição. Ele gostaria de me ajudar a encontrar uma galeria. Assustada, eu estremeci. Não porque temesse a exposição pública, não, é que assim eu me tornaria subitamente uma "artista", um título que me parecia muito estranho; também porque então eu teria de me separar de algumas das minhas peças. Eu estremeci porque as minhas esculturas de repente me fariam ingressar numa nova carreira. E isso eu não queria. Eu não queria a pressão que havia praticado em todas as minhas profissões, não queria praticar a minha arte. Isso deveria ser particular. Só para mim. Para meu próprio prazer, para minha satisfação.

Eu queria proteger esse âmbito. Não dos outros, mas de mim mesma, do meu eterno "querer ir para a frente".

Finalmente eu queria ir mais devagar, queria me decidir por uma vida mais consciente e não por uma vida rápida. A vida que eu queria viver *agora* e não amanhã. Disso fazia parte *the care of self* – o cuidar de si mesma. Por tempo demais confundi isso com egoísmo. Quase em pânico ignorei a mim mesma, porque não era suficientemente valiosa para receber minha dedicação.

Pela primeira vez, eu me permito ter tempo para mim e para a minha vida.

E, no entanto, pego-me escrevendo outra vez. E, ao fazer isso, eu hesito. Será que estou me rasgando outra vez?

Quando tive a idéia de escrever este livro, fiquei confusa. No final de 2002 havia decidido conceder-me uma pausa de dois anos dos meus deveres. Uma das minhas decisões mais difíceis. E eis que estou aqui sentada, mal se passou um ano, e começo este novo livro, que deve ser lançado no outono. Escrevo porque tenho vontade, ou escrevo porque depois de um ano já me espreita o sentimento de que não posso me conceder mais um tempo sem trabalho?

Vivências

Há anos tenho uma assinatura do *Utne-Magazin* nos Estados Unidos. Trata-se de uma das poucas revistas que sempre traz artigos extraordinários, discute novos pensamentos e reproduz opiniões interessantes. *Utne* se vê como a voz de uma imprensa alternativa e independente. Ela quer apresentar ao leitor o "outro lado de uma história". Os assuntos vão do meio ambiente à economia, da cultura popular à política. Em abril de 2004 Nina Utne escreveu uma coluna que me impressionou bastante e que reproduzo aqui com a permissão dela. O título já me agradou muito: "O que aprendi em cinqüenta anos":

"Completei cinqüenta anos no Natal, e, a um olhar retrospectivo honesto para meio século, reconheço a paisagem da minha vida com todas as nuances sutis possíveis – que, quanto mais envelheço – são sempre menos em preto e branco. Isso me surpreende. Eu não esperava que os anos da meia-idade me apresentassem tantos tons morais cinzentos.

Quando entrei no jardim-de-infância que havia sido instalado numa fazenda, logo constatei a ligação entre comer a carne e o abate dos animais. Com três anos me tornei vegetariana, e isso também fez de mim uma criatura com inabaláveis conceitos morais. Sempre tentava outra vez definir com exatidão o limite entre o certo e o errado.

Aos trinta e poucos anos eu não tomava bebidas alcoólicas nem café, nunca usei drogas – quer por prescrição médica, por prazer ou para relaxar – não comia carne, era neurótica, obcecada, intolerante, sempre tinha razão, e ainda por cima sofria de enxaquecas horríveis. Nessa época extraí os quatro dentes do siso sob hipnose. Fiquei livre dos dentes, mas outra coisa nasceu em mim. Quando posteriormente tive de ir novamente ao dentista a fim de fazer duas pequenas obturações, eu estava rígida de medo. Meu dentista, que também era um amigo, sugeriu que eu testasse o gás hilariante.

Depois de ficar por muito tempo indecisa, finalmente concordei, e isso modificou a minha vida. Ficou claro que, devido à minha estupidez em questões morais, eram produzidas emoções tóxicas, que com certeza eram fisicamente difíceis de digerir – não só para mim, mas também para os meus semelhantes – como uma outra substância qualquer.

Não me modifiquei externamente, mas me chamou a atenção que as pessoas que parecem gozar mais a vida e são espiritualmente muito desenvolvidas, são aquelas que menos se deixam limitar por dogmas rígidos – pelo que é correto ou incorreto.

Tive de pensar no camponês de Wisconsin que, com lágrimas nos olhos, contou-me que acariciava a cabeça dos seus porcos e cantava uma canção para eles quando o açougueiro os matava. Tive de pensar nos mais importantes e impressionantes mestres espirituais que conheci na minha vida; alguns deles comiam carne, fumavam, bebiam, fumavam maconha ocasionalmente ou se divertiam de outro modo, tudo coisas que eu condenava antes da minha última visita ao dentista.

Regras após regras, que eu mesma impus para a minha vida, foram eliminadas. Certo dia me ofereceram um prato à base de carne que alguém havia preparado para mim com muito amor; e tive a certeza de que a única coisa certa a fazer na ocasião era aceitar a oferta – embora tivesse sido vegetariana durante toda a minha vida. E foi exatamente o que fiz. Desde essa refeição como carne de vez em quando (de reses alimentadas organicamente e criadas soltas); por isso também não sou mais vegetariana.

Ainda acho os animais tão importantes quanto o eram quando eu tinha três anos. E, naturalmente, hoje sei muito mais sobre todos os questionamentos polêmicos sobre o consumo de carne; por isso, não posso justificar intelectualmente a mudança nos meus hábitos alimentares. Só posso dizer que ela parece certa. Nesses dias a única coisa importante parece ser conservar um grande coração aberto.

Na época nós demos um exemplo espetacular sobre isso na minha revista Utne. Na minha última coluna eu escrevi sobre o fato de termos aceitado uma propaganda de tabaco no caderno, e disse tolamente que o fato de eu fumar de vez em quando, junto com a minha prática de yoga, talvez fosse um sinal da minha flexibilidade. Depois disso recebi algumas cartas dos leitores – a maioria não estava aborrecida com o meu tom, mas surpresa e decepcionada com essa decisão.

Portanto, é assim que vejo essa situação moralmente questionável: sim, o anúncio nos traz o recurso necessário urgente, mas apesar disso eu não o aceitaria se na minha opinião isso fosse moralmente errado. E, no entanto, não posso dizer com cem por cento de certeza que não alimento dúvidas pela decisão de aceitar um anúncio de cigarro na nossa revista. Não sou a favor do fumo, e também não quero que os meus filhos fumem. E é provável que as pessoas que fumam – mesmo que seja apenas um pouco – seriam mais saudáveis se não o fizessem. Mas, apesar disso, acho que é possível fumar só de vez em quando e não morrer por isso, e isso não é terrivelmente repulsivo.

Há alguns dias, quando pensava sobre tudo isso, li um comentário de um médico que escreveu para uma revista de saúde alternativa sobre o fato de a margarina ser menos saudável do que o cigarro.

E, contudo, quando os meus leitores me escrevem contando os sofrimentos por que passam os fumantes e as suas famílias, sempre volto a questionar se agi corretamente. No fundo do meu coração não acredito que as ilustrações daquele anúncio de cigarro levem alguém que ainda não fume a fumar. E para as pessoas que fumam, provavelmente é melhor mudar para um fumo orgânico e puro. De início vamos manter esse anúncio na revista.

O sábio persa Rumi escreveu: 'Além das idéias sobre o que é certo e errado, existe um amplo campo. Vamos nos encontrar lá'.
Enquanto festejo agora o fato de ter passado cinqüenta anos neste planeta, parece-me que ficarei muito mais tempo neste amplo campo."

Estar a serviço

"Deve ser uma sensação maravilhosa quando se pode ajudar tantas pessoas", disse a mulher que queria uma dedicatória minha no seu livro no fim de uma das minhas apresentações noturnas de vivências. Ela tinha lágrimas nos olhos, e eu sabia que ela nada mais desejava do que ser um apoio para muitas pessoas.

Eu já ouvira algumas vezes essa frase, e também dessa vez acenei como resposta. Talvez com um pouco de naturalidade demais, talvez com um pouco de condescendência demais. Ainda me lembro de que essa troca dava a impressão de que eu estava desempenhando um papel. Isso me dava uma sensação estranha.

Por que, eu ainda não sabia.

Quando todos haviam se retirado e eu havia me despedido dos organizadores, voltei para o hotel. Era o terceiro dia da minha excursão literária de dez dias. Como em todas as minhas viagens, cada dia eu estava numa outra cidade. Às vezes, minha irmã Susanne me acompanhava, mas na maioria das vezes eu viajava só, e por isso havia me habituado a uma rotina que funcionava bem: levantar-me pela manhã, fazer meditações e orações, praticar meia hora de yoga, tomar o café da manhã, pedir a conta. Então, seguir viagem em direção à próxima cidade. No meio, um maravilhoso almoço sozinha num restaurante maravilhoso escolhido de antemão. À tarde, um passeio, dar entrada no hotel e depois ir ao salão a fim de me preparar para atender de duzentos a trezentos visitantes. Como passava o dia inteiro em silêncio, à noite eu podia falar outra vez durante quatro horas.

Depois de me despedir de todos com abraços, autógrafos e conversas curtas, eu voltava – em geral um pouco antes da meia-noite – outra vez para o hotel; a fim de tomar um banho, meditar e dormir.

Mas dessa vez não consegui adormecer. A frase "Deve ser uma sensação maravilhosa poder ajudar tantas pessoas" girava na minha cabeça como um pião rodopiante. Na minha meditação ela já parecia ter vida própria e não queria me deixar em paz.

Naturalmente é uma sensação maravilhosa ajudar pessoas! Não resta dúvida! Não é esse o sentido da vida, ajudar os outros? Evidentemente ao fazer isso sentimo-nos maravilhosamente bem.

Irritada, eu me virei para o outro lado. Agora, a necessidade é o descanso. Por que essa frase idiota não me sai da cabeça?

E eis que, quase hereticamente, das profundezas do meu cérebro surgiu uma pergunta: "Sim, onde está então essa sensação maravilhosa?"

Eu não ousava me mexer. Estava como que congelada. Minha resposta "automática" se fez esperar.

Não é esquisito que eu aqui, sozinha neste quarto de hotel, não possa responder naturalmente a essa pergunta, como fiz no salão algumas horas antes? O que me faz hesitar?

Acaso não estou feliz com o que faço?

Mas eu deveria estar feliz! Naturalmente devo ser feliz. Pois eu faço aquilo que muitas pessoas anseiam fazer. Faço o que sempre quis fazer. Estar a serviço sempre traz felicidade! Foi isso que eu aprendi. Ouvi isso milhares de vezes! Isso é tão natural. Tão normal. É nisso que se baseia o amor ao próximo. A vida espiritual. Meu longo e intensivo treinamento espiritual, que me prometeu que, quando ajudasse, eu seria feliz.

Apenas nos últimos anos tenho a impressão de que me aproximo de mim mesma. Esse é o ideal, o conceito de que correspondo cada vez mais ao modo como devo ser. No caminho para isso, me descobria sempre nova outra vez, à medida que eliminava velhas características com uma disciplina de ferro.

Além disso, esse é um dom que eu não tinha quando adolescente. Eu era desleixada, mal preparada, distraída. Eu prometia fazer algo e, no entanto, era muito preguiçosa para fazê-lo. Achava desculpas fantásticas e mentia até as vigas se curvarem. Eu me desviava de cada situação desagradável, na medida em que a ignorava ou me eximia com muita fantasia quando era descoberta.

Como jornalista aprendi a ser mais atenta, mais independente, mais responsável. Chamava a minha atenção quantas vezes eu tentava empurrar o desagradável para longe, na esperança de que "mais tarde" tivesse mais entusiasmo, mais força. O mais tarde sempre era mais tarde. Até que ocasionalmente era "tarde demais" e então eu imaginava ter me livrado totalmente da situação. E, contudo, isso deixava uma impressão estranha na região do estômago. Uma ferida emocional, que doía quando era tocada.

Então percebi que também tinha de cumprir as promessas; com isso, comecei a desenvolver a disciplina, e esforcei-me por obter mais clareza. Na ocasião, aprendi muito com o meu então marido. Ele cumpria logo as promessas. Fazia relacionamentos e continuava a cultivá-los. E com a minha intensidade costumeira eu levava os meus hábitos de um extremo a outro do espectro. Comecei a não suportar nenhuma fraqueza em mim. Organizava a minha casa com a mesma ordem que eu queria trazer aos meus pensamentos. Até mesmo as roupas no meu armário eram organizadas de acordo com a cor. Em nenhum lugar havia uma gaveta em desordem. Quanto mais ordem eu imprimia à minha vida, tanto mais ordeira me tornava.

Sem dúvida, essa ordem tinha algo a ver com controle. Eu achava mais fácil arranjar-me numa vida que fosse mais clara. Mais explicável. O lado da sombra disso é muito fácil de definir: eu não me permitia nenhum descontrole que me levasse a pedir ajuda. Afirmações do tipo "de algum modo já consigo fazer isso" e "é só não deixar os outros perceberem como me sinto realmente" eram como grilhões.

Anos mais tarde comecei a meditar, tentando ser menos rígida, menos severa.

Com os outros – comigo mesma mantive a mesma rigidez e a mesma severidade. E embora isso ficasse claro devido ao meu treinamento espiritual, eu não sabia como desatar esses nós.

Minhas câimbras, quase constantes nos últimos anos, ao longo das costas me diziam que alguma coisa não estava certa. Eu esperava e aceitava que já há algum tempo deixara de lado velhos hábitos, e é sabido que liberar o corpo sempre demora um pouco mais. Eu não reconhecia que com isso não liberava coisas antigas, mas que com as minhas decisões diárias sempre causava essas câimbras outra vez.

Naturalmente, eu não deixei de perceber que não me sentava com a mesma satisfação ao computador para trabalhar todos os dias seis horas nos websites e responder a uma quantidade enorme de perguntas. Também não me escapou que os preparativos para as excursões literárias que acontecem regularmente a cada semestre eram fatigantes. Mas é que simplesmente faziam parte, eu procurava explicar para mim mesma. As viagens de cidade em cidade não me davam uma alegria especial. E daí? Em compensação, as noites eram bonitas. Conscientemente, o que me perturbava era sempre ter de ser jogada da minha tarefa como mãe, para a minha tarefa como escritora. Eu não me permitia ficar separada de minha filha por mais de duas semanas e, assim sendo, as minhas excursões eram muito mais intensivas do que eu afinal as havia imaginado. Mas eu me consolava com o fato de que isso não continuaria assim por muito tempo. Logo Júlia cresceria, e então eu poderia viajar quantas vezes quisesse e pelo tempo que desejasse. Por tanto tempo quanto precisassem de mim.

Eu não gozava o "hoje", graças a tanto esforço. Eu era tão intensamente conduzida pelos pensamentos no "amanhã", pelas coisas que ainda tinham de ser preparadas, terminadas, que eu não conseguia usufruir o presente. Eu dividia minha vida: o que já estava terminado, o que estava em preparação, o que valia a pena terminar.

De vez em quando era possível observar uma borboleta. Presenciar de fato um pôr-do-sol. Ficar fazendo carinho na minha filha por mais tempo. Mas sempre interrompia esses momentos intensos, para "continuar". Era sempre impelida outra vez por essa voz em mim, que exigia mais de mim. Que nunca estava satisfeita.

O quanto ainda tenho de melhorar para finalmente me acalmar?

Que pessoa estranha eu sou, quando desejo que minha filha se torne adulta, apenas para eu trabalhar mais!

Como um feitor estimula seus escravos a continuar, assim eu mesma me impulsionava para a frente.

E eu fazia questão da minha disciplina. Fazia questão de alcançar os meus objetivos. Fazia questão de alcançar o que tinha de ser alcançado. Amanhã. Depois de amanhã. No próximo ano. Para pensamentos como "deve ser uma sensação maravilhosa ajudar as outras pessoas" eu talvez não tivesse paz suficiente.

Eu me virava inquieta de um lado para outro na cama do hotel. Minha razão queria me esgotar com as eternas discussões teóricas; e, no entanto, eu soube subitamente que devia fazer a mim mesma a "pergunta" daquela mulher – sobre como deveria ser uma sensação maravilhosa poder ajudar tantas pessoas.

Hesitei.

Eu tinha medo de alguma coisa.

Será que eu tinha medo da verdade?

De algum modo eu só queria adormecer. Não queria continuar pensando. Não queria continuar. Mas, uma vez pensado um pensamento, não é possível "desfazer o pensamento".

"Portanto, está bem," sussurrei para mim mesma, vou voltar toda a minha atenção para o corpo: "Onde está essa sensação maravilhosa?"

Meu coração estava calmo.

Ele parecia pesado.
Nada de causar júbilo.
Nenhum calor, nenhuma excitação alegre.
Nenhuma bem-aventurança.
Simplesmente tranqüilo.

Total e assustadoramente tranqüilo.

Lentamente senti que as lágrimas me corriam pela face.
Sim, é verdade. Eu me sentia tudo menos maravilhosa. Estava cansada e vazia. Sentia-me exaurida e torcida. Como um pano de copa que foi usado demais e posto muito pouco tempo para secar. E isso não somente desde o início da excursão. Não, há seis meses eu me arrastava cansativamente no meu quarto de meditação e trabalho a fim de responder às cartas e manter o website funcionando. Quase a contragosto eu pisava nesse aposento, que normalmente me parecia um pedaço do céu na Terra. Primeiro, eu pensei que tinha de decorá-lo outra vez. Talvez uma outra cor? Talvez mais plantas. Eu não intuía que não era preciso mudar o aposento, mas a mim mesma.

Eu, que dava conselhos aos outros, não podia cuidar de mim mesma. Sentia-me obrigada. Sentia-me responsável pelos meus leitores e não queria deixá-los na mão. E também me sentia ingrata. Durante anos rezara para ficar a serviço. Observava e ouvia os outros professores e mal podia esperar para ser uma mestra também. Eu ia às excursões literárias e elaborei o meu website a fim de ajudar os meus semelhantes. E tinha uma plataforma comum na qual as pessoas espiritualizadas podiam se encontrar. Consegui tudo isso em dez anos. Meus livros se tornaram best-sellers, minhas vivências noturnas me esgotavam, e meu website tinha um quarto de milhões de visitantes por mês. E eu, criatura ingrata, nem sequer me sentia "maravilhosa"!

O que havia de errado comigo?

O que aconteceu? O que eu perdi, ou o que eu nunca tive realmente?

Trata-se simplesmente do início de mais uma "noite escura da alma" que tenho de viver e que espera – como sempre – por trás da penumbra da manhã? Com novos conhecimentos, novas percepções, novas verdades?

Ou se trata de alguma outra coisa?

Será que não entendi algo? Teci minha vida de tal maneira que todos os outros se sentem bem, só eu não? Eu me ignorei por tempo demasiado?

Mas que sensação é essa que eu sinto? É luto ou dor? Sinto-me abandonada, solitária, exaurida?

Auscultei minhas sensações. Senti um buraco profundo, um buraco infinitamente profundo, que não parecia conter nenhum sentimento, apenas um vazio.

"Agüentar!" – a palavra surgiu da profundeza e começou a se repetir: "Agüentar! Agüentar! Agüentar!"

Senti-me profundamente triste. Eu estava farta de "agüentar". Imediatamente senti uma câimbra muscular nas costas. Automaticamente, encolhi as pernas e me enrolei.

"Agüentar! Agüentar! Agüentar! As palavras continuavam a me ameaçar interiormente e comecei a fazer o que sei fazer melhor: sair de buracos profundos. A primeira tentativa, que dá certo na maioria das vezes, é cantar. Comecei a cantar de boca fechada. Depois de meia hora ainda não houve melhora, e lancei mão de um método mais forte: "o pai-nosso." Pronunciei cada palavra cuidadosa e atentamente em voz alta, concentrei-me no conteúdo e evitei qualquer monotonia. – Eu modifiquei um pouco o "pai-nosso":

"Pai Nosso que estais no céu, santificado seja o vosso Nome, venha a nós o vosso reino, seja feita a vossa vontade assim na Terra como no Céu. O pão nosso de cada dia nos dai hoje. E perdoai-nos as nossas dívidas assim como perdoamos aos nossos devedores. E obrigada pela tentação, para que eu seja libertada do mal. Pois vosso é o Reino, o Poder, e a Glória. Amém."

Há anos reconheci que acho importante cair em tentação. Como Jesus no deserto, e Ele certamente esteve várias vezes diante da escolha "de fazer o que é certo", assim também nos ajuda a firmar o nosso caráter e a nossa fé. Além disso, estou profundamente convencida de que nada, nada mesmo acontece neste mundo que "não seja de Deus". Assim o Reino de Deus já existe, com toda a misericórdia do "livre-arbítrio", o que é ao mesmo tempo um grande desafio e uma grande responsabilidade.

Como sempre, o "pai-nosso" ajudou-me a me entregar nas mãos de Deus. Eu pedi clareza. Pedi ajuda e pedi situações que me mostrassem como deveria elaborar os acontecimentos dessa noite.

Dedicação

De volta a Los Angeles, esperei com atenção a inspiração que o querido Deus me enviaria. Na ocasião, o meu marido e eu estávamos justamente passando pela nossa segunda sessão de aconselhamento matrimonial. A primeira aconteceu depois de três anos de casamento, e a segunda, depois de treze. Ele me disse: "Uma terapia individual não lhe faria nenhum mal".

Eu? Olhei consternada para ele. Devo ter ouvido mal. Nos últimos anos tenho dedicado mais tempo ao silêncio e à reflexão do que à vida cotidiana. Analisei, revisei e meditei, rezei e "entoei o Om" cem vezes antes e depois de cada resposta, cada gesto, cada pensamento. E eu é que preciso de terapia? Ah!

Na mesma noite uma das minhas amigas me falou sobre uma terapeuta maravilhosa. Ela não trabalha apenas como terapeuta de diálogo, mas ela também inclui o corpo e a linguagem corporal com diversas técnicas de respiração. Algo em mim se moveu. Esse parecia ser o sinal pelo qual eu estava rezando.

Talvez eu devesse experimentar por uma vez a terapia individual. Afinal, eu recomendava terapias com muita freqüência e, além do meu aconselhamento matrimonial e da minha formação como terapeuta por hipnose, eu não tinha outras experiências nesse setor. Eu sabia que precisava de ajuda e, em geral, pedia o apoio canalizado dos espíritos que estavam mortos há mais de dois mil anos. Talvez fosse muito prático eu consultar um terapeuta, principalmente um totalmente normal, vivendo na forma física.

Anotei a recomendação da minha amiga e telefonei para Vera. No meu íntimo imaginei a seguinte cena: depois da primeira sessão de uma hora, ela demonstraria admiração pelos meus bem fundamentados conhecimentos sobre mim mesma – de acordo com o lema "Cara senhora, a senhora não tem necessidade de nenhuma terapia" – e me congratularia batendo nas minhas costas à guisa de despedida.

E então ela fez isso mesmo. Quero dizer, bater nas minhas costas. Mas, na verdade, dando a impressão de estar me consolando mais do que me admirando. Esse foi o único ponto em comum com a minha idéia de como seria essa sessão.

Os primeiros trinta minutos nós passamos com os fatos, e ela deixou que eu os contasse livremente. Meu marido e eu tínhamos as nossas discussões costumeiras; e assim eu lhe contei o que eu pensava disso e como eu tentava lidar com elas. Eu encolhi as pernas, cruzei os braços e, naturalmente, logo percebi como tudo isso era registrado pela minha terapeuta. Imediatamente soltei os braços. Tão tola eu também não sou.

Ela pediu que eu me sentasse numa almofada no meio da sala, e me deu uma longa corda.

"Mostre-me com essa corda onde você estabelece os seus limites."

Totalmente consternada, olhei para ela: "Estabelecer limites? Isso vai servir para quê?"

Vera olhou curiosa: "Está se referindo aos limites ou à corda?"

Eu segurava a corda de má vontade, o que lhe havia chamado imediatamente a atenção, pois era uma terapeuta experiente. Era quase como se eu fosse queimar os dedos com ela. Fechei os olhos.

"Por favor, deixe os olhos abertos."

Irritada, abri os olhos. "Isso me ajuda muito", tentei explicar, "quando estou com os olhos fechados, sinto o que me vai no íntimo."

"Simplesmente, tente com os olhos abertos. Fique no presente."

Ficar simplesmente no presente? Com isso ela quer dizer que eu me distancio com freqüência?

Percebi que Vera já me dava nos nervos. Eu não estava acostumada a ser conduzida por uma mulher totalmente estranha para direções que eu não conhecia. Ainda não tinha certeza se eu confiaria nela, e ela me pedia que eu a seguisse. Eu estava acostumada a avaliar cuidadosamente cada passo, cada pensamento, cada movimento e a discuti-los num diálogo interior. A pensar sobre os "quando" e os "mas". Esse é um passo acertado ou não? E aí vem ela e me dá instruções!

Eu tenho alergia a instruções!

Exceto as que vêm dos meus anjos – e esses não instruem. Eles simplesmente sugerem.

Eu conheço minha reação automática: fico fria, distanciada, levemente amável. Por duzentos dólares a hora não posso me conceder esses joguinhos. Afinal, quero aprender alguma coisa aqui. Eu me controlo. Sacudo-me depressa e tento continuar atenta. Tento gostar de Vera. Esforço-me por confiar nela.

Pois bem, em primeiro lugar, resolver a questão da corda. Eu a coloquei a uma distância de vinte centímetros ao meu redor e me senti mal ao fazer isso. Eu a empurrei mais para perto de mim até ela quase me tocar; e isso também me perturbou. Finalmente, coloquei-a um metro de distância, e isso também não me pareceu certo. Não importa qual o raio em que colocava essa corda ao meu redor, eu não gostava. Então o motivo ficou claro. Vera ouviu espantada quando eu lhe expliquei por que não podia fazer nada com essa corda.

"Vera, saiba você que eu não gosto desses limites. Eu não quero nenhum limite entre os meus semelhantes e eu."

Vera ergueu as sobrancelhas, surpresa.

Eu continuei imperturbável: "Você conhece esses canos infláveis de borracha nas piscinas, com os quais separamos uma raia da outra?"

Vera acenou que sim.

"Isso eu apreciaria mais. Por todos os lados a água nos une uns aos outros e, no entanto, há uma pequena delimitação. Mas não muita."

Reclinei-me satisfeita e fiquei relativamente orgulhosa com a minha comparação.

Vera olhou menos satisfeita. "Essa não é uma separação muito forte. Os canos de borracha podem ser soprados para longe."

"Sim, e daí?" Eu não entendi a pergunta dela. "Qual é o problema?"

A impressão de que Vera não gostou muito da minha comparação se intensificou. Como próximo passo, ela sugeriu um exercício respiratório. Eu estava pronta. Sou boa em exercícios respiratórios. Às vezes quase me esqueço de respirar quando medito, e eu esperava que ela fosse pedir uma profunda e lenta inspiração e expiração.

"Então, Sabrina, por favor escancare a boca, como faz no dentista, e inspire e expire depressa pela boca. Como quando você rastela."

"Bem, a respiração do fogo," pensei. Uma técnica da qual já havia ouvido falar, mas que por desinteresse nunca havia experimentado.

Eu me senti um pouco tola com a boca escancarada, e naturalmente ainda havia o fato de eu não ter nenhuma idéia do que Vera esperava de mim. Ou, o que era ainda pior, quais conclusões ela tiraria dos diversos exercícios.

Comecei a inspirar e expirar depressa de boca aberta e não conseguia imaginar qual seria a reação. Para minha grande surpresa, logo depois da terceira inspiração e expiração fiquei tonta e precisei parar. Fosse o que fosse que ela quisesse extrair desse exercício, em nenhum caso o resultado poderia ser bom.

Vera me deixou descansar.

Então ela pediu que eu repetisse o exercício. Tudo em mim se recusava a fazer isso. "É realmente necessário?", perguntei.

Ela acenou que sim.

Portanto, mais uma vez.

Da segunda vez não foi melhor. Depois de algumas vezes tive de interromper. Minha cabeça girava. "Isso simplesmente não me faz bem", pensei. "Mas que droga!" De vez em quando vinham-me à lembrança alguns "palavrões" usados na Baviera.

A hora passou e Vera olhou para mim e disse – ao mesmo tempo em que me dava palmadinhas tranqüilizantes nas costas: "Querida Sabrina, uma hora de terapia por semana será suficiente."

Pois bem!

Devo admitir que nem sequer fiquei tão surpresa assim. Durante aquela hora me ocorreram algumas coisas, nas quais, pelas perguntas e comentários de Vera, ficou claro que muitos dos meus comportamentos não podiam ser imprescindivelmente chamados de úteis. E em especial essa questão da respiração provavelmente me deu em que pensar.

Apesar disso questionava o porquê.

Vera olhou para mim e disse: "Eles são o que nós chamamos de 'agentes' clássicos. Você pode comparar isso com um gerente ou um agente artístico. O agente se preocupa que o seu cliente tenha tudo. Portanto, ele cuida dele. E você tem muitos clientes. Não só o seu marido e a sua filha, a sua família, os seus muitos animais domésticos e os seus amigos, mas também os seus muitos leitores. Um agente de cura sempre se preocupa com os outros e raras vezes se preocupa consigo mesmo; você se surpreenderia com o quanto isso é comum".

Mas Vera ainda estava longe de terminar: "Além disso, você abandona o seu corpo – e assim, a você mesma – quando requer dele muito esforço. Foi isso o que o exercício respiratório demonstrou. E você sabe que ainda tem muita dificuldade para estabelecer limites saudáveis. Eles lhe são tão desagradáveis que você pode fazer amizade com canos infláveis de plástico e, ainda assim, de muito mau grado. Além disso, eu tenho a impressão de que você não tem muita certeza da importância desses limites".

Vera olhou amorosamente para mim: "Sabrina, você tem o direito de se proteger".

A frase me atingiu e explodiu no meu coração, repetitiva, sempre ecoando outra vez: "Você tem o direito de se proteger... você tem o direito de se proteger... você tem..."

Eu tinha medo de me descontrolar. De me descontrolar ali, diante daquela mulher totalmente estranha. E eu me obriguei, com palavras enérgicas, a juntar minhas coisas e sair rapidamente dali. Tão depressa quanto pudesse, antes de me debulhar em lágrimas. E logo o meu mantra muito pessoal, praticado desde criança, começou a martelar através de tudo o que eu sou: "Persevere! Persevere! Persevere!"

Ele soou dentro da minha cabeça, mas era tarde demais. E embora eu "inclinasse a cabeça para o lado" e febrilmente buscasse as chaves do carro na minha bolsa, Vera não deixou de perceber a minha luta interior. Ela simplesmente olhou para mim. E em mim se agitou: devo me descontrolar ou perseverar? Com violência, com a maior concentração possível, tentei reter as lágrimas. Não queria revelar a minha fraqueza. Continuaria mantendo íntegra a impressão de ser uma mulher forte. Caso isso não fosse tão danadamente difícil.

Em mim se desenvolveu um rápido diálogo interior:

" Controle-se!"
"Por quê? Afinal, eu estou fazendo terapia!"
"O que ela pensará de você? Você se comporta como se fosse um feixe de nervos. Você não tem nenhum autocontrole? Você é adulta! Comporte-se!"
"Mas estou em terapia. Como ela irá me ajudar se eu representar um papel?"
Assim, comecei a chorar na minha primeira sessão de terapia.

"Você tem o direito de se proteger" – o que essa frase simples desperta em você? Nunca levo em consideração esse direito de me proteger. Só me protejo quando fico de costas para a parede e não há mais nenhuma saída. Mas nunca considerei isso um "direito". De modo algum algo natural. Só me concedo proteção em caso de necessidade.

Tantos anos de meditação e de autoconhecimento, e agora parecem abrir-se mundos dos quais eu não tinha nenhuma idéia. Assustada, perguntei a mim mesma: "O que mais eu deixei de ver?"

Eu vi Vera duas vezes por semana durante meio ano e então, para encerrar, uma vez por semana por mais alguns meses.

Também entendi que eu não me permitia realmente sentir. Minha razão determinava o que eu podia e não podia sentir. Todos os sentimentos que não eram próprios para a minha razão eram reprimidos, afastados por meio da meditação ou convencidos a se retirar. Depois descobri nisso um hábito que eu já tinha como mulher jovem diante dos homens. Sim, eles eram interessantes; sim, eram atraentes, e sim, estavam apaixonados por mim. Mas eu nunca estava realmente apaixonada por eles. Eu queria tanto me apaixonar, que eu me obrigava a fazê-lo. Já naquela ocasião muitas vezes eu me convencia de que estava apaixonada.

Um exercício que me trouxe as maiores dificuldades foi manter os olhos abertos nas confissões íntimas, olhando para Vera. Para mim, o trabalho consistia seqüencialmente de diálogos e exercícios. Para fazer um dos exercícios eu tinha de me deitar (vestida, naturalmente) numa maca de massagem. Ela sentava-se numa cadeira perto de mim.

Do assunto exato não consigo me lembrar, mas eu acredito que se tratava de recordações da infância com o meu pai. Nós não tínhamos nenhum relacionamento estreito, e eu lamentei isso profundamente naquele momento. As lágrimas rolaram pela minha face e eu fechei os olhos.

Ouvi a voz de Vera: "Sabrina, concentre-se, olhe para mim."

Virei a minha cabeça devagar e de má vontade para ela – uma ação simples, que exigiu toda a minha força de vontade – e abri rapidamente os olhos. Talvez eu só tenha conseguido mantê-los abertos durante meio segundo, em seguida automaticamente virei minha cabeça outra vez para a parede e fechei os olhos, enquanto continuava a chorar.

"Sabrina, olhe para mim. Conte e olhe para mim."

Eu não consegui. Não era possível. Eu não conseguia compreender. Isso não devia ser difícil, olhar para uma mulher e contar-lhe sobre o meu mais profundo sofrimento! Eu que em outras ocasiões sempre pulo sobre a minha sombra. Mas por mais que eu me esforçasse, a minha cabeça recusava-se a virar para a esquerda e olhar para Vera.

De tanto desespero segurei a cabeça com ambas as mãos e me virei para ela. Como quando viramos um objeto inanimado de um lado para outro. De algum modo, eu me senti totalmente ridícula. Então obriguei-me a abrir os olhos. Vi a sua simpatia e não consegui suportá-la. Vivi uma luta interior que se manifestou no exterior: abrir os olhos, fechar os olhos, piscar, abrir os olhos, fechar os olhos, soluçar, abrir os olhos, fechar os olhos.

O abrir-se. O confiar. O permitir. O desapego. Tudo isso contrariava o meu mais íntimo, mais executado princípio de vida: a persistência. De algum modo ter de fazer tudo sozinha.

Eu deixei muito poucas pessoas me consolarem. Eu me isolo quando tenho de chorar. E novamente era a entrega que devia se demonstrar como o meu maior desafio.

Aprendi muito sobre mim mesma e muito no meu tempo com Vera. Nunca havia ficado claro quantos comportamentos e hábitos eu tinha que não eram saudáveis a longo prazo. E eu sabia que se continuasse assim, não teria uma vida satisfatória.

O que eu não imaginava no início da terapia era que durante sua duração eu me separaria do meu marido depois de quinze anos de casamento.

A terapia não teve culpa na nossa separação. Nós éramos diferentes demais nas nossas idéias, exigências e planejamento de vida. Para mim também ficou claro que eu mantinha esse casamento por amor a ele e à nossa filha. Mas não por amor a mim mesma. E também tive de reconhecer como era cansativa essa forma de convivência não só para mim, mas também para nós dois. E apesar dos sentimentos de culpa, apesar dos grandes sofrimentos, e apesar do grande luto, desisti desse sonho de uma vida inteira juntos. A desistência mais dolorosa foi por certo a ilusão de poder oferecer uma vida de família "normal" para minha filha. Por mais que eu desejasse isso, não pude mais atender a essa exigência.

Eu sempre me questionava se eu me havia refugiado na minha espiritualidade. Será que por isso eu havia fugido da minha vida? Será que persegui um ideal irrealizável e agora estou diante dos escombros?

Uma antiga amiga que quase não vi durante os últimos quinze anos reagiu à novidade da minha separação da seguinte maneira: "Sim, isso não me surpreende, nenhum homem suporta isso. Você foi longe demais com a sua espiritualidade".

A minha espiritualidade não é e não foi o motivo da não duração do meu casamento. Também não foram os pequenos casos, as mentiras ou dissimulações que desmancharam esse casamento – isso não existia no nosso caso.

E, contudo, eu usei os presentes da meditação como programas de treinamento. E queria me desacostumar dos sentimentos a fim de poder resistir por mais tempo. Com o meu treinamento intensivo eu já havia me desacostumado de várias facetas. Eu quase só oscilava ainda entre a bem-aventurança e o profundo desespero. Bem-aventurança que só encontrava nas minhas meditações. Profundo desespero que eu criava com a separação da vida. Todo o resto como curiosidade, excitação, prazer, diversão, dedicação, irritação, impaciência, raiva, ira, paixão eu quase não sentia.

E assim eu me havia despedido da vida sem perceber. Eu não sentia mais nada.

Eu me sentia bem nas minhas meditações. Na intimidade que criava em silêncio com Deus. A vida era cansativa demais. Ruidosa demais. Dramática demais. Eu ouvia Enya e não conseguia inspirar e expirar profunda e rapidamente três vezes sem ficar tonta. Eu queria me proteger: da vida, dos sentimentos e dos acontecimentos.

Zaratustra, um dos meus mestres espirituais, que foi canalizado pela minha falecida amiga Jacqueline Snyder, disse certa vez: "Um mestre está em paz no meio do caos." Eu amava essa frase. Ela tornou-se o meu mantra. Eu nada mais desejava a não ser essa paz. Nada mais do que sempre e em todos os momentos viver em paz. E quando quase consegui isso, reconheci que eu havia matado muitas coisas em mim.

Eu tinha entendido mal alguma coisa. Paz não significa não sentir mais nada. Paz não significa afastar-se sorrindo da excitação da vida. *Paz significa conhecer Deus. Conhecer que a vida é eterna.* Eu vivia agora como se não tivesse mais corpo. Eu só me exercitava porque sabia que é saudável. Eu tinha neutralizado a minha energia vital. Minha paixão conhecia um único tema, e esse era Deus. Eu tinha afastado a minha vontade de viver por meio da meditação. Eu tinha me aquietado para poder suportar mais. Todas as tensões que tornam a vida excitante se tornaram estranhas para mim.

Eu me alienei de mim mesma.

Recordações pessoais

Sobre isso também encontrei no meu diário alguns pensamentos que eu tive no ano anterior:

"Conhecia muito bem esse sentimento. Na verdade, não o bastante para realmente notá-lo. Em geral ele começava com uma sensação de desânimo, de cansaço. Eu não estava interessada pelas coisas da minha vida. Levemente deprimida – embora não permitisse depressões. Nesse caso eu podia ser muito severa comigo mesma. Na pior das hipóteses eu me permitia uma ocasional tristeza, e essa também apenas quando houvesse uma boa razão – mas uma depressão? Fora de questão!

Pouco tempo depois surgiu uma incerteza, da qual realmente não tomei conhecimento. Uma espécie de consciência pesada – sem buscar de fato o motivo para ela. Caso me observassem naquela ocasião, podia chamar a atenção o fato de eu ficar divagando por mais tempo do que de costume. Talvez eu parecesse mentalmente distante. Como se eu não estivesse realmente ali.

E de fato não estava.

Eu me abandonei. Sem perceber. Sem que eu *percebesse. Só isso já é um desempenho surpreendente que só se pode explicar por muitos anos de treinamento. Treinamento que começou muito cedo.*

Para me sentir mais segura, na primeira infância aprendi a lançar determinadas antenas. Essas antenas estavam em condições de constatar qual era a disposição ao meu redor. Uma disposição que não era gerada por mim, mas captada. Eu sentia como minha mãe, meu pai, estavam se sentindo, e assim podia evitar surpresas. Quanto mais afiadas as minhas antenas se tornavam, mais eu me perdia. Pois essas antenas tinham uma única missão: observar a disposição das outras pessoas. A minha disposição passava despercebida.

Desse modo, eu havia me acostumado a observar e a sentir todos os relacionamentos entre as pessoas, mais aos outros do que a mim mesma.

A sensação de fastio, de mal-estar, de leve tristeza surgia devido a esse dom de reconhecer o estado de ânimo das outras pessoas. Só o meu ficava despercebido. Ao mesmo tempo eu havia me imposto severas regras de comportamento. Entre outras, a da perfeição.

Como tantas outras centenas de vezes antes, eu havia me recolhido ao meu altar.
Novamente me sentia incompreendida.
Outra vez chorei.
Outra vez rezei pedindo mais compreensão e menos sofrimentos.
Por que eu não tinha ao meu redor a paz e a calma que eu tanto desejava?
Por que, droga, não consigo isso?"

Muitas vezes, eu tinha de me deitar depois das brigas. Depois delas eu ficava totalmente exausta e mal podia ficar em pé. As brigas não eram violentas, agressivas ou especialmente ruidosas. Havia sentimentos envolvidos, mas na minoria dos casos algum tipo de drama. E, embora elas fossem extremamente civilizadas, não raro eu tinha de me deitar no sofá mesmo no mais claro do dia e caía num sono semelhante ao coma. Embora eu tentasse freqüentemente reprimir esse cansaço, ele parecia ser mais forte do que eu.

Então eu fugia.
Outra vez.
Eu não podia ficar nas brigas, nas argumentações, nas dores emocionais. Assim eu deixei minha vida. Como tantas vezes. Desapareci na nebulosidade do sono, deixando o meu corpo desabitado para trás, me abandonando.

Nos meus longos anos de treinamento espiritual eu queria alcançar uma coisa: um sentimento contínuo de felicidade. Eu queria treinar tanto até conseguir.
Não consegui.

Entretanto, o que consegui foi uma vida vaga.
Como eu queria evitar todos os sentimentos profundos, eu esperava que até mesmo o meu amor fosse mais regular. Eu queria e desejava amar todas as criaturas que encontrasse como amava a minha filha; também não consegui fazer isso. Desenvolvi realmente uma grande compreensão por relativamente todas as pessoas, mas não se tratava de um amor profundo.

Como num monitor cardíaco que mostra as batidas do coração no computador, as minhas batidas estavam cada vez mais superficiais. E eu ainda tinha orgulho disso. Realmente eu pensava que o caminho que eu trilhava era um caminho raso.

O que não me ocorreu era que eu simplesmente amava todas as pessoas igualmente pouco.

Modificações interiores e exteriores

Quando a separação se efetivou depois de quinze anos de casamento, desejei ficar o período seguinte sem uma companhia masculina. Contei ao meu círculo de amigos que em hipótese nenhuma eu queria sair com um parceiro, apenas "em grupo". Livrei-me de alguns pretendentes norte-americanos dizendo que o próximo homem da minha vida "teria de falar fluentemente a língua alemã".

Como a nossa filha fica ora comigo, ora com o pai, eu queria ser independente no meu tempo livre. Eu queria viajar. Queria fazer coisas para as quais não tivera oportunidade antes. Eu havia "planejado" o amor por um outro homem para depois. Talvez daí a quatro, talvez daí a cinco anos. Eu não tinha pressa.

Enquanto eu estava grávida da decisão de me separar, percebi uma modificação física em mim. Além do fato de eu me debulhar em lágrimas muitas vezes todos os dias, constatei que o meu corpo subitamente pedia exercício. Eu, que só com muito esforço conseguia fazer os exercícios diários de yoga, que nunca praticava esporte, de repente não podia parar de me exercitar. Eu precisava de ar e de esforço; primeiro vinte minutos, depois trinta, depois quarenta, em seguida cinqüenta nos aparelhos para manter a boa forma. Às vezes eu até ia praticar esporte duas vezes por dia. Era impossível eu ficar quieta. Eu precisava me esgotar. Subitamente, eu queria encher os meus pulmões de ar. Eu queria suar. Eu queria sentir os meus músculos, os meus tendões. Eu que sempre sentia frio, de repente fiquei quente. Agradavam-me as duchas frias, porque sentia que elas me despertavam. Voltei ao meu corpo.

O meu gosto musical também mudou. Quase que de um dia para outro eu não conseguia mais suportar música de meditação. Ela me dava nos nervos. Em vez de me acalmar, ela me deixava inquieta. De Enya para o rock. Tinha de ser música alta, a música nova que eu queria ouvir tinha de ter baixos profundos. De repente eu ouvia em alto volume até mesmo o hip-hop que antes, para desgosto da minha filha, eu só conseguia suportar por segundos no rádio do carro. Cânticos gregorianos? Pelo amor de Deus, meus cabelos se arrepiavam. Mesmo durante as minhas massagens eu preferia ouvir os passarinhos no jardim, aos meus habituais sons da Nova Era.

Precisei comer mais carne outra vez; eu bebia e usufruía o meu copo de vinho e ia passear com o nosso cão por prazer e não por obrigação.

Quando o interior se modifica, automaticamente modifica-se o exterior. Não é à toa que as mulheres vão ao cabeleireiro com freqüência quando passaram por um divórcio ou uma modificação decisiva. Antigamente eu me cercava das cores branco e azul. Naturalmente, azul-claro. Pouco a pouco mudei o meu ambiente. Laranja forte, vermelho quente, amarelo teatral, essas foram as cores que subitamente passei a apreciar, não só nas minhas roupas, mas também nos móveis, tecidos, tapetes, flores. Na minha nova sala de estar não existe mais nada azul. A força da vida também voltou às cores que eu quero ter ao meu redor.

Percebi o quão pouco devo ter estado no meu corpo: oitenta a noventa por cento de mim por certo não estavam presentes. Só agora, que estou muito mais fundo em mim – o quão fundo certamente só descobrirei no futuro – reconheço a diferença. No período em que abandonei o meu corpo, eu não tinha consciência disso.

Naturalmente os meus números percentuais são só aproximados. E, no entanto, numa das minhas almas irmãs percebi algo semelhante. Samantha, que fala com os animais, muitas vezes está num estado meditativo devido à profissão. Quando ela tem cinco ou seis clientes por dia, quase não está mais no seu corpo. Há anos ela tem problemas de saúde. Dores que aparecem, diversos órgãos que não funcionam como deveriam funcionar – e ela fazia o que eu também havia feito: meditar mais, rezar mais. No entanto, agora nós duas reconhecemos que com isso retiramos mais força do nosso corpo, em vez de lhe dar alguma.

Muitas pessoas no caminho espiritual não têm nenhum problema em ficar em silêncio, de meditar e rezar. Mas não é isso o que temos de aprender! Isso nós podemos fazer muito bem. Percebemos que não é difícil ficar só. Viver no silêncio. Num mundo supostamente espiritualmente mais leve.

Temos outros desafios, pois conosco acontece exatamente o contrário; nós temos de estar *mais* no corpo, exercitar-nos *mais*. Em vez de meditar diariamente durante horas, um passeio atento ao ar livre nos ajudará muito mais.

Afinal, nós temos um corpo – lembremo-nos de como Jesus amou o Seu, tanto que pôde despertá-lo depois de três dias – e esse corpo requer cuidados. Um dos meus maiores desafios foi ouvir o meu corpo: "*Eu* sou o chefe aqui", de algum modo devo ter me convencido disso, "e o meu corpo me segue de boa vontade!" Uma hierarquia dessas não funciona harmoniosamente em nenhuma vida em comum, por isso logicamente também não no nosso próprio corpo.

O meu corpo, que com relativa regularidade me dava determinadas indicações de qual era o seu estado, muitas vezes era silenciado. Sim, eu ia ao meu quiroprático quando os meus espasmos musculares me incomodavam demais, mas desde o início não fiz quase nada para evitá-los. Eu acredito na ligação entre o corpo e o espírito, no entanto, também sei que temos um pólo oposto, que torna um ou outro órgão simplesmente mais fraco. E, contudo, não me livrava das câimbras nas costas, porque não havia reconhecido e eliminado o motivo mais profundo das mesmas.

Em uma das minhas sessões de terapia, em que as minhas câimbras nas costas se tornaram perceptíveis outra vez, Vera me perguntou qual era a sensação.

Diretamente, como numa exibição na tela, subitamente vi um cesto de bicicleta, cujo gancho havia se enterrado profundamente nos meus ombros. Mas em vez de pendurar simplesmente a bicicleta no gancho, reconheci que o meu crescia em mim. Na cesta havia um bilhete pendurado e nele estava escrito: "Por favor, jogue aqui os seus desejos".

Vera me fez descrever tudo com detalhes (cesta sem fundo, de modo que nunca ficaria cheia, gancho de ferro, bilhete grande como um placar). E então emergiu, exatamente como numa exibição plástica, uma outra imagem sobre a qual estava escrito: "Se você não estiver a serviço, você não tem direito de viver".

Então me assustei.

Sim, era nisso que eu acreditava. Era isso o que prendia esse cesto nas minhas costas. Era esse o modo como eu vivia. A vida tinha de ser conquistada. Eu não conseguia vê-la como um presente.

Theo é um grupo de anjos canalizado pela minha amiga Sheila Gillete: o fato de deixarmos entidades que não existem na forma física falarem por nosso intermédio, em geral é um encontro que já foi marcado antes desta vida. Nem todo canalizador e nem toda informação canalizada é clara, verdadeira e sábia. Já ouvi muitos canalizadores serem comparados a um filtro de água. Se o filtro está sujo, a água não passa com clareza.

Zaratustra, que como eu disse era canalizado pela minha amiga falecida Jacqueline Snyder; Solano, canalizado por LD Thompson, e Theo são as entidades nas quais eu confio. Nos muitos anos em que eu as conheço, elas me aproximaram de uma sabedoria que eu respeito e com a qual eu aprendo.

Quando falei com Vera sobre o meu "cesto de bicicleta" e como o meu sistema de crenças subconsciente foi questionado – exatamente que não temos nenhum direito de viver se não estivermos a serviço – o resultado foi que Theo ofereceu um workshop.

Uma pergunta me ardia na língua, e eu a fiz a Theo numa das suas noites em grupo: "Quem emite mais energia positiva: aquele que serve e ajuda muitas pessoas, ou aquele que vive uma vida feliz?"

Pude reconhecer facilmente o sorriso nos cantos da boca, e ele me deu a resposta que eu mesma já intuía: "A energia é a mesma!"

A mesma! Nenhuma das duas variantes é melhor ou pior, nenhuma é mais ou menos valiosa. Que choque!

As pessoas realmente espiritualizadas não precisam de nada

Antes eu quase não tinha condições de dizer honestamente como me sentia. Eu via a vida como uma série de desafios, que de algum modo eu tinha de dominar: com obstinação, por pura força de vontade, mortificação pessoal, impulso para frente. Eu esperava que quando finalmente tivesse compreensão para com tudo e cada um, eu teria alcançado esse sentimento de perfeição. Sem a ajuda dos outros. Até mesmo sem o amor dos outros. Afinal, eu tinha Deus. Afinal, isso teria de bastar!

Um dos meus maiores desafios foi admitir que precisava de algo. Também nesse caso a minha espiritualidade deveria me sustentar: quando eu tiver Deus, quando eu tiver confiança em Deus, quando eu finalmente tiver alcançado essa maestria não precisarei de mais nada. Na bem-aventurança da meditação possuo tudo. Eu aceito tudo e me sinto sempre bem a cada momento e em todas as situações. Ou...

1. eu simplesmente era incapaz de alcançar esse momento, ou
2. eu o alcançarei em alguma ocasião no futuro, ou
3. isso realmente não é alcançável para mim, ou
4. isso verdadeiramente ninguém pode alcançar.

A não ser, naturalmente, se nos "fecharmos" para a vida, se nos recolhermos. Ao silêncio da meditação. Ao silêncio da oração. Ali surgem a paz e um sentimento de bem-estar. Enquanto mantivermos os olhos fechados.

Eu não conseguia aceitar que precisava de algo. Porque o exigir, o desejar se voltavam tão perfeitamente contra os meus dogmas espirituais. Quanto menos eu precisasse, tanto mais espiritualizada eu seria.

Verdade?

Será que isso quer dizer que nos satisfazemos com pouco? Será que significa exclusivamente que não nos consideramos dignos de mais? Por que pedimos que nós mesmos doemos "tudo" e não estamos prontos a receber "tudo" também? Essa será de fato a harmonia pela qual ansiamos? Será esse realmente o equilíbrio, quando muita coisa está num dos pratos da balança e há muito pouco no outro?

Na verdade, cada um de nós precisa de coisas diferentes. Um pode precisar de mais silêncio, de ficar mais a sós, de ler mais, de mais contemplação. O outro talvez precise de mais troca, mais estímulo, mais exercício, mais paixão. Uma outra pessoa, por sua vez, talvez precise de mais tempo para observar, ser criativa, sonhar. Provavelmente quanto mais profundamente nos conhecermos, tanto mais fácil será escolher um parceiro. Ou, por outro lado, tanto mais parceiros serão eliminados na escolha.

Quando procuramos intimidade num relacionamento e não a alcançamos, tentamos obtê-la de outro modo. Uma possibilidade é termos casos amorosos. O segredo gera uma espécie de intimidade, que nos traz satisfação a curto prazo. Sem dúvida, surge uma intimidade que é fundamentada em mentiras. Nisso não tenho interesse.

Assim, elaborei uma intimidade com as minhas amigas. Nas nossas conversas, na nossa troca, as portas sempre estavam escancaradas. Mas isso também não me bastou. E só agora – posteriormente – reconheço que foi dessa maneira que me pus em busca de Deus. Eu buscava uma intimidade, e como não a achei no meu casamento, eu a encontrei em Deus. Assim, a seu modo, ela era uma espécie de fuga. Eu fugia do mundo das experiências reais para o mundo do invisível. Onde eu podia viver essa intimidade com Deus – um Deus que eu criava do modo como precisava dele. Naturalmente, apenas de olhos fechados e na mais profunda meditação.

Essas palavras – "um Deus que eu criava" – foram intencionalmente escolhidas. Pois cada pessoa cria a sua própria imagem de Deus. Seja baseada fortemente numa religião e/ou no lar e na educação dos pais. Quem sabe se realmente existe alguém que possa ter uma imagem "verdadeira" de Deus?

Mas isso não desvaloriza a imagem. E, com certeza, não desvaloriza Deus. Ele é como é.

Toda vez que escrevo sobre o meu casamento neste livro, eu hesito. É relativamente simples narrar as próprias dificuldades, os próprios desafios, a própria incapacidade. Mas muita coisa surge da convivência com as outras pessoas. Até que ponto eu tenho o direito de dar exemplos que atinjam o meu casamento que, a essa altura, está desfeito? Eu sempre tive muito respeito pelo meu ex-marido. Nos meus livros anteriores escrevi com muito cuidado sobre as exigências do nosso casamento, visto que ele tem uma esfera particular e não edita livros sobre crescimento pessoal. Mas muitas coisas são difíceis de explicar quando realmente não conseguimos descrever os desafios.

Por respeito. Por atenção ao outro.

Eu me esforço e desejo de todo o coração fazer essas comunicações de modo honroso, ler repetidas vezes essas linhas para ter a certeza de que me comporto com lealdade e justiça.

Zaratustra me disse certa vez: "Um casamento se encerra – um relacionamento termina – quando nos podemos separar com amor e atenção mútua. Ambos sabem que tentaram de tudo; e o que será mantido serão um profundo respeito e um amor profundo um pelo outro."

Meu ex-marido e eu fizemos isso. Nós tentamos ter um casamento bem-sucedido, tão bem quanto pudemos nos quinze anos de vida em comum.

Foi na primavera de 2003 que entendi com mais clareza que devia aceitar o casamento como ele é. Durante anos tentei me modificar; modificá-lo. O esforço, a concentração, as eternas tentativas finalmente tiveram fim. Eu acabei com aquilo. Senti uma grande paz. Uma aceitação no que dizia respeito ao nosso relacionamento. Eu conheço esse homem tão bem. Sei o que se passa na sua cabeça. Sinto quando o coração dele fala. É um homem bom, assim como eu sou uma boa mulher. Ele faz o melhor que pode, da mesma maneira que eu.

A personalidade dele e a minha personalidade juntas dão uma determinada mistura. E embora seja possível falar sobre alguns pontos conflitantes e talvez também aparar as arestas para sempre, no entanto existem diferenças de personalidade que são agravantes demais para serem mudadas agora. Quando isso ficou claro para mim, eu resolvi aceitar esse casamento do modo como ele é. Embora existam determinadas coisas que eu desejaria mudar.

Ainda me lembro bem de uma noite em que havíamos convidado um par de amigos de longa data. A noite transcorria muito harmoniosa. Muitas vezes me vi sorrindo, sentada tranqüilamente na minha cadeira predileta. Nossa filha estava satisfeita no sofá e o meu marido sentado diante dela. Os amigos no meio.

Muitos momentos são mais conscientes do que outros. Eles permanecem por mais tempo na recordação. Eles têm algum significado que de algum modo até é claro para nós. O que aconteceu exatamente, eu não sei. Eu só sei que aconteceu alguma coisa. Naquela noite abandonei minhas idéias sobre esse casamento. Como ele tinha de ser. Como eu gostaria que fosse. E realmente o aceitei como ele era.

E me senti calma ao fazer isso.

Como se tivesse chegado a algum lugar.

Eu acredito que o que aconteceu nessa noite foi aquilo sobre o que Zaratustra havia falado: eu senti esse respeito mútuo e aceitei a nossa situação, o nosso casamento, como ele era. E não me agarrei mais a ele com desespero. Não tentei mais "remodelá-lo" nem outra coisa mais. E assim, as minhas mãos, com as quais eu segurava esse casamento há muitos anos... se abriram...

... e logo depois ele me escapou pelos dedos... como água.

Pois as minhas mãos estavam subitamente abertas, e desse modo o futuro se desenvolveu sem impedimentos. Como um dique que se abre de repente, algo se moveu.

O mesmo aconteceu comigo.

Chorei muito.

Durante esse período falávamos muito um com o outro, Richard e eu. Reconhecemos que as nossas idéias diferentes, as nossas expectativas de vida e as nossas características eram intransponíveis. Ambos sabíamos que, apesar de todo o nosso empenho, não haveria melhoras decisivas. Podíamos nos desapegar com compreensão mútua, um grande respeito e com uma profunda amizade.

No final de um relacionamento, sempre existe a perda dos sonhos acalentados. A perda do futuro planejado e idealizado juntos. A dor de ter-de-começar-tudo-do-início mais uma vez. O não-habitual, o desconhecido, às vezes quase o temível.

E então, em algum momento, eu estava pronta. Restou um campo livre. Um novo período. Que será escrito novamente por mim. Que será reformulado. Eu espero ter aprendido o que havia para aprender com esse casamento.

Não, isso assim não está certo: eu *sei* que esse casamento me ensinou o que havia para aprender – caso contrário, eu estaria casada até hoje.

Eu amo a Deus. É sempre para Deus o meu primeiro pensamento, quando acordo, e o último, quando adormeço. Minhas orações diárias são importantes. Minhas meditações também. Mas não sou mais tão severa comigo mesma. Lido com um pouco mais de generosidade comigo. Reconheço que preciso de determinadas coisas e me permito ser "humana".

Agora quero primeiro aprender a amar, antes de me ocupar com a minha iluminação. Eu sei muito bem como se deve trilhar disciplinadamente o caminho espiritual. O que eu não sei é como se vive direito. Viver com todos os sentidos.

Talvez esse já seja um objetivo muito compensador.

Subitamente eu não queria mais saber "tudo". De algum modo eu havia encontrado as respostas para as perguntas que eu fazia durante a minha busca espiritual. Descobri por mim mesma por que estamos vivos (para reunir experiências). Minhas perguntas sobre Deus, os anjos, a vida espiritual, as orações, o inter-relacionamento entre o corpo e a alma, para tudo isso recebi respostas. Naturalmente ainda há milhares de perguntas, mas de repente não me ocorreu mais nenhuma. Ou, melhor dizendo, todo o resto era abstrato demais para de fato eu me interessar emocionalmente. O que realmente acontece no final desta vida, isso eu descobrirei na hora certa – quando eu mesma morrer. Sobre isso não preciso continuar mantendo pensamentos, o resto descobrirei no tempo certo. Antes de mais nada, estou aqui, agora.

Uma mulher.

Na Terra.

Que quer aprender a viver.

A maioria das pessoas que se relacionam ou casam desejam que o relacionamento dure "até que a morte nos separe". Eu também desejava isso, e ainda mais, visto que não vejo a morte como uma separação. Mas isso também gera certas expectativas que às vezes não são cumpridas. Sem levar em conta as exigências totalmente irrealistas, que toda pessoa adulta de algum modo já não tem ("brigas nunca mais – felicidade eterna – todos os desejos são lidos nos olhos", etc.); falo muito mais das expectativas que surgem quando não combinamos mais.

Mas, quanto a isso, um pouco adiante: eu não acredito em "acasos" ou "equívocos", e também não acredito em "erros". Toda experiência que fazemos na nossa vida é importante e tem assim sua justificativa. Naturalmente há muitas coisas que faríamos diferente depois. Afinal, nós vimos qual decisão trouxe qual resultado. Todo relacionamento que iniciamos acontece por uma determinada razão; e naquela ocasião o motivo parecia correto e suficientemente bom. Só mais tarde, quando vivemos mais tempo e juntamos mais experiências – quando simplesmente ficamos mais velhos – nós reconhecemos que os motivos pelos quais nos decidimos por determinada relação não são mais suficientes.

Quando eu analiso o meu casamento, apesar de tudo fico feliz com o resultado. Eu lucrei muito com ele: uma filha maravilhosa, um amigo eterno para a vida, um inglês relativamente perfeito, meu caminho para Deus, cinco livros, uma formação como escultora, outra como terapeuta por hipnose. Além disso, ainda estou muito pouco impressionada com a fama e o dinheiro e sei que, a qualquer tempo e em todo lugar, posso criar uma atmosfera agradável e confortável.

Se eu fosse mais severa comigo, ainda restaria uma outra conclusão: "Você fracassou. Depois de apenas quinze anos de casamento, o seu terceiro relacionamento de longa duração, você fracassou outra vez".

Em todo caso, há uma coisa que nunca mais farei: esperar demais para dizer a verdade.

Esse também é um grande presente que eu trouxe desse casamento. Como em todo relacionamento, as provocações aparecem relativamente cedo. Vale a pena observá-las, conversar sobre elas, esclarecê-las. Isso não quer dizer que devemos modificar o outro para que as provocações não venham mais à tona. Eu acho que significa muito mais ser franco um com o outro. A paleta vai de um "isso me machuca" até um "isso me irrita". Cada pessoa é responsável pelo seu próprio crescimento emocional. Isso vale especialmente para um casamento. Eu me concentrei tanto no meu caminho espiritual e me esforcei para *me* modificar que não percebi que, apesar disso, ainda mantenho determinadas expectativas que devem ser cumpridas.

Por exemplo, eu preciso do intercâmbio. Meu marido anterior ficava totalmente satisfeito quando podia ficar sentado no jardim num final de semana, lendo uma montanha de material de leitura. Ocasionalmente também gosto de ler, mas depois preciso do intercâmbio.

Meu ex-marido via o seu lar como o seu refúgio e preferia ter ali as pessoas que ele amava: sua mulher, sua filha e também o cão e o gato.

Eu gosto de receber visitas, gosto de convidar as pessoas espontaneamente.

Aprendi a me adaptar. Tentei formular a minha vida do modo mais descontraído possível e tentei não reconhecer as minhas necessidades. Afinal, eu não queria ser egoísta. Atualmente considero que interromper, separar e afastar as necessidades pessoais por meio da meditação é um grande perigo no caminho espiritual. Talvez sejamos mais santos no final, mas em nenhum caso seremos mais felizes.

Teria feito mais bem ao nosso casamento se eu tivesse me imposto energicamente. Se eu tivesse dito de modo mais claro do que eu precisava e se eu tivesse exigido determinadas coisas. Eu queria me apegar tão urgentemente ao meu casamento, que não pensei nas conseqüências. E, sem conseqüências, raras vezes existe o impulso de mudar as coisas. Todos esses "deveria ter" e "quando" são relativamente sem sentido. Naquela ocasião tomei esta ou aquela decisão, e para isso existe um determinado resultado. Ambos reconhecemos como somos diferentes e que a adaptação mútua é extremamente difícil para nós.

Quando se é mais jovem, assim acredito, procuramos numa parceria alguém que seja diferente de nós. Somos atraídos pelas dessemelhanças, por aquilo que nós mesmos não temos. Ao mesmo tempo experimentamos duas vidas. A própria e a do amado. Podemos observar e com isso aprender duplamente, como cada um se comporta nas respectivas situações da vida.

Mais tarde, quando ficamos mais idosos, procuramos o semelhante. Aprendemos, compreendemos, experimentamos diferenças suficientes e extraímos seus ensinamentos. Agora buscamos o habitual. A companhia. Aquilo que combina. Aquilo que é semelhante.

Eu vivo em Los Angeles desde 1989. Fiquei fascinada pela língua, pelo país, pelas pessoas. Meu marido era encantador. Até então eu nunca havia conhecido alguém que trilhasse o seu caminho de modo tão determinado, concentrado e ininterrupto. Posteriormente senti que ele era inflexível. E, contudo, ele nunca fez algo diferente do que viver a vida dele do modo como desejava. Do modo como queria vivê-la. Eu, ao contrário disso, não vivia a minha. Eu tentava me adaptar a ele de alguma maneira. Para isso eu usava o meu treinamento espiritual. E como estava muito ocupada comigo, com o que eu queria modificar em mim, eu não me permitia enxergar-me realmente com toda a clareza.

Quanto mais eu vivo nos Estados Unidos, tanto mais alemã me torno. Richard nunca aprendeu a minha língua. Eu não sabia o quanto isso realmente era decisivo. Quase tudo o que eu fazia profissionalmente, estava fechado para ele. Pois eu escrevia em alemão, eu ia a excursões literárias na Alemanha, meu website é quase exclusivamente em alemão. Havia cinqüenta por cento da minha vida que eu não podia compartilhar. Raramente ele ia comigo para a Alemanha e, quando ia, isso era muito cansativo para mim porque eu tinha de ficar continuamente traduzindo.

Eu sentia falta da vida alemã. Não apenas do pão de cerveja e dos motoristas de táxi, que sempre sabem para onde ir – ao contrário daqueles de Los Angeles. Eu sentia falta das pessoas com as quais havia crescido. Que haviam feito uma experiência cultural semelhante à minha. Eu sentia falta do conhecido. Eu sentia falta "do que combinava". Eu sentia falta do meu lar.

E mesmo quando sempre fomos muito adaptáveis, em algum momento chega o ponto em que não desejamos mais nos adaptar. O ponto em que simplesmente desejamos ser incluídos harmoniosamente num todo.
E então isso nos puxa com uma força que não pode ser detida.
O novo tornou-se velho. E embora tenhamos nos acostumado a ele, apesar disso, de algum modo é estranho. A intimidade que não procuramos somente num relacionamento, mas também num ambiente cultural é despertada por uma grande saudade.

Meu ex-marido e eu nos tornamos melhores amigos do que jamais fomos durante o nosso casamento. Nunca brigamos. Nossa separação aconteceu sem as mínimas discussões. Ambos estamos nos esforçando para cuidar da nossa filha e falamos um com o outro diariamente. Depois de todos esses anos sabemos do que o outro precisa. Estamos ambos em condições de ouvir as reflexões do outro com o coração aberto. Agora não temos mais de construir juntos. Ele pode formular a sua vida do modo que quiser e eu formulo a minha do modo que desejo. Ele sempre terá um lugar no meu coração. E eu sei que isso também é verdade da parte dele. Eu sou grata por isso, pelo fato de depois de todo esse tempo ter restado uma profunda compreensão mútua. Ambos somos muito gratos pelo fato de sermos tão bons amigos. E a nossa amizade, concordamos nisso, durará por toda a nossa vida.

Não foi fácil falar sobre o meu casamento. Eu gostaria de ter eliminado todo este capítulo. Mais de uma vez os meus dedos passaram pela tecla "deletar" e eu também risquei página por página. E, no entanto, como autora, eu sei que é importante ser honesta.
Alguns dos meus amigos e membros da família sempre tornam a sugerir que eu devo escrever um romance. Para muitos autores deve ser mais fácil descobrir histórias. Para mim isso seria mais difícil. Para realmente compartilhar, é preciso haver uma abertura. Eu não escrevo sobre mim ou o meu casamento passado porque desejo justificar-me. Essa é uma coisa que resolvo somente com Deus.
Eu fiquei mais velha e adulta. Aprendi com os relacionamentos e no futuro me comportarei com mais consciência. Um motivo pelo qual eu sempre torno a escrever livros pessoais, provavelmente é porque o impessoal não me interessa. Raramente leio romances, o que me fascina é a não-ficção.
Sem dúvida, pode-se escrever um livro desses, desde que substituamos os "eus" pelos "a gente". Escreve-se de modo vago. Mas o "vago" não me interessa. Eu não acredito que as minhas vivências nos relacionamentos sejam

muito diferentes daquelas dos outros. Quando dois seres humanos com passados, pólos genéticos, expectativas e desejos diferentes se unem, isso sempre é muito interessante.

E, contudo, eu experimentei e aprendi alguma coisa, que talvez possa servir de apoio. Ou talvez eu só escreva para poder colocar um livro na mão da minha filha quando ela me perguntar: "Afinal, o que você faz o dia inteiro enquanto eu estou na escola?"

Aliás, ela nunca leu nenhum dos meus livros. Ela os acha monótonos demais.

Se Júlia me perguntasse – o que não fez em seus quatorze anos – como eu acho que um relacionamento pode funcionar, então é provável que eu lhe dê a seguinte resposta:

"Minha maravilhosa filha:

Em primeiro lugar, e como a coisa mais importante, tenha a certeza absoluta de que você o ama. Certifique-se de que existe uma saudade dele; que os seus olhos brilham quando o vê, que você gosta de estar perto dele. Não tenha pressa. Aprenda a conhecê-lo como ele é, e não como você o imagina. Imediatamente, seja honesta desde o início sobre como se sente. Se algo a ferir, não reprima as suas lágrimas. Nunca diga a si mesma: 'Ah, isso não é tão ruim' e então se cale.

Fale sempre sobre tudo. Compartilhe os sentimentos! Mas também ouça com a mesma intensidade com que deseja que ele a ouça. E sim, permita-se perceber os sinais de advertência, fale sobre eles, fale sempre sobre eles. Quando você perceber que ele está se afastando, pergunte o motivo. Pergunte do que ele precisa, e diga o que você precisa.

Rezem juntos. Mesmo que cada um diga sua oração em silêncio. Num relacionamento é mais fácil quando ambos crêem em Deus (ao contrário de quando apenas um acredita – provavelmente é mais fácil quando nenhum dos dois acredita).

Aceitem a crença um do outro. Sim, vocês podem falar sobre isso, é possível esclarecer, mas aceitem a crença do outro como aquilo que a sua própria é para você: algo sagrado. Dê o respeito que você mesma quer receber.

Nunca, em nenhuma circunstância, seja o seu professor. Assim como ele não deve ser o seu. Num relacionamento de professor e aluno nunca pode haver um intercâmbio verdadeiro. Um ensina e o outro aprende. Naturalmente vocês aprenderão 'um com o outro' – mas isso é algo totalmente diferente. A sexualidade é importante. Ela une você ao ser humano que você ama e une vocês dois com Deus.

Em nenhuma circunstância engane o homem que escolheu. Se algo não está certo, ele tem de saber. Assim como você deve interrogá-lo também. Não gema se não estiver a fim; não beije se não quiser e não durma com ele quando não conseguir abençoá-lo.

Usufrua o seu corpo como o dele. Divirta-se. Aprenda alguma coisa. Compre livros sobre o assunto, pergunte às suas amigas (ou à sua tia, à sua mãe). A sexualidade é igual a toda aproximação: nós aprendemos à medida que experimentamos mais, perguntamos mais, usamos mais.

Não se submetam a nenhum sofrimento. Nem no sexo nem em outras coisas. Quando acontecer isso – e vai acontecer – diga onde dói, permita um pedido de desculpas e aceite-o. Não fique remoendo. Não permita que o não dito aumente entre vocês. Tudo o que não é dito é como erva daninha: cresce e cresce e destrói todo o resto.

A intimidade surge quando os mais íntimos pensamentos são expressos. Partilhar, franca e honestamente, com todo o receio que pertence ao fato, é importante além de todas as medidas. Quando não conseguimos admitir as nossas fraquezas diante do outro – e não estamos seguros de que elas não serão jogadas na nossa cara numa briga posterior – nunca alcançaremos a verdadeira intimidade.

E, minha querida filha, nunca use o conhecimento das fraquezas dele como uma arma. Tenha consciência de que o amor de vocês se modificará. Saiba com clareza que a primeira fase da paixão algum dia passará (os antroposofistas dizem que ela dura no máximo dois anos). Mas também tenha consciência de que a recordação dela pode alimentar toda uma vida com esse homem.

Quando você perceber que as coisas vão mal, fale sobre isso. Ao primeiro sinal de distanciamento conte-lhe como você se sente. Pois uma separação pode ser desfeita com mais facilidade quando for muito pequena. Assim que ambos quiserem.

E então, minha filha, quando um dos dois não quiser mais, fique ciente de que não existe nada, mas absolutamente nada que você possa mudar. Um casamento, uma relação, só pode funcionar quando ambos a querem com a mesma intensidade. Se um desistir, houve desistência.

Caso o casamento acabe, agradeça o que ele lhe deu. Chore e lamente-se pelos sonhos que vocês perderam. Reconheça os ensinamentos que tirou do relacionamento, e pense no que quer mudar no futuro. Não existe motivo para distanciá-lo do seu coração. Ele sempre ficará aí, pois nossos corações são grandes e têm lugar para muitos.

Que você, minha filha, encontre junto a todos os que ama o amor pelo qual anseia.

Sua mamãe."

Karma

O que é que nos leva a tomar sempre as mesmas decisões? Essas decisões – chamadas popularmente de "erros" – chamam mais atenção nos relacionamentos. Quando nos apaixonamos pela centésima vez pelo mesmo tipo de pessoa, isso realmente tem algo a ver com o karma ou se trata simplesmente da nossa tolice pessoal?

A maioria dos terapeutas e mestres tem uma explicação inequívoca para isso: É o "hábito" que muitas vezes nos leva a percorrer outra vez os mesmos trilhos. E para modificar o hábito, exige-se uma alta atenção e concentração. Temos justamente de lidar contra a nossa primeira reação automática, e isso só é possível quando temos consciência das nossas reações automáticas.

Muitos de nós que se põem no caminho espiritual se vêem diante do conceito de karma e de reencarnação pela primeira vez. E de acordo com a filosofia, religião ou mestre, às vezes também vêm à tona as mais aventureiras idéias.

Naturalmente, eu não me atrevo a ser uma especialista aqui. Afinal, o bom Deus cuidou para que, quase sempre pela falta de lembrança, nós nos concentremos *numa* vida, em vez de nos lembrarmos de centenas delas. Em todo caso, ocasionalmente há exceções como o reconhecimento de lugares ("Estou aqui pela primeira vez e, no entanto, conheço tão bem esta cidade que pareço reconhecer cada canto") ou pessoas ("De imediato surgiu uma confiança, como se nos conhecêssemos há muitos anos").

"Karma" e "Reencarnação" tornaram-se palavras-chave, que podem ter os mais diferentes significados. Naturalmente, cada um precisa decidir, como em todas as coisas da vida, no que acredita ou não. Decidir em quais informações se baseiam as suas decisões. O que lhe parece lógico ou ilógico.

Eu acho a seguinte explicação lógica: Nós vivemos eternamente. Cada pessoa que já tenha se sentado à cabeceira de um moribundo, conhece a experiência de ver que no momento da morte esse corpo subitamente fica vazio. Aquilo que compunha a pessoa, não está mais lá. Mais de uma vez me surpreendi ao ver que se morre com uma inspiração. Tanto os animais como as pessoas. Uma expiração não seria mais lógico?

Para onde desaparece então o que compunha o homem? Nós nos acostumamos a chamá-lo de alma. Eu acredito que toda experiência humana é como um sonho. Nós sonhamos um sonho depois do outro – provavelmente entre eles haja alguns momentos "despertos" dos quais só conseguimos lembrar vagamente. Nas minhas recordações tenho uma estranha intuição de muitas mortes.

Morrer, assim me parece, é como saltar numa piscina de um trampolim alto. No momento em que nos decidimos a pular, o nosso espelho de adrenalina está no auge. O nosso batimento cardíaco – primeiro acelerado – com o salto, com o desapego, subitamente parece sumir. E quando pulamos, surge então esse surpreendente sentimento de prazer e de profunda satisfação pelo fato de termos conseguido. Ao mergulhar na água – como no mergulho na eternidade – primeiro estamos sós, e o tempo... fica parado. Nós ouvimos os próprios ruídos, causados pelos nossos pés agitados. A respiração ofegante que sai do nariz. Nós ouvimos o nosso coração bater. Estamos sós. E, contudo, sabemos que esse estado não durará muito. Subimos outra vez. Para onde está a luz. Para onde estão as outras pessoas.

Disso de algum modo consigo me lembrar. Lembro-me de que já morri muitas vezes.

Para mim, o karma é causa e efeito. Se eu for descortês com as pessoas do meu ambiente, ninguém me tolerará. Se eu trair, ninguém confiará em mim. Se eu tratar bem os meus amigos, eles me tratarão bem.

Naturalmente, às vezes, um motorista me mostra o dedo sem motivo nenhum, o amigo surpreendentemente me trai, perco o trabalho com um grande choque. Isso não significa que estou sendo castigada por alguma coisa, que eu tenha cometido erros graves pelos quais tenho de pagar agora. Isso nada tem que ver com o meu karma, mas simplesmente com o plano horário que a minha alma escolheu. Estou aqui para fazer determinadas experiências, e essas precisam ser apresentadas a mim. Quando, portanto, eu quiser aprender a ser independente ou uma profissional liberal nesta vida, nunca obterei empregos "seguros" ou os manterei apenas por um curto prazo. Eu devo superar o medo da independência e não posso ficar presa à segurança de um emprego fixo.

Então podemos perguntar-nos mil vezes, por que todas as outras pessoas obtêm empregos fixos que conseguem manter, menos nós! Podemos rezar tanto quanto quisermos, pedir conselhos a inúmeros anjos, arrumar os cantos da nossa casa e instalar fontes de Feng Shui. O plano horário da nossa alma não pode ser eliminado "cantando oms".

Portanto, em vez de suspirar um queixoso "Por que sempre eu?" é preferível dizer um curioso "Por que isso aconteceu comigo?" Assim a possibilidade de encontrarmos uma resposta é maior.

Pois Deus nos ouve.

Quando me concentro unicamente nas vivências cansativas da minha vida, são essas que me chamam mais atenção. Aquelas de nós que, por exemplo, já estiveram grávidas uma vez, sabem do que eu estou falando: mal estamos repletas de alegre esperança, o mundo parece estar cheio de mulheres grávidas. Mal pintamos o nosso cabelo de vermelho, muitas pessoas estão subitamente ruivas. Assim que nos decidimos a comprar um carro prateado, chama a nossa atenção o fato de o resto do mundo provavelmente ter feito o mesmo.

Eu não sou castigada nesta vida pelas coisas que fiz na última. O Deus que eu conheço não castiga. Seja o que for que eu deixei para trás – e eu acho que todos nós já fomos uma vez vítima, criminoso e herói – nos trouxe outras experiências. Há muitas pessoas que trazem certa confiança na vida e outras que nos passam a sensação de que se trata da sua primeira excursão à Terra. E, quem sabe, talvez seja isso mesmo?

Vivências

Há dois ou três anos o meu amigo LD Thompson me deu para ler uns excertos do manuscrito no qual ele trabalhava na ocasião. Havia duas páginas sobre a vida resumida de uma alma. Essa idéia não me deu tréguas. Ela explicava tão maravilhosamente o que eu sempre tentei explicar. Por isso, com a generosa anuência dele eu peguei essa idéia e a ampliei um pouco: a vida de uma alma, reencarnação baseada na causa e efeito e no desejo de reunir um conhecimento que se baseie em experiências de vidas passadas.

Eu já contei muitas vezes algo semelhante: em workshops, em enterros, ao lado da cama de crianças. Na maioria das vezes isso trazia consolo.

Consolo – que palavra magnífica!

Talvez essa história possa consolá-lo. Quando constatarmos mais uma vez que a nossa desejada perfeição não foi alcançada, talvez nos fortaleça saber que nenhum de nós é realmente perfeito, mas que talvez apenas se trate de conseguir tanto entendimento quanto possível:

Vivências de uma alma

"Há muito tempo num velho país, cuja doutrina inspiraria os pintores alguns séculos depois, uma alma começou a sua experiência como um ser humano do sexo feminino. Ela sabia que se chamava Kira e, no entanto, conscientemente, ela só ouviu três vezes o seu nome na vida.

Da primeira vez ela tinha doze anos e foi prometida em casamento. Quando o seu pai pronunciou o seu nome, ela se assustou, visto que até então ele só se comunicava com ela apontando com o dedo. 'Você, faça isso! – você, venha cá', isso era tudo o que ela ouvia regularmente. Assim, o som do seu nome para ela foi como um fragmento de um sonho do qual nos lembramos muito tempo depois. Ela nem mesmo sabia mais por que tinha a certeza de que esse nome lhe pertencia. Ela ouvia o seu pai, que a valorizava para o seu futuro marido: 'Kira é o nome que eu determinei. Ele significa 'a obediente'.'

E sim, obediente ela era. Também não lhe restava mais nada a fazer. Ela nunca aprendeu que existia a possibilidade de dizer não. Para quê? De qualquer modo seria punida com pancadas e ela era esperta demais para correr esse risco. Aqui, no ermo do deserto, era importante que cada um soubesse o que se esperava dele. Especialmente das mulheres. Raramente se falava com elas. Também para quê? A linguagem do chicote era muito mais convincente.

Só quando as mulheres estavam a sós elas falavam, contavam, riam. Assim que um homem se aproximava havia silêncio, e o homem considerava um sinal de respeito pela sua força, quando as palavras das mulheres se calavam à sua aproximação. Apenas os homens loucos e doentes ouviam as narrativas das mulheres.

Ela sabia como era importante ser obediente. Ela também sabia que era uma das felizardas: quando se tinha um corpo saudável como o dela, que era forte e firme, podia-se esperar um homem jovem. Aquelas que eram menos robustas seriam casadas com um viúvo. A não ser que fosse um viúvo com muitas ovelhas. Então ele tinha a opção e ela seria uma das felizes também. Ela não tinha a beleza que despertava a paixão dos homens, ela era suficientemente bela para não ser repulsiva. E, assim, nos seus sonhos ela esperava um homem que fosse bom para ela.

Ela estava nervosa, parada atrás da cortina, ouvindo a conversa em que se tratava da sua vida. Ela estava na sala de estar, separada pela cortina, para a qual fora empurrada pela sua mãe. Ela não sabia qual dos homens jovens a havia escolhido para mulher.

Havia apenas três coisas que tinha de cumprir para pertencer-lhe. Ela tinha de levar algo consigo. Quanto melhor o dote, tanto melhor seria sua posição diante dos pais dele.

Ela tinha de voltar para ajudar o pai quando a sua mãe adoecesse, visto que era a primogênita. O dever diante do pai era mais importante do que o dever diante do marido. Só havia uma exceção: se tivesse justamente dado à luz. Só então estaria livre desse dever durante dois meses. Às vezes, no caso de pais que eram mais severos do que o seu, o recém-nascido morria em circunstâncias estranhas. Os pais que encarregavam os filhos da execução desses "deveres" achavam que os velhos mereciam mais cuidados do que os bem jovens. Afinal, sempre se pode dar à luz outros recém-nascidos, especialmente quando for apenas uma menina...

E a terceira coisa era a obediência. Nada era castigado mais severamente do que a desobediência. É necessário uma grande coragem ou um coração partido para ser obediente. Só as mulheres sabiam disso. Mas também nunca se falava sobre isso. As mulheres só conheciam a diferença entre elas: aquelas que eram obedientes com grande coragem, tinham uma posição mais elevada do que as que estavam de coração partido. E nunca houve nenhuma que conseguisse curar esse coração partido. Em geral elas morriam jovens. Como se tivessem ansiado pela morte mais do que por qualquer outra coisa. Era possível ver isso nos olhos delas. No modo como carregavam a água. Curvadas para frente, olhando para o chão. Mesmo quando seus filhos as acariciavam, seu olhar não despertava. Cada filho parecia ser um castigo. Pois era mais um motivo para buscar mais água. Para arrastar-se com mais freqüência pela infinita aridez do deserto.

Mas, atrás da cortina, Kira não queria pensar nessas mulheres. Ela esperava ainda ser uma das corajosas. Ela tinha o dom para isso. Ela havia mordido dolorosamente a língua algumas vezes quando o pai a castigara injustamente. Seus irmãos se divertiam em atribuir-lhe a culpa de tudo. E não era permitido contestar um homem. Nem se ele fosse mais novo; nem mesmo quando estivesse mentindo.

Ela empurrou a cortina para o lado só um pouquinho para ver aquele ao qual deveria pertencer. Ela ficou tranqüila quando reconheceu Loteo. Ele era pastor e conhecia o mundo por trás das três colinas. Ele era tão grande como um dos verdes arbustos do deserto e desde cedo teve de se ocupar sozinho de um pequeno rebanho de ovelhas, visto que o seu pai morrera jovem de febres. Ela raramente o via na aldeia. Ele quase sempre estava distante, e quando voltava, os outros faziam um círculo ao seu redor porque ele sempre tinha novas histórias interessantes para contar. Não que as mulheres ouvissem do que se tratava. Elas apenas ouviam os risos e a excitação quando Loteo voltava.

Uma vez ela o tinha visto no poço. Ele lhe pediu água e ela lhe deu, não sem antes olhar furtivamente para as mãos dele. Ela não se atreveu a olhar mais para cima. As mãos dele eram fortes, suas unhas encravadas e entre elas havia sangue antigo colado, o que estimulou a sua fantasia e não a deixou dormir direito durante vários dias. Seria sangue de ovelha? Seria sangue humano? Se ao menos ela lhe pudesse perguntar isso!

Quando Kira o reconheceu, ela sentiu uma estranha excitação. Talvez ele a levasse numa das suas viagens. Talvez ela agora visse mais do que as montanhas no norte ou o poço que ficava na proximidade da aldeia vizinha. Talvez ele lhe contasse o que acontecia quando estava viajando. Talvez a vida dela se tornasse mais excitante do que a das outras mulheres. Ela sentia orgulho, pois ele a havia escolhido.

Não que Loteo fosse comparável a Raas ou Nokan na hierarquia da aldeia. Esses jovens tinham um status que Loteo nunca alcançaria. Mas Loteo era um contador de histórias. Alguém que havia vivido a distância e experimentado outras coisas e por isso o seu status era estranhamente excitante. E essa excitação percorreu justamente o corpo dela e os seus seios. Ele a escolhera. Ela seria digna dele. Ela prometeu a si mesma ser excepcionalmente obediente. Especialmente paciente. Ela queria chamar o mínimo de atenção possível para não perturbá-lo se a levasse nas viagens. Ela queria tornar-se indispensável. Queria adivinhar de que ele precisava antes mesmo de ele pensar nisso. Então, pensava ela, ele acharia indispensável tê-la junto de si. Eles teriam de esperar um pouco para ter filhos. Talvez pudessem primeiro viajar oito ou até mesmo dez meses. Ela sabia em que período era especialmente fértil. As mulheres falavam sobre isso com freqüência, embora afinal nem fosse permitido saber alguma coisa sobre o assunto: e, contudo, ela sempre ouvia com atenção quando as mulheres se reuniam ao redor do fogo e narravam.

Por trás da velha cortina, ela decidiu que o haveria de cansar nas épocas sem riscos, para que no período fértil não tivesse de recebê-lo. Assim, ao menos, haveria a possibilidade de ver um pouco mais. 'Por favor, por favor', tudo nela ansiava. 'Permita que seja assim.' Em pensamentos ela prometeu aos deuses o cordão umbilical do seu primogênito e um jejum de uma semana. E o anel, que sua mãe lhe dera de presente, ela enterraria nas raízes da árvore sagrada. 'Por favor, por favor, permita que eu seja a mulher de Loteo.'

Kira estava grata pelo fato de o seu prometido não ser muito velho. Ele era só um pouco mais velho do que ela e sem as cicatrizes de varíola que via tantas vezes no rosto dos garotos da vizinhança. Ela gostava do nome Loteo e acatava o movimento do seu nome como um bom sinal. Muitos se chamavam Ker ou Pitta e os nomes eram tão duros que lhe davam arrepios. Mas Loteo soava terno e ela desejava do fundo do coração uma vida terna.

Mas esse desejo não seria atendido. Loteo não ligava muito para Kira. Ele queria uma mulher que cuidasse do seu velho pai, para ele continuar livre. Ocasionalmente ele voltava para casa, pegava sua mulher como se pega um filão de pão e a comia. Sem grande apetite nem desejo especial. Ele passava por muitos momentos prazerosos em suas viagens, e Kira era obediente demais para ser excitante. O pai dele o havia advertido antes para não ficar pensando muito nas mulheres. Às vezes o suco seca, quando pensamos demais nelas, ele advertiu Loteo quando este chegou à idade viril.

E, assim, houve um único momento que ficou na sua recordação ainda agora, depois de dez colheitas. Na noite da sua união, quando a havia possuído pela primeira vez, ele viu os olhos de Kira perto dos seus; e ele viu o desejo dela por aventuras. E ela lhe perguntou se podia ir junto quando ele fosse, e ele percebeu como o seu coração amoleceu.

Mas as palavras do seu pai penetraram como uma ameaça nos seus ouvidos e ele se afastou abruptamente. Ele se virou para o lado e sentiu como a tristeza dela se abateu pesadamente sobre ele. Era isso. Assim, subitamente ficou claro para ele o que o seu pai queria dizer. Se ele se aproximasse demais dela, sentiria o que ela estava sentindo, e essa tristeza era apenas o começo.

Ele ficou com medo. Ele não sabia quase nada sobre aquilo que as mulheres pensavam, a não ser que não devia ser muito. Mas ele não queria sentir esse peso sobre si. Ela o deixaria mole, e um pastor mole perderia tudo. Ele precisava recolher-se. Afastar-se rapidamente. Ele levantou-se abruptamente e deixou o quarto. E se obrigou a não olhar para a mulher deixada para trás.

Kira soube no momento em que a sombra dele desapareceu, que tudo estava perdido; e ela sentiu como a esperança tomou toda a sua força e fugiu do seu corpo. Agora ela entendia como as mulheres de coração partido ficam desse jeito. Não é o chicote que faz isso. Não é o nascimento de inúmeros filhos. É o não ser compreendida, é o ser deixada para trás que permite o início dessa morte.

E assim a sua morte começou na noite da sua união com Loteo. Foi uma morte prolongada. Todo ano ela concebia um filho, e alguns deles sobreviveram. No primeiro parto ela ainda sentiu uma tensão da qual se lembrava dos seus *anos de menina e dos seus desejos. Mas quando os filhos dos quais mais gostava morreram, ela proibiu a si mesma de acostumar-se com eles. Ela nunca sabia por quanto tempo iriam viver, e no início essa morte foi dolorosa demais para ela.*

Loteo vinha e ia. Na maioria das vezes, ele ia. Ela odiava as costas dele, pois era isso que via por último quando ele sumia por trás dos arbustos depois do poço. O passo que ficava cada vez mais leve quando ele se aproximava do horizonte. Às vezes ela o ouvia cantar quando já estava quase desaparecendo. Ele nunca cantava na presença dela e ela também considerava isso uma rejeição.

Com o passar dos anos a volta dele ficou cada vez mais rara, pois as saudações da sua mulher ficavam crescentemente mais frias. Kira mal levantava os olhos quando ele vinha, visto que há muito tempo não tinha uma vida verdadeira. Ele não conseguia suportar a censura silenciosa e aproximava-se cada vez menos dela. E, no entanto, era dever dele encher-lhe o útero de filhos. O corpo dela se tornava cada vez menos conhecido quanto mais vezes o usava. A cada vez, assim lhe parecia, ele se tornava mais duro. A suavidade que o alegrara na primeira noite fugiu na rigidez que ele não conseguia dobrar. E assim ele a possuía como se possui um pedaço de carne. E ela era tão dura como muitas das ovelhas.

Kira sentiu que era a última vez que ele a penetrava. O rosto dele estava voltado para a abertura da porta quando ele se desmanchou nela. Ela sentia o calor que ele deixava nela, e sabia que desta vez seria queimada por ele. Esse filho ele não veria mais. Ela começou a chorar debaixo de Loteo e, ao primeiro soluço, ele se afastou dela. A dor era como um grande buraco negro em que ela mergulhava; e quando emergiu um momento depois, a fim de respirar, ela percebeu que estava só.

Outra vez só. Todos esses anos ela esteve só. Com os filhos aos quais não devia acostumar-se. Até mesmo o seu pai não a havia chamado uma única vez. O caminho diário até o poço parecia ser a sua única aventura. E ela se perguntava, qual dos seus filhos sobreviveria. Ela sentia como o resto da vida só ardia fracamente nela; e, no entanto, ela se levantava para preparar a lenha para o fogo da manhã. Quando levantava sentia como se parte dela ainda estivesse deitada. E nos nove meses seguintes ela não conseguiu se libertar dessa estranha sensação. Era cansativo arrastar-se como uma sonâmbula.

As dores começaram rapidamente. Como sempre, Loteo não estava presente, e ela chamou a sua mãe que logo estava a seu lado. Kira não sentiu as dores como de costume, e a mãe também lançava olhares estranhos para ela. E então, quando ambas se olharam nos olhos, ambas souberam que esse filho não sobre-

viveria. Kira fechou os olhos para ficar mais fácil. Ela não conseguia mais sentir seus braços e suas pernas. E o que estava acontecendo com a sua cabeça? Será que a tinha perdido? Tudo parecia recolher-se para dentro, no seu peito.

Ela ouvia os sons à longa distância e ficou com medo. O que aconteceria com ela? Como seria quando os deuses a buscassem? Ela chorou, não de dor, porém de desespero. Quantos sofrimentos ainda teria de suportar?

Não é isso o que eu quero, sua alma gritava. Eu quero viajar, quero ver e viver mais!

Ela sentiu o seu ódio profundo por Loteo, que podia abandoná-la, sem desperdiçar pensamentos com ela. Ela queria ter a mesma liberdade que ele tinha.

Ficou frio e ela sentiu como a mãe dela e as outras mulheres puxavam o seu corpo de um lado para outro. Deixem-me! ela queria gritar, mas a língua não lhe obedecia mais. A mãe queria lhe dizer alguma coisa, mas nos sons articulados ela não compreendeu nenhum sentido. Parte das palavras pareciam ter se perdido e só ocasionalmente tons isolados soavam na sua consciência. Ela ouvia as outras mulheres agitadas se chamarem umas às outras. Ela sentia dores nas faces, como se estivessem batendo nela para que não se afastasse demais. E, no entanto, ela já estava longe.

As pancadas no seu rosto só provocaram uma pequena interrupção nos seus pensamentos que se expressavam como um desejo mais profundo: Eu quero viajar, quero ver o mundo. Não quero ter de ficar numa pequena aldeia.

E com um último grito ela se soltou no seu ventre para deixar livre a criança que queria nascer tão urgentemente nessa vida. Ela ainda tinha condições de erguer a cabeça para olhar para o seu novo filho.

Ao menos é um menino, ela reconheceu, e então ouviu as palavras da sua mãe. Durma Kira, durma. E sim, isso era tudo o que ela queria fazer.

E assim ela se foi como veio. Confusa.

O mergulho na eternidade foi mais simples do que a sua vida. Ela se fundiu imediatamente com os anseios que a levavam adiante. Viajar, viajar, viajar... as palavras soavam como um eco pelo seu ser. Viajar, viajar, viajar, murmurava nela, e ela se expandiu e se ampliou, e assim começou outra vez. Ela, que se tornou um ele, emergiu.

Conte-nos, grande mestre, de onde vens? Os outros convidados na longa mesa olharam atentamente para o homem que tinha a atenção do sultão. Ele gostava de agrados e atenções e, portanto, era importante tê-lo ao lado quando se queria levar uma vida rica.

De onde eu venho? Um arrepio passou pelas suas costas, pois as primeiras lembranças de sua vida não eram agradáveis. Mercadores de escravos o ha-

viam arrancado dos braços de sua mãe, que queria puxá-lo de volta e por isso foi espancada com o chicote. Algumas das fortes pancadas o atingiram também, e automaticamente ele agarrou com sua mão forte o braço direito, onde depois de tantos anos, ainda se podia ver a cicatriz. Mas ele não queria contar isso aos seus convidados. Já lhe fora muito difícil esquecer a mácula do seu nascimento – ter nascido num país estrangeiro. E, assim, há anos havia inventado uma infância nas imediações.

Mas a pergunta não lhe saiu mais da cabeça essa noite. Ele mesmo tinha escravos e escravas, ele, o antigo escravo, e para não se denunciar, ele os tratava com dureza. Ela não lhe fizera mal, não faria mal a eles.

Ele havia tido uma vida estimulante. Sim, uma vida dolorosa também. Mas de algum modo ele parecia ter-se acostumado aos sofrimentos. Ele os suportava com mais facilidade do que os outros. Ele nunca se descontrolava, nem mesmo quando perdeu os tesouros com os quais os outros homens contentavam as mulheres e garantiam a sua prole. Ele sabia como se ajudar de outra maneira, e as mulheres na sua vida eram mais dóceis do que as próprias escravas do sultão. Pois ele tinha a atenção do sultão, e seria difícil não ser dócil com ele. Ele gozava o poder que tinha sobre as mulheres ao tocá-las com as mãos, no entanto, depois de alguns anos também esses jogos de poder haviam perdido o seu encanto. Nenhuma delas reagia de modo surpreendente. Ele estava entediado com as mulheres.

Naquela ocasião havia chamado a atenção dos mercadores de escravos e, por isso, eles o tratavam bem. Ele fora um rapaz jovem, forte, realmente ainda não tinha idade suficiente para ir caçar com os outros homens, mas era bastante velho para ajudar a sua mãe no campo. E ele era hábil. Aprendia depressa. Quase como se soubesse que a sua sobrevivência dependia disso.

Os mercadores falavam numa língua que ele não compreendia, mas se esforçou por compreender. Muita coisa era simples, pois os movimentos de mão correspondentes esclareciam tudo. Mas muita coisa era difícil e, para não se perder nas novas paisagens, exigia-se dele toda sua atenção. Junto com ele iam sempre outros rapazes. Os mercadores quase não se interessavam pelas meninas. Eles somente escolhiam os meninos imberbes que ainda buscavam consolo nos braços das mães. Caso contrário eles seriam velhos demais para o sultão.

Como dissemos, o rapaz esperto logo chamou a atenção do mercador de escravos. Nenhum havia aprendido a língua tão depressa como ele. A maioria deles chorava por tempo demais para poder concentrar-se em alguma coisa. Mas esse aí, isso estava claro para eles, era extraordinário. Logo decidiram ficar com ele. Mas ele era valioso demais para renunciarem ao pagamento.

Eles o tomaram mais intensamente sob sua asa, fizeram-no repetir palavras e o corrigiram. Rapazes espertos de países distantes eram raros. Rasum, como era chamado naquele tempo, logo se arranjou. Ele sabia qual dos mercadores mandava mais do que os outros. Ele sabia o que os fazia rir, o que os fazia ferver. Ele era um bom observador. As sovas do seu pai foram seus mestres. Para receber menos surras, era preciso ficar mais atento. Ele sabia como era importante avaliar e observar os outros. O seu pai havia sido um homem violento, e mais de uma vez tivera êxito em fugir das suas explosões de raiva. Ele logo reconhecia os sinais que anunciavam a mudança de humor do pai. Havia as sobrancelhas que se juntavam depressa e severamente, quando ele tinha de saber logo o motivo do desagrado. Muitas vezes Rasum conseguia ludibriar o motivo do aborrecimento e, com um gesto surpreendente, fazer o pai rir. Muitas vezes isso não dava certo. Algo havia escapado à sua atenção e só depois das dores infligidas pelas pancadas, ele reconstruía nos mínimos detalhes o que havia deixado de ver. Agora essa dádiva era útil.

Ele se lembrou de como o sultão mal lhe concedeu um olhar quando foi arrastado à sua presença. Mas ele viu e reconheceu o respeito de que usufruía o sultão. Homens adultos se curvavam diante dele. Seus próprios mercadores de escravos, que não temiam nada, subitamente não tinham mais voz e sussurravam de modo quase inaudível. Suor brotou na testa de um deles. Rasum ficou fascinado por aquilo e, no entanto, distraiu-se com a pompa que o rodeava: tecidos coloridos, portais de madeira entalhada e grossos tapetes.

Demorou um longo tempo, muitas luas, antes de ele chamar cada vez mais a atenção do sultão. Ele falava todos os dialetos dos países distantes e alguns dialetos estranhos dos países vizinhos. Assim, no início, só era buscado pelo sultão quando chegava uma nova jogadora e ele tinha de lhe contar as regras. O sultão estava muito satisfeito com ele e, ocasionalmente, mandava buscá-lo quando vinha uma visita importante, visto que era suficientemente esperto para obter informações em outra língua. Também então Rasum procurou ficar a serviço e logo reconheceu os pontos fracos de cada convidado. Aos poucos, ele se permitiu incluir pequenas observações oportunas, que alegravam o sultão. Mais tarde, quando o sultão ficou acostumado com os comentários, eles ficaram mais perspicazes. Rasum via muito e percebia ainda mais. O sultão se acostumou com Rasum, deixou-o cada vez menos no harém e o manteve cada vez mais ao seu lado. E quando os seus cabelos ficaram grisalhos e um cinto mais largo marcou a sua cintura, ele conseguira o seu objetivo: era o principal conselheiro de um imperador que tantos temiam. E, desse modo, eles temiam também Rasum.

Ele gozava o temor dos outros. Ele gozava isso como pouca coisa mais na sua vida. Ele gostava de ver o brilho assustado nos olhos dos outros; quando o mel pingava de suas palavras e ficava preso, grudento aos dedos deles, bastava ele olhar por tempo suficiente para os seus olhos para perceber como eles não conseguiam mais reter a urina de medo. Ele gozava esses momentos, e os prolongava. Às vezes ele cercava a sua vítima. Chegava perto dos seus ouvidos. Assustava-a com seus comentários. E ele cheirava o seu medo. Sentia os seus tremores. Ele usufruía o seu estremecimento. Era finalmente um homem do qual os outros tinham medo.

Rasum viajava bastante e com grande pompa. Ele não podia suportar duas coisas nessas viagens: quando se cantava ou quando alguém ia à sua frente. Os cavaleiros que acompanhavam o cortejo, precisavam estar perto dele quando a sua liteira tinha de ser carregada. Ele precisava de um campo livre diante dos olhos. As costas de uma outra pessoa que visse antes dele o que ele queria ver despertava nele uma raiva perigosa. Esse era um hábito estranho, que ele não sabia como explicar.

Ele previu a própria morte. Ele viu que apesar do poder que o sultão tinha, também viu que o medo era a raiz da necessidade de poder. No decurso dos anos, o sultão acostumou-se a uma desconfiança que às vezes também atingia Rasum. Então Rasum precisava perceber isso antes. Ser ainda mais humilde. Mais serviçal. E ficava claro para ele que o seu poder também era limitado. Que um mau humor do sultão podia afastá-lo do seu lugar, um pensamento que lhe era desagradável e que o impedia de confiar suas preocupações mais profundas a qualquer pessoa. Quanto mais poder, tanto mais inimigos e tanto mais perigo. Para evitar o perigo era preciso ser atento: e isso Rasum era. E embora muitas vezes ele pudesse mudar o estado de espírito do sultão, certa vez não pôde fazê-lo. O que em muitas longas noites ele temera aconteceu: o próprio sultão mandou matá-lo. E, contudo, ele se surpreendeu, quando sentiu a paralisia em seu pescoço depois de uma refeição em comum. Seu último olhar para o sultão confirmou a sua suspeita. Este havia cruzado tranqüilamente as mãos no colo e esperou a agonia de Rasum terminar.

Rasum não conseguia mais respirar. Nada mais se movia, só o seu corpo que caiu para frente dentro das travessas cheias. Ele não sentiu a dor do sufocamento nem a pancada nos recipientes metálicos. Os seus pensamentos estavam repletos de algumas palavras: 'Traição e poder... cansativo demais... demais... isso foi simplesmente demais... confiança... eu quero confiar'.

E assim ele mergulhou outra vez na eternidade com a saudade de intimidade, da qual ele havia sentido tão dolorosamente a falta. E então ele emergiu outra vez.

Ela era uma bela criança. Rodeada por uma família calorosa. Ela ria muito e era muito beijada. Ela era amada, apesar do estranho hábito de ter acessos de sufocação diante de alimentos desconhecidos. Ela aprendeu a recusar todos os alimentos que não conhecia. Ela tinha muitos irmãos, era cercada por muitos amigos, e era feliz.

Às vezes o seu pai a levava junto para lhe mostrar a cidade grande; e ela gostava de ser levada pela mão dele por meio dessa vida excitante. O pai sempre segurava firmemente a sua mão. Nunca largava dela. Era indiferente se ele comprava ou vendia, era indiferente se ele negociava ou ria, era indiferente se esticava tecidos majestosos: a mão dele segurava a dela, e Ella sentia-se segura.

Sua melhor amiga era Karla, que morava na casa vizinha. Nos frios invernos e nas longas e sombrias noites de inverno muitas vezes elas se deitavam juntas ao lado da lareira e riam, contavam histórias uma para a outra e sonhavam com os países do sul, que eram mais quentes, assim diziam.

Na sua vida ela foi cercada de calor. Casou-se com um jovem pelo qual se apaixonara aos quatorze anos de idade. Concebeu um único filho, que só viveu uma lua e então morreu surpreendentemente.

Seu marido a carregou em seus braços por quase uma semana. Ela precisava do consolo dele. Sentia que esse filho tinha sido a sua única chance de ser mãe, e sabia que esse desejo de maternidade nunca mais seria realizado. Ela tinha razão.

Entregou-se à dor e apegou-se ao marido. Ele só saía de perto da cama dela para lhe trazer comida. Ele lia para ela, segurava-a nos braços, deixava-a chorar e chorava com ela. E embora a sua dor pelo filho fosse profunda, na mesma medida crescia o seu amor pelo marido. Mesmo quando, muitos anos depois, perdeu o olho direito num terrível acidente, ela sabia que o seu homem não a abandonaria. Ela evitava o espelho do mar e todas as outras coisas onde pudesse ver o seu reflexo. Ela sabia que o seu rosto, antes doce e suave, estava agora repartido em duas partes. E, contudo, ele a acariciava com carinho especial ali onde ela dolorosamente tinha mais consciência disso. O rosto dele nunca demonstrou o horror ou o espanto que ela podia observar muitas vezes nos estranhos. Ela sabia que não tinha nenhum talento especial, e como a concepção de filhos lhe fora negada, ela observava tanto o seu marido como o seu pai trabalhando. Sempre se sentia um pouco inútil e, embora a sua casa fosse organizada e na maioria das vezes ela fosse prestativa, nunca achou algo de especial em si mesma. Não terminava seus trabalhos de costura com especial facilidade, nem as plantas do jardim cresciam. Ela não sabia cantar nem tocar um instrumento. Quando seu marido, que era negociante como seu pai, nego-

ciava, ela sempre corava e olhava para o chão, tão desagradável era para ela qualquer pechincha. Tudo nela era comum, apenas os golpes do destino que a atingiam eram únicos. Nenhuma pessoa da sua aldeia havia perdido seu primogênito, nenhuma um olho, e agora, no fim, ela era a única a morrer devido a essa rara erupção cutânea, que nenhuma pessoa da aldeia parecia ter.

Tampouco nos últimos dias o marido a deixou sozinha. Ele a lavava cuidadosamente, e não era só a água refrescante, mas a dedicação dele que lhe atenuavam as dores. E quando ela morreu e dessa vez também fechou o outro olho, ela ouviu os soluços dele e sentiu-se consolada com um sentimento de profunda gratidão.

E quando mergulhou cada vez mais fundo na eternidade, ela ficou imaginando como seria quando se consegue criar algo para si mesmo sozinha. Quando se tem um talento que seja extraordinário. Como seria isso? E com esse anseio e com esses pensamentos ela emergiu outra vez.

'Este é Marco', disse seu pai, quando o empurrou para diante do grande mestre. 'Mostre-lhe o seu pedaço de madeira, vamos, mostre logo.' O pai o empurrou para a frente, e o mestre que era imponente sentado na sua oficina, olhou divertido para o pequeno menino.

'Bem, mostre-me o que você tem.'

Marco hesitou e, contudo, não conseguiu reprimir o seu júbilo. Todo o aposento estava repleto de corpos magníficos. Mulheres nuas, esculpidas na pedra, tão brilhantes que ele queria tocá-las. Olhos sedutores, que prometiam o que as meninas jovens quase não sabiam como expressar. É assim que são os peitos sem roupas? São assim os músculos? São assim os filamentos? Ao lado das mulheres havia lutadores imponentes, de corpos perfeitos, que olhavam ameaçadores para ele. Marco não conseguia afastar os olhos do esplendor, e seu pai o trouxe outra vez ao presente com uma palmada enérgica nas costas. Envergonhado, ele mexeu nos seus fundos bolsos da calça e tirou a ovelha esculpida por ele mesmo. O mestre a apanhou, analisou-a durante muito tempo e o coração de Marco mergulhou no bolso da calça agora vazio. E se o mestre não gostasse? O que aconteceria se o mestre risse e o mandasse embora? Esse mestre era famoso pelas suas obras. As igrejas estavam repletas delas. Reis lhe encomendavam trabalhos, e Marco tinha a grande sorte de viver numa cidade onde o mestre estava. Ele queria aprender com ele. Também queria criar algo assim. Marco também queria ser admirado por muitas pessoas pelo seu magnífico trabalho.

Ele tinha medo de olhar nos olhos do mestre e, em vez disso, olhou para as costas de uma das estátuas a cujos pés o mestre estava sentado.

'Ah', disse ele finalmente, 'parece que os corpos humanos o interessam mais do que as ovelhas.' E então se seguiu uma sonora gargalhada que fez Marco corar. Marco odiava quando ficava vermelho. A cor da sua pele parecia traí-lo. Sempre que queria ser especialmente forte e viril, o sangue afluía ao seu rosto, e mais de uma vez as garotas se afastavam rindo.

Seu pai estava em pé atrás dele, inquieto. Ele segurava a sua touca respeitosamente na mão e esperava muito que pudesse deixar Marco ali. Ele tinha cinco filhos que tinham de ser cuidados. Três ficaram na corte, um foi para a armada, e aquele ali não servia para nada. Ele sempre era apanhado negligenciando as lições e, em vez de estudar, esculpia algo com sua faca, e agora o pai achou que bastava. Talvez o mestre pudesse fazer algo com ele. De qualquer modo, ele não podia.

'Dez anos você terá de ficar comigo. Quer queira, quer não', disse o mestre e observou Marco atentamente. 'O que eu lhe ensinarei não é fácil, e se fracassar você varrerá o meu chão até o final da sua vida.'

Marco se assustou, olhou para o mestre e não tinha certeza até que ponto ele estava falando sério.

'O que há', perguntou-lhe o mestre mais uma vez. 'Você quer ser um artista admirado no mundo, ou um varredor empoeirado?'

'Um artista', Marco respondeu prontamente; e embora ele corasse outra vez, a resposta dele pareceu agradar ao mestre. Assim, ele acenou para o pai, e este estava muito satisfeito de deixar o filho ali.

Marco amava a sua tarefa. Ele gostava de escolher a pedra, senti-la e gostava até mesmo do ruído, e a poeira que parecia penetrar em cada abertura do seu corpo não o perturbava. Quando o mestre o elogiava, tudo estava bem.

Ele viajava bastante, na verdade de má vontade, porque não tolerava a comida estranha, mas aceitava viajar. Amava as mulheres e as mulheres o amavam. Ele sentia prazer em formar seus seios na pedra, visto que eles eram igualmente atraentes como os de carne e sangue. Ele forjou a sua própria fama, e mesmo quando o mestre morreu e ele assumiu tudo, as encomendas não cessaram.

No final da sua vida ele tinha alcançado tudo o que desejara alcançar, só que isso não o aqueceu. Nas últimas horas, velho e cansado, ele se deitou no seu ateliê, rodeado por pedras frias, algumas prontas e outras não.

'Não criei nada vivo', lamentou-se ele. 'Nada brotou dos meus quadris. Como será criar vida? Vida mesmo, vida verdadeira?' E com esse desejo ele se retirou do seu corpo. Profundamente imerso na eternidade, ele subiu outra vez à tona. Para o mundo.

Leila sempre soube que seria uma parteira. Ela gostava de ajudar as mães quando davam à luz. Leila cuidava delas e as massageava, para que o corpo pudesse libertar a nova vida. Ela gostava de ter os irmãos e irmãs à sua volta e, em compensação, os pequenos a amavam. Ela cantava para eles, dançava com eles, arremessava pedras no pequeno círculo que traçava com um galho no chão. Ela era habilidosa com a faca e esculpia pequenas figuras, embora ninguém lhe tivesse ensinado isso. Ela observava tudo cuidadosamente, e também formava pequenas figuras com argila e água que endureciam ao calor do sol. Ela aprendeu a conhecer as ervas. Aquelas que preveniam a gravidez quando a mãe ainda estava fraca demais devido à última. Aquelas que impediam a gravidez e aquelas que facilitavam o parto.

Assim mal pôde esperar para ter um filho também, e este veio cedo, muito cedo, pois ela não conseguia mais controlar o anseio por isso. O seu marido era um 'malfeitor' que a abandonou assim que viu a primeira cigana que andou à sua volta balançando os quadris. Ela não havia esperado outra coisa, no entanto, isso lhe partiu o coração; e assim ela se ocupou do seu filho, que era tudo para ela. Com o correr dos anos ela tornou-se sábia; ao menos era isso que as outras pessoas pensavam dela. Buscavam conselhos com ela e ela os dava generosamente.

Infelizmente, o seu filho havia herdado a postura instável do pai; e embora ela o dominasse regularmente, ele se tornava cada vez menos dócil. Ele roubou as peças de ouro que ela havia escondido embaixo do colchão, para poder se cuidar quando ficasse idosa, porque temia não poder confiar no próprio filho. Ela tinha medo que as suas mãos perdessem os movimentos, e mãos imóveis levariam a que não mais a chamassem para os partos.

E foi exatamente isso o que aconteceu com ela. O filho a abandonou quando não havia mais nada para ele roubar, e com ele também se foi a força das mãos dela. Ela sentia raiva e aborrecimento pela sua vida, que se tornavam cada vez mais fortes. Ela via as crianças que ajudara a vir ao mundo. Ela via como essas outras crianças valorizavam e respeitavam os seus pais, e o ciúme corroeu o seu amor ao próximo como um tumor. Seu olhar ficou mais zangado, suas mãos, mais rígidas, e ela se distanciou cada vez mais da vida. A única pessoa que ela ainda recebia era o bobo que uma jovem mãe dera à luz, uma mãe que também era fraca das idéias. Na maioria das vezes o bobo dormia fora, nas proximidades de uma caverna em que havia se aninhado quando fora banido da aldeia. Ele ajudava Leila e, em compensação, ela o alimentava. Mas ela nunca falava com ele. Ela não conseguia mais suportar os seres humanos.

Quando bateram à porta uma noite, lá estava diante de sua cabana um dos meninos que sempre brincavam com maldade, os olhos apertados de dor, o sangue pingando através da toalha que ele segurava sobre o estômago; ela não pôde disfarçar a sua satisfação. 'Ah, agora eles vêm, quando se sentem mal. Mas alguma vez se preocuparam comigo quando eu me senti mal? Não foi a mãe dele que disse que eu fui inútil no seu último parto? Não foi até mesmo o parto dele?' Sim, era ele. Ela reconheceu exatamente o sinal de nascença na sua testa, parecido com uma peça de ouro. Um bom sinal, ela ainda havia dito para acalmar a mãe, cuja insatisfação ela podia sentir nitidamente.

Ela deixou o jovem entrar, que tropeçando se jogou na cama junto à entrada. 'Ainda vai sujar a minha cama. A única coisa que eu tenho nesta pequena cabana, que é fria e onde há correntezas de ar.' Os olhos dela se apertaram e o olhar do jovem ficou mais amedrontado. E agora não era mais o medo devido ao seu ferimento, que havia feito numa caçada nas vizinhanças, mas o medo pela sua vida. Para ele ficou subitamente claro que morreria ali, porque ela não queria ajudá-lo. E com essa intuição ele desmaiou.

Leila consolou-se com o fato de que estava em suas mãos ele morrer ou não. E sentou-se na cadeira de madeira diante dele e ficou olhando para o garoto por um momento. Ela observou o sangue que corria lentamente pela perna da sua calça e que formava uma poça ao cair no chão. Ela ficou sentada, embora soubesse muito bem o que devia ser feito. Em primeiro lugar, tirar a atadura. Misturar as ervas na garrafa de barro da esquerda com sua saliva até formar um mingau e colocá-lo então sobre a ferida. Deixá-lo suar e pôr para fora toda a sujeira que ainda estivesse lá dentro. Lavar a ferida várias vezes, atar outra vez. Mas ela também sabia que ele não lhe agradeceria. Todo o seu esforço, como todos os seus trabalhos anteriores, seriam em vão. Que a mãe dele sofra. Que ela veja como é quando se perde um filho. Que toda a zombaria que ela tinha ao redor dos lábios naquela ocasião quando o filho de Leila foi embora há muitos anos, agora lhe fique presa dolorosamente na garganta. 'O meu filho ao menos pode voltar, mas o seu nunca mais o fará.'

Anoiteceu e no escuro ela podia ouvir o sangue pingando no chão. O fluxo ficou cada vez menor, e por perto da meia-noite o ruído cessou de vez.

Na manhã seguinte, ela foi à caverna para buscar o idiota. Ela o intimou a cavar uma cova; e apesar de o idiota ter medo, ele fez o que ela mandou. Ela buscou água no poço e então lavou o sangue.

Uma semana depois ela foi à aldeia. Esperou pelo crepúsculo e, quando tudo ficou escuro, as mulheres e os homens se reuniram em suas casas para prosear sobre isto e aquilo. Ela os ouvira uma vez. Muitas vezes foi convidada a sentar-se com eles. Ofereciam-lhe doces e com freqüência ela trazia consigo o mosto que ela mesma fazia. Mais tarde, as conversas começaram a cessar quando ela se aproximava e, desse modo, ela evitava até mesmo ir à cidade.

E, contudo, nessa noite ela se esgueirou pelas sombras das casas e ouviu com satisfação falarem do sofrimento pelo filho perdido. E pela primeira vez há muito tempo ela foi contente para casa.

Ela morreu pouco tempo depois. O último inverno havia sido excepcionalmente longo e ela não havia juntado lenha e gravetos suficientes. Ela congelou. Primeiro no coração. Tudo nela estava frio.

E ela mergulhou na escuridão. Caiu cada vez mais fundo. A solidão preencheu todo o seu ser. Durante muito, muito tempo, ela não sentiu nada. Até ansiar por calor no coração, e só então ela abraçou a eternidade. Ela queria saber como funcionava o amor, como se pode controlá-lo. E assim ela subiu outra vez para onde o ar e a luz sustentam a vida.

Ela tinha quinze anos e já havia vivido mais do que outras pessoas em toda a sua vida. Cresceu numa grande cidade, para cuja travessia se levava toda uma tarde num carro puxado a cavalo; era cuidada pela mãe e pelo pai, de quem era a menina dos olhos.

Então veio a guerra e com ela os cavaleiros selvagens, que atiravam em tudo ou violentavam o que se interpusesse no seu caminho. Escondida pela mãe no vigamento, ela teve de presenciar como um depois do outro possuíram sua mãe e, embora vomitasse de horror no seu esconderijo, ela não conseguia afastar os olhos das mãos ávidas dos homens.

Depois que também isso foi superado – sua mãe e seu pai enterrados – ela encontrou abrigo na casa das mulheres. Ela foi aceita porque era bonita. Estava grata por isso, mas conseguia reconhecer o destino das menos belas. Expulsas, dormiam em casas destroçadas e abandonadas, sempre sujas e com fome. Ela não passava por isso. Ela era limpa, bem nutrida e até sabia como embelezar o rosto com cor. Ela conhecia o olhar que seduzia seus clientes. Ela conhecia os toques que os faziam gemer, e ela tinha uma percepção intuitiva de quais ervas devia usar para evitar a gravidez. Naturalmente, nem sempre ela conseguia e, se acontecesse, havia outras ervas que lhe tiravam a responsabilidade da maternidade sob dores.

Ela aprendeu a controlar os seus sentimentos e o seu corpo. E ela aprendeu a ter controle sobre os homens. Quanto mais ervas teve de usar, mais o seu corpo perdia a dádiva de conceber filhos. Suas ervas tornaram seu corpo estéril; e acabou a chance de encontrar alguém que pertencesse somente a ela e para o qual ela seria a única. Assim, ela continuou na casa das mulheres que, na verdade, era uma casa dos homens.

No início pouco parecia importar-lhe deixar as mãos dos homens passarem sobre o seu corpo. Na maioria das vezes, calejadas, na maioria das vezes, de-

sajeitadas. Eles a penetravam e gozavam como ao se esvaziar depois de uma refeição completa. Sem amor, sem cantos, sem carinhos. Os anos ficaram mais pesados e então, em algum momento, ela não podia suportar mais. Numa manhã, quando se sentia especialmente manchada por um sujo viajante em andrajos, ela decidiu encerrar esse tipo de vida. Ela só levou junto o xale que havia tirado do corpo morto da mãe e rumou para o oeste. Ela queria ir para onde o sol se põe, para extinguir-se também. Ela não levou água nem comida e também não queria ingerir mais nada.

Depois de viajar durante longos dias – ela esperava ladrões ou lobos, embora tivesse um medo terrível de ambos –, ela encontrou monges. Eles a convidaram a tomar lugar ao lado do fogo; e só porque estava com um frio terrível ela se sentou. Ela estava com a idade em que as mulheres jovens trazem ao mundo o segundo filho. Mas uma enfermidade longa e prolongada já havia se instalado em seus olhos. Ela estava pronta para partir e os monges, com seus corações abertos, havia reconhecido isso.

Um deles falou. Falou sobre Deus, sobre a eternidade da vida; e embora nunca lhe tenham contado muitas coisas, além dos contos de fada, quando os seus pais ainda viviam, ela sentiu-se abraçada pelas palavras. De algum modo sentiu-se consolada. E depois que aceitou até mesmo a refeição que os monges quiseram compartilhar com ela, ela adormeceu. Pela primeira vez depois de um longo tempo, sem pesadelos.

Na manhã seguinte ela quis ser útil e arrumou o acampamento muito tempo antes de os monges se reunirem para a sua oração matinal. Ela os observou e viu em seus rostos uma calma, que também desejava para si. E desse modo ela viajou com os monges. Ela viu o grupo tornar-se cada vez maior. Cada vez havia mais pessoas que os ouviam. Ela observou que os outros muitas vezes sentiam-se consolados com as palavras dos monges da mesma maneira que ela. Como viajava com eles, pôde observar repetidamente o amor que eles doavam tão livremente. As sábias palavras, que despertavam tanto entendimento. Ela aprendia, ela ouvia, e seu anseio por Deus tornou-se cada vez maior. E quando morreu, atingida por um ramo caído, isso foi tão surpreendente que não houve tempo para ela se admirar. Ela gostou dessa despedida.

E ela mergulhou, dessa vez devagar e silenciosamente e de algum modo leve. E o anseio por Deus se espalhou dentro dela e a deixou crescer.

Ele era de família nobre, e o seu sangue e o seu castelo pertenciam ao país mais respeitado. A cruz que trazia sobre o peito era toda a sua paixão. Ele mal podia esperar para seguir o seu rei e levar a palavra de Deus aos pagãos. Para convertê-los, em caso de necessidade, com violência. Eles lhe agradeceriam *quando fossem poupados do inferno. Ele participava de cada luta, e jovem, muito jovem, sua vida se encerrou.*

Ele morreu em nome de Deus. O seu cadáver foi enterrado como mártir; e o seu nome fez uma grande honra à sua família. Quando ele se foi, depois de tanta luta, depois de tanta paixão, lembrou-se do que usufruiu mais: quando anoitecia, o cansaço o vencia e ele segurava o rosário entre suas mãos esgotadas, havia uma única coisa que lhe trazia alegria: a música. E essa paixão pela música, essa saudade de uma alegria que deveria durar mais, ele levou consigo...

Através do silêncio... através da profundeza... através da eternidade... para a próxima vez.

Tudo em que Monique tocava parecia dar certo. Desde a escola demonstrou ter grande talento artístico. Com seus desenhos, suas esculturas, ela estava sempre adiante para a sua idade. E a voz dela, então! Ela cantava de um modo que até mesmo os passarinhos ficavam respeitosamente em silêncio.

Seu pai, que a criou sozinho depois da morte da mãe, era diretor da casa de ópera e ouvia a filha com surpresa. Ele queria apoiá-la e, no entanto, conhecia os perigos do sucesso. A arrogância vem facilmente com o sucesso. A incapacidade de ouvir o conselho certo. Mania de grandeza e, com freqüência, a queda profunda.

Mas ela, Monique, estava fascinada pelo palco. Ela mal podia esperar para ir ao encontro do pai depois da escola. Ela se esgueirava pela entrada dos artistas e se sentava na última fila. Pedia para estar presente a todas as apresentações. Durante as óperas ela passava as horas tendo idéias fantasiosas. Ela se via no palco, beijada pelo tenor, que a tomaria apaixonadamente nos braços. As pessoas nas primeiras fileiras ouviam avidamente os seus sons. Derretendo-se. Ansiosos por um olhar dela. Ela sabia que conseguiria isso; que nesta vida, esse sucesso seria seu. Sabia disso sem sombra de dúvidas.

Monique tornou-se a maior sensação que se ouvira até então. Não eram apenas o alcance da sua voz, seu porte encantador e os casos amorosos que deixavam a sociedade sem fôlego. Ela viajava bastante, odiava comida estrangeira e preferia levar o próprio cozinheiro, sem o qual quase não ia mais aos outros países. Ela usufruía os seus admiradores que se deitavam a seus pés. Ela conseguia levar cada amante ao êxtase. Seu corpo, como a sua voz, conheciam o caminho da ilusão.

Sua vida era plena. Como a sua mala, recheada de dinheiro. Como a caixa, repleta de jóias. Ela adorava o aplauso ruidoso, a admiração que não tinha fim. Ela era boa. Ela era abençoada. E ela era bela. E, contudo, havia momentos que ela detestava: os momentos da madrugada, quando um novo amante ainda dormia e estava na sua cama, tão estranho. Os momentos, quando a cortina ainda não se tinha aberto e ela esperava sozinha pelo momento de entrar. Os momentos em que ela se encerrava num banheiro de hotel com medo do fim da sua carreira ou do fim da sua voz. Os momentos quando fumava outra vez o seu cachimbo e, depois do pico magnífico, glorioso, vinha a queda profunda e não havia ninguém para segurá-la.

Nesses momentos ela reconhecia a solidão do sucesso. Ela odiava o ciúme dos outros que antes a deixava tão orgulhosa e que, agora, provocava-lhe um estranho sufoco. O medo de morrer de repente. O pesadelo que tinha cada vez com maior freqüência. A súbita queda para a frente, caindo sufocada sobre uma mesa com pratos cheios. Medo de ser observada pelos antigos admiradores, que a observavam morrer com os olhos frios e impessoais. Sempre outra vez esse sonho estranho, que se encerrava com a queda sobre um suflê. Com uma inspiração profunda, ela acordava assustada. Banhada de suor. Tremendo. Só depois de uma pequena eternidade ela conseguia se acalmar. E somente o seu rosário, presente do seu pai bem como herança da sua mãe, podia acalmá-la nesse período de estremecimento.

Em algum momento chegou a hora: ela perdeu a voz, perdeu a flexibilidade do seu corpo, perdeu os seus amantes, perdeu o seu sucesso. O que ela conservou foi o seu orgulho, uma vida confortável pela qual trabalhara bastante e, no entanto, uma solidão que ela tanto lamentava.

E quando ela morreu, formou-se mais um desejo, o desejo de ser cuidada. De não ter de tomar nenhuma decisão. De ter uma infância eterna...

E desse modo ela mergulhou. Cada vez mais fundo. E emergiu novamente, cheia do desejo do amor.

De algum modo Markus não percebeu que era diferente. Os pais sempre tornavam a se admirar de ele sorrir tão calorosamente para todos os estranhos, embora nem todos retribuíssem o seu sorriso, sabe Deus por quê.

Bem, é claro, eles podiam ver o carinho, para os outros só se tratava de um movimento facial deformado. O riso dele era um gargarejo, seus toques eram desajeitados. Mas por trás deles, isso os pais sentiam e sabiam, havia uma delicadeza infinita.

Naturalmente eles ficaram chocados – como todos os outros pais que trazem ao mundo um filho deficiente. E, naturalmente, estavam preocupados com o que seria dele quando eles não mais existissem. Independentemente dos esforços que muitas vezes se tornavam excessivos. Quanto mais velho Markus ficava, tanto mais difícil era carregá-lo por aí. Embora em sua "fase mais difícil" ele pesasse somente oitenta quilos – fato nada estranho para um homem adulto – não é fácil mover esse peso tão inerte.

O que ele gostava mais era da água. A banheira, o chuveiro, a piscina do centro de deficientes que ele visitava duas vezes por semana. Quando ele ficava especialmente alegre, a voz dele de algum modo guinchava, os movimentos, que em todo caso nunca eram harmoniosos, ficavam mais tacanhos ainda. E, contudo, ele ria. Na verdade, quase resplandecia. O que amava especialmente eram as ocasionais massagens. Nesses momentos, os olhos giravam para trás, a saliva escorria da sua boca como se por trás houvesse uma fonte. Infelizmente, nunca aprendeu a falar, por mais que os pais lamentassem isso. Mas era possível reconhecer as suas palavras nos seus olhos.

Markus ficou neste mundo apenas trinta anos. Certa manhã adormeceu. Morreu sem nenhum motivo visível. E, apesar de os pais o terem amado e sofrido muito, eles se alegraram por não ter mais de se preocupar com o futuro dele depois que morressem. Mas havia algo que não mencionavam nem mesmo entre eles. O sentimento de culpa pelo fato de esse alívio ser tão grande.

Markus foi tranqüilamente. A sua despedida foi um gesto delicado, que deu à mãe na noite anterior. Ela, quem mais cuidara dele, sentiu subitamente, para sua surpresa, um carinho delicado no seu rosto, que a acordou. Por exaustão, havia adormecido na cama de Markus. Com esse carinho ela acordou, visto que nunca havia tido uma grande ligação com o filho. E quando ela abriu os olhos, sentindo ainda a mão dele sobre sua face, o rosto dele estava bem perto dela. Os olhos castanhos dele abertos, olhando intensamente para ela. E assim, ela pôde ver a alma dele através dos seus olhos. Ela soluçou alto e depois não conseguiu mais parar de chorar. Depois de alguns momentos, adormeceu outra vez. Quando o canto dos passarinhos a despertou pela manhã, o filho havia morrido.

E ele deixou esta vida. Tranqüilo. Descontraído. Cuidado. E, contudo, agora ele ansiava por mais agitação..."

E talvez agora essa alma esteja em algum lugar entre nós. Decidindo o que quer viver desta vez. Sempre seguindo o desejo de fazer experiências. De crescer. De viver.

Naturalmente impõe-se a pergunta, se isso terminará algum dia? Existe uma vida em que fazemos tudo "certo", em que todos os anseios sejam definitivamente atendidos? E qual é, exatamente, o nosso anseio?

Quando ansiamos pela sexualidade, pelo toque físico, que saudade existe por trás? Talvez o desejo de uma ligação na qual possamos nos perder por alguns momentos.

O anseio de ter filhos pode atender ao nosso desejo de ter um pedaço da eternidade.

O anseio pela fama talvez gere em nós o sentimento de sermos especiais.

Quando ansiamos pelo sucesso, talvez precisemos de reconhecimento. E bem embaixo, mais profundamente, talvez o anseio por segurança, com o conhecimento de que existe um Deus que é constante.

Existe constância na vida, existe um Deus? Talvez a vida seja como o mar. As ondas, que se agitam na superfície, nos trazem a vida, a agitação. Porém, somente a um metro abaixo, é tranqüilo; nós sentimos a eternidade.

Eu gosto das "boas" ondas, aquelas sobre as quais podemos surfar, sem termos de temer pela nossa vida. Eu gosto das ondas que nos encontram preparados, de tal modo que ainda podemos fechar a boca sem perder diretamente o equilíbrio e, com isso, engolir metade da água do mar. Eu amo as ondas que posso reconhecer de longe, para as quais posso me preparar.

Pois quando não presto atenção e uma onda forte me encontra despreparada, eu me censuro. Eu fico insatisfeita porque fui surpreendida. Pelo fato de ter reagido mal. Por ter tido medo de uma onda tão brava. Eu me critico e me julgo e torno a minha vida difícil. Eu a divido em "erros" e "acertos". E eu posso ser muito mesquinha comigo mesma.

Eu anseio por ordem. Quero diretrizes claras. Anseio por um diálogo franco. Eu intuo qual anseio profundo pode estar por baixo disso.

Vulnerabilidade e franqueza

Aconteceu algo totalmente inesperado: Eu me apaixonei. Quando ouvi a voz dele ao telefone pela primeira vez depois de dezesseis anos, meu coração acelerou-se. Durante todos esses anos não tivemos nenhuma notícia um do outro. Naquela ocasião, há dezesseis anos, nosso relacionamento não durou muito. Depois do telefonema ficou claro o que eu devia fazer. Eu não tinha nenhum interesse no meu novo relacionamento e decidi telefonar outra vez muito mais tarde.

Mas adiar para mais tarde não foi possível. Ele emergia sempre outra vez. Nos meus pensamentos. No meu coração. Nos meus questionamentos. A inquietação proveniente deles não cabia no meu conceito. Um novo homem não estava previsto quer no plano A, muito menos no B. Na profundidade das minhas meditações eu perguntava por que esse homem surgira outra vez na minha vida depois de todos esses anos. A resposta foi um sentimento: um sentimento agradável e extraordinário de fusão. Essa reação era estranha para mim. Essa fusão era desconhecida.

Eu intuí o que aconteceria. Ele, ao contrário, só estava curioso. Queria saber – como numa reunião posterior da classe – como e se eu teria me modificado.

Depois de muitos e longos telefonemas (com a intensidade, profundeza e honestidade que só acontecem muito tempo depois num relacionamento, caso aconteçam) nos encontramos. Pela primeira vez, depois de todo esse tempo; e ambos ficamos surpresos pela força da atração que nos uniu.

Eu voltei a ser uma adolescente. Não conseguia ter pensamentos sensatos. Tentei me desabituar desse sorriso idiota e ao menos parecer um pouco normal. Mas não pude. Eu brilhava. Eu estava feliz e – perturbada até a morte. Conforme a freqüência com que ele me telefonava. Ficava encarando o meu telefone celular como que tentando forçá-lo a tocar. Pelo amor de Deus, ele ainda não telefonou hoje? "Controle-se", eu gritava para mim mesma. Naturalmente eu também telefonava, afinal não somos mais crianças.

Meus sentimentos se expandiram e subiam e desciam como numa montanha-russa. Esse estado me lembrou dos meus piores tempos da puberdade. No que se referia aos hormônios, eu estava muito mais perto da menopausa! Céus! Eu sou adulta! Será que não aprendi nada novo nos últimos trinta anos?

Em uma das semanas iniciais, que foram excepcionalmente difíceis para mim, me vi outra vez na minha cama em Munique e me senti perdida. O que aconteceu com a Sabrina que eu conhecia tão bem? Aquela que sabia lidar com qualquer situação? Aquela que reagia descontraída a tudo? Aquela que conseguia resistir a tudo? Será que não quero realmente mais saber dela? Isso que estou vivendo agora não é muito mais exaustivo?

No entanto, nada ajudou: nenhum canto, nenhuma oração, nenhuma meditação, nenhum tomar fôlego, nenhum treinamento por mais longo que fosse, nenhuma distração. Eu queria novamente essa paz em mim e não a conseguia encontrar em lugar nenhum. O que teria de fazer para me transformar outra vez na velha Sabrina? Mas apesar das minhas meditações, apesar das minhas orações, eu não me livrava mais da vida.

Eu sentia falta de mim. Daquela Sabrina equilibrada, descontraída, que podia explicar tudo. Eu sentia falta da minha vida calma, planejada. Em vez disso me transformei numa menina púbere, cujo cérebro não tinha lugar para mais nada que não se relacionasse a ele. Não havia nenhum apoio onde segurar. Tudo estava em desordem.

Eu tinha medo dos meus sentimentos. Do meu coração aberto. Será que o abri demais?

Eu quase não conseguia suportar a instabilidade da primeira paixão. Nessa noite eu me perguntei se não seria mais simples se eu desistisse desse relacionamento em favor da minha paz interior. Nesse momento em que ainda estava no início. Em que as dores talvez ainda não fossem muito profundas. Eu me havia entregue a uma vulnerabilidade que me era estranha. Pois eu não estava acostumada a isso. Pela primeira vez, eu comecei um relacionamento sem "jogos", nada era oculto, cada mínima incerteza era compartilhada. Eu queria mostrar-me como eu era e queria conhecê-lo como ele era. Eu observava até mesmo a menor reação dele como se fosse por um microscópio. Dessa vez eu não queria ser cega. Dessa vez não queria olhar para longe quando algo, que pudesse nos perseguir mais tarde, se movesse. Eu dava uma ordem de comando para limpar a mínima partícula de pó no chão do nosso relacionamento. Eu admitia os meus sentimentos. Eu me concedia uma franqueza que nunca havia admitido antes, por medo de ser ferida, por medo de doar-me demais, de me mostrar demais. De algum modo, eu também pensava: "Se ele não conseguir suportar isso, então ele não serve para mim".

Antigamente eu não teria condições de fazer isso. O que me ajudou foi o fato de eu já ter partido pedaço por pedaço o escudo de proteção ao redor do meu coração por meio do meu treinamento espiritual. Eu sabia finalmente que não existe uma proteção real em volta do coração.
Nós somente podemos deixá-lo morrer.
E eu não queria mais isso.
Normalmente, um amor começa com uma facilidade que pode ser comparada com as bolhas de champanhe. Vamos ao cinema, ocasionalmente nos telefonamos. Investigamos o que o outro gosta de comer. Observamos os interesses mútuos. As tentativas normais de aproximação também, independentemente de a vida dele e a minha estarem a dez mil quilômetros de distância; nós não podíamos nos encontrar "nem mesmo rapidamente" para tomar um café.
No início eu não tinha interesse nessas bolhas de champanhe. As nossas conversas eram intensas, iam fundo nas experiências vividas. Em primeiro lugar eu queria saber se o próprio champanhe prestava. As bolhas de fato podem nos seduzir, mas não duram. A facilidade, disso eu sabia, vem depois, quando nos conhecemos realmente bem. E, naturalmente, eu queria poupar-me as dores de cabeça que nos acometem depois do prazer de beber um mau champanhe.

Uma parte de mim naturalmente ainda era "ajuizada" ou "adulta" – seja lá como queiramos chamar isso. E uma parte de mim certamente sabia sobre a escolha das almas que buscam determinados desafios a fim de aprender. Os meus obviamente eram claros: novamente eu tinha de aprender a me permitir todos os sentimentos. Permitir me entregar. Enfrentar uma situação que não podia ser acalmada nem por mim nem pelas minhas meditações. Eu tinha realmente perdido o controle. Que coisa desagradável!
Ficou clara a escolha diante da qual eu estava: viver com todos os desafios e com todos os sentimentos que uma vida plena traz consigo, isto é, me entregar totalmente a esse relacionamento – ou me separar. Essa era provavelmente a única possibilidade de obter novamente o controle. De me tornar novamente "tranqüila".
Como um raio enxerguei claramente a seriedade do jogo. Eu me assustei profundamente. Eu queria "me acalmar". Mas seria isso realmente o que eu aprendera em dez anos de treinamento espiritual? A me "aquietar"?

Eu estava confusa. Eu realmente esperava que o meu intensivo treinamento espiritual me preservasse dos sentimentos. Sim, naturalmente eu agora vivo algo um pouco diferente. Embora muitos sentimentos fossem muito dolorosos ou parecessem muito profundos, eu os achava mais compreensíveis. Antes eu tinha reações automáticas. Alguém dizia algo e eu registrava. Eu não fazia nenhuma idéia do motivo pelo qual tomava alguma decisão. Eu estava como que em "piloto automático". Pressiona-se um botão e segue-se uma reação pessoalmente compreensível. Hoje há uma pausa entre o dito e o vivido e a minha reação. Esse é o momento em que fica claro porque algo acontece; e das diferentes reações possíveis posso escolher uma. Só isso valeu os dez anos de treinamento.

É um sentimento maravilhoso quando conhecemos melhor a nós mesmos. E é isso o que o treinamento espiritual nos traz. Conhecemos as nossas reações e conhecemos as nossas "fraquezas". Talvez nunca nos livremos totalmente delas. À luz simplesmente pertence a sombra. E quando entendemos as nossas fraquezas e as aceitamos e talvez consigamos dar o pequeno passo da ironia pessoal, da auto-aceitação... possivelmente esse seja todo o sentido e o objetivo desse treinamento espiritual.

Ficou claro que eu comecei esse negócio da espiritualidade porque queria ter controle. Controle sobre a minha vida. Sobre os meus sentimentos. Sobre o meu meio ambiente.

E quando eu conheci esse novo amor, tive a escolha; viver de todo o coração ou me recolher a uma existência mais inanimada devido ao desejo de manter o controle.

Decidi viver de todo o coração.

Sexo

Há anos compareci a uma conferência para "mulheres com visões" e lá encontrei um homem que me propôs escalar com ele campos espirituais mais elevados por meio do sexo tântrico; pois ele logo percebeu que eu tinha "jeito" para isso.

No início fiquei surpresa, porque pensei que ele quisesse me perguntar qual o caminho para o salão de conferências – e porque uma oferta como essa, em geral, no mínimo, é feita depois de alguns floreios amáveis, um copo de vinho ou depois da troca de diversos olhares profundos... Quando a mulher silenciosa de cabelos negros perto dele chamou a minha atenção, ele a apresentou como sua esposa. Depois da minha pergunta obviamente nada esclarecedora sobre o que ela achava disso, ele respondeu (naturalmente), que ela estava de acordo. Quando ele respondeu, ela olhou para o chão. Na verdade, ela não me parecia ser feliz. Obviamente ainda não alcançara os campos espirituais bem-aventurados por meio do marido.

Quando eu penso que nunca havia visto antes esse senhor, fiquei surpresa com a rapidez com que ele conseguiu descobrir o meu potencial espiritual que, com sua poderosa ajuda, poderia me levar a dar saltos. Eu recusei (com as palavras que pude usar com relativa seriedade) afirmando que já tinha alcançado todas as alturas espirituais que se pode alcançar pela sexualidade e que, na ocasião, estava experimentando fazer isso com doces. Acaso ele já tentara fazer isso? Em seguida ofereci a ele e à sua mulher um pedaço do meu chocolate.

Ele disse, sacudindo levemente a cabeça, que eu não deveria fazer piadas sobre o assunto. No mínimo eu já deveria saber disso. Obviamente eu não sabia o que estava perdendo. Sim, isso eu realmente nunca experimentei. Talvez a minha recusa seja o motivo pelo qual eu ainda não sou iluminada.

Vivências

LD Thompson me deixou generosamente usar um capítulo do seu livro *Revelations for a New Humanity* [Revelações para uma nova humanidade].

"Foi no início da minha apaixonada pesquisa pela perfeição espiritual que eu me mudei, da cidade de Nova York, para uma cabana de madeira nas florestas do Noroeste. Eu não tinha muito a fazer ali, além de meditar, ir passear na praia do Pacífico e meditar ainda mais. Eu quase não ia à localidade próxima, portanto, parei de me barbear. Então pensei que eu praticava esporte por pura vaidade, e parei de praticar. E depois de pouco tempo eu não só tinha uma barba cheia, mas também doze quilos a mais sobre as costelas.

Eu fiz isso para me compreender melhor. Eu queria saber quem em mim... e principalmente que coisas em mim me faziam tomar as minhas decisões. Quero me cuidar porque eu quero ou faço isso para os outros? Escolho determinadas roupas porque gosto delas ou por que causam um determinado efeito nos outros?

Mais ou menos na mesma época, eu decidi viver em castidade. Nós ouvimos mestres falecidos e magníficos professores falar que viveram castos e que isso traz vantagens para a vida espiritual. Eu ouvi que, se vivermos castos, a energia não é mais 'desperdiçada'. Quando vivemos em castidade, essa energia sexual não usada ajuda a aguçar as capacidades de clarividência, e recebemos forças curativas. Eu fiquei encantado.

No início isso não foi especialmente difícil. Afinal, eu vivia só, numa cabana, sem muitos estímulos. Eu não tinha sequer uma televisão. Depois de alguns dias começaram as primeiras dificuldades. Eu me apanhei tendo fantasias sexuais e nem percebi quando elas começaram. Isso durou certo tempo, até eu obter o controle sobre isso e, assim, eu trouxe meus pensamentos de volta aos temas espirituais.

Em todo caso, minhas verdadeiras dificuldades começaram cerca de dois meses depois: eu acordei e, embora tentasse desesperadamente não desperdiçar nenhuma energia sexual em estado desperto, nos meus sonhos eu devia ter sido muito ativo. Eu havia tido um sonho molhado. Eu nunca tivera isso como adolescente e então, com meus trinta anos, tive o primeiro. Novamente esforcei-me por livrar-me de todos os pensamentos sobre sexualidade, e até que tive sucesso. Em todo caso, aconteceu o mesmo mais uma vez, três semanas depois; outra vez um 'wet dream', quer eu quisesse quer não.

Eu lutei e lutei durante seis meses e, finalmente, fiz uma pergunta a Solano nas minhas meditações.

Ele disse o seguinte: 'É importante que você compreenda o seu corpo e os seus anseios. É importante que se mova até os limites da sua consciência. Que você entenda quem você é como entidade espiritual, como corpo, como personalidade. Onde você é somente ego, onde você somente reage por hábito?

No decurso da sua vida você sempre estará outra vez diante dos desafios que já o acompanharam na infância: Quais dos seus brinquedos ainda o interessam? Quais você quer manter? De quais quer se livrar? Essas são as coisas com as quais você lida no momento. Um dia, esses brinquedos não existirão mais. Pois você aprendeu com eles o que queria aprender, e você buscará brinquedos em outro lugar.

Por isso, meu amigo e mestre, eu lhe sugiro isto: participe da sua sexualidade sempre com honra, aceite o sexo como um ato sagrado. Fique sempre certo de que esse anseio é o anseio de unir-se com o divino. Todo aspecto seu entra em contato com a fonte da qual você veio; e, assim, você elevará as suas vibrações numa união sexual. Numa parceria ideal a troca sexual acontece com esse conhecimento e com essa honestidade.'

E com isso eu deixei para trás a minha experiência de castidade. Mas essa experiência ajudou-me a integrar a minha sexualidade à minha espiritualidade, e agora a minha expressão sexual é parte totalmente integral do meu crescimento espiritual. E não, como antes, algo separado."

Justamente nos círculos espirituais o sexo é um tema altamente explosivo. Ou não o praticamos mais (para desse modo usar a energia do orgasmo físico para alcançar o orgasmo espiritual, a iluminação), ou o sexo é o meio para chegar à iluminação – ou o sexo é exclusivamente sagrado: com oração anterior, respiração tântrica e diversas regras. Para muitas pessoas o sexo quase não existe "porque já o superaram". Tanto podemos nos desacostumar das fantasias sexuais como das brincadeiras sexuais.

Minha terapeuta Vera tem uma teoria bem diferente: de acordo com a opinião dela, o estado da sexualidade sempre mostra algo sobre o estado do relacionamento, do casamento. Para ela, menos sempre significa: menos intimidade, menos realização. Segundo a sua experiência mais sexo significa uma troca mútua mais profunda, mais interessada. Portanto, quase nenhum sexo, quase nenhuma ligação. Vera não está falando sobre os casamentos que se modificaram para uma condição de amizade, em que o sexo não existe mais. Para ela, esse não é um casamento realizado. Essa é uma amizade, portanto, uma outra forma de convivência.

Eu não sou uma terapeuta sexual e evitarei fazer quaisquer comentários mal fundamentados sobre isso. Cada um de nós tem as próprias experiências sexuais. Nós todos sabemos ou intuímos que sem dedicação, sem carinho, sem olhar-se nos olhos, sem estar completamente presentes só existe uma troca pouco satisfatória. Eu mesma levei anos para não fingir mais os meus orgasmos, mas para tê-los de verdade. Eu estava interessada demais em que o outro me tomasse por uma boa amante, para poder realmente usufruir a sexualidade. Além disso, dar sempre foi mais fácil do que receber. Durante longos anos eu fui mais ou menos artista. Quando se olha para trás como eu, para trinta anos de sexualidade, reconhecem-se algumas experiências. Eu também já tive alguns *one-night-stands* [casos por uma noite] dos quais desisti logo em seguida. Ao final, eu simplesmente me sentia mal.

A sexualidade é uma troca de energias. Duas pessoas se unem e nessa união está o anseio pela unidade. Não só de uma unidade com o parceiro, mas também a unidade com Deus. Essa troca é algo sagrado. Para as mulheres essa união traz um acréscimo especial: nós realmente recebemos algo. E o que recebemos fica conosco.

Que energias queremos de fato captar? Será que o marmanjo que está parado no bar, muito elegante e sexy, realmente vale que o que ele deixa para trás seja transportado por nós durante algum tempo? E antes de mais nada: será que o conhecemos suficientemente para saber o que ele afinal deixará em nós? Se me perguntarem, eu aconselho: "Se você não puder abençoá-lo, então não durma com ele".

Os carinhos, as paixões, o prazer lento e infindável, tudo isso são coisas que pertencem à vida realizada para a maioria de nós. Pode ser que entre nós haja alguns que já tiveram tanto sexo maravilhoso, que já foi suficiente, e querem passar o resto da vida sem ele – ou, como Solano expressou, não querem mais saber desse "brinquedo".

Sexo tem algo a ver com desejo. Muitas vezes não dá para separá-lo dos outros prazeres humanos: comer, beber, deixar-se mimar.

Sobre isso Gandhi falou que, quando podemos restringir o nosso apetite pela comida, também podemos controlar os nossos instintos sexuais. Ele falou da sua luta pessoal com a castidade como algo difícil:

"Quando a castidade é uma coisa de uma alegria cada vez mais ampla, eu espero que ninguém acredite que isso foi fácil para mim. Agora já tenho

mais de sessenta e cinco anos, e ficou claro como isso foi difícil. Todos os dias fico mais consciente de que a castidade é um passeio sobre o fio da espada, e eu vejo em cada momento a necessidade da eterna atenção.

O controle completo do sentido do paladar é o passo mais importante para preencher a sua promessa de castidade. Chamou-me a atenção que quando posso controlar o meu sentido do paladar, é muito mais fácil cumprir minha promessa de castidade. Por isso observo as minhas experiências dietéticas não só do ângulo visual de um vegetariano, mas também do ponto de vista de um brahmachari (homem casto)."

(De A.W. Richard Sipe: *Celibacy in Crisis* [O celibato em crise], Brunner-Routledge, 2003.)

Em oposição às palavras de Gandhi, Richard Sipe também descreve as manifestações dos sacerdotes que se comprometeram com o celibato na religião cristã. Para alguns é exatamente o contrário: eles acham importante atender ao menos aos outros prazeres. Em vez de sexo, comida selecionada, boa música, arte, teatro.

Em nosso país ocidental cristão anuncia-se que Jesus viveu sem mulher. Alguns afirmam que Maria Madalena foi a sua companheira, mas isso, como a suposição de que ele viveu casto, é pura especulação. Nós crescemos com o "pecado original" e raramente a sexualidade foi apresentada como algo normal, belo e jubiloso na vida. Sempre existe algo ameaçador nela: isso já começou com Eva e a serpente, e continuou com as ocasionais gravidezes não desejadas, abortos, doenças e uma sexualidade que só é permitida dentro do casamento.

Embora nós talvez queiramos separar-nos disso intelectualmente, a influência ainda é subconscientemente perceptível. Justamente a expectativa subliminar de como devemos lidar com a sexualidade ou vivê-la como ser humano espiritual, é enorme: os sacerdotes precisam viver em castidade. Os verdadeiros mestres espirituais gostam de todas as pessoas igualmente. E quando nós nos decidimos pela sexualidade, um orgasmo "normal" já não é suficiente. Então temos de ouvir coros de anjos celestiais e diversas experiências extracorpóreas devem ser-lhe acrescentadas.

Eu me pergunto se realmente é verdade que a energia sexual sublimada leva mais depressa à iluminação. A uma vida melhor, mais feliz. Eu sei que cada um de nós toma a própria decisão sobre o que quer viver nesta vida – naturalmente com a ajuda e o apoio de Deus – mas, apesar disso, ainda existe o nosso livre-arbítrio. E quando eu ouço o que Gandhi tem a dizer sobre isso, eu me pergunto, para quê? A autocastidade realmente é algo que nos faça progredir? Com ela não desperdiçamos uma grande força para dominar o nosso bom paladar, em vez de usá-la em outro lugar? Estou certa de que Gandhi é aí a exceção digna de elogio. Para ele, ao que parece, era possível concentrar-se ao mesmo tempo e com a mesma força no corpo e no desejo de controlar o desejo, tanto nos seus semelhantes como na sua missão.

Jesus voltou ao seu corpo depois da morte. Obviamente o fato tem um significado. Isso sem contar que, naquela ocasião, Jesus comprovou a existência da vida eterna. Mas isso ele poderia ter comprovado mesmo sem um corpo. Ele poderia ter aparecido na forma que quisesse. Mas ele escolheu o corpo. Ele amava tanto o seu corpo, que o conservou. Enfim, ele também transformou a água em vinho. Nos sacramentos o vinho é visto como sangue. Mas que santificação para o suco vermelho!

Em seu *best-seller, Celibacy in Crisis,* o sacerdote católico romano e psicoterapeuta A. W. Richard Sipe descreve o modo como ele lidou com o celibato nos últimos quarenta anos. Ele não escreve apenas sobre a sua vida celibatária durante os seus anos como sacerdote, ele também deu vinte e cinco entrevistas e palestras para mais de mil e quinhentos sacerdotes, seus ocasionais parceiros sexuais ou até mesmo vítimas.

Em seu livro, ele descreve, entre outros, o caso de um homem jovem que estava prestes a fazer os votos sacerdotais e naturalmente não pensava só em Deus, mas também no celibato. Como havia se decidido muito jovem pelo sacerdócio, era bastante ingênuo no que se referia à sexualidade e acreditava que cada ato sexual terminava em gravidez. Como ele viu que o casal comum tinha de dois a três filhos, pensou que ao renunciar à sexualidade só teria de renunciar ao sexo duas ou três vezes na vida. Isso não lhe pareceu ser um sacrifício demasiado grande. Somente muitos anos depois é que tomou conhecimento do seu erro.

Sipe naturalmente também encontrou sacerdotes que tinham certeza de tudo a que eles renunciavam. O fio da meada para um celibato bem-sucedido é o seguinte: trabalho que exija toda a atenção, uma hora e meia a duas horas diárias de oração, um grupo ou comunidade estreita com outras pessoas, quase nenhuma bebida alcoólica, estabilidade e – especialmente necessária – ordem não só no caráter, mas especialmente na vida cotidiana.

Além disso, o autor acredita que apenas mais ou menos dois por cento daqueles que juraram o celibato, realmente vivem como celibatários.

Ao que parece, isso é difícil de alcançar. Aí se impõe a questão da necessidade.

Vivências traumáticas

Eu só a conhecia como uma mulher amorosa, calorosa e esperta. Foi na casa dela que compareci pela primeira vez a uma sessão de canalização. Ela me fora muito recomendada e logo confiei nela. Ao todo, encontrei-a apenas três vezes; no resto do tempo nos telefonávamos ou nos comunicávamos por fax, uma vez que moro em Los Angeles e ela na Baviera Central. Quando já mantínhamos contato há alguns meses, numa conversa telefônica mencionei um livro espiritualista que eu estava lendo no momento. A voz dela tornou-se perceptivelmente mais fria. E eu me surpreendi um pouco. Estranho, pensei comigo mesma, ela nem sequer conhece o livro.

Mais tarde, quando repeti o processo, desisti de lhe falar sobre os livros que me haviam fascinado. Ela desvalorizava tudo o que não proviesse dela mesma.

Eu planejava outra vez uma viagem para a Alemanha, deve ter sido em 1993 ou 1994. Eu estava muito contente com a perspectiva de vê-la novamente depois de tanto tempo e dessa vez eu também queria fazer algo de bom para ela. Eu havia feito um treinamento de "*johrei*", que é comparável a uma introdução ao Reiki. Por fax, anunciei a minha visita e mencionei que gostaria de fazer um tratamento com Johrei para ela. Uma hora mais tarde veio a resposta por fax. Estava escrito de forma tão contundente, que precisei primeiro me sentar. Ela escrevia com a maior urgência que eu estava em perigo. Que esse tipo de tratamento era coisa do diabo e que eu tinha de parar imediatamente com isso, já que havia recaído nos velhos padrões. Eu deveria orientar-me unicamente de acordo com as suas indicações.

Fiquei chocada. O que teria acontecido? Ou será que ela teria razão? Depois de todo o treinamento que recebi dela – eu tinha meditado três vezes por dia por vinte minutos de acordo com o CD preparado previamente –, será que agora estava cometendo um erro? Afinal, naquela ocasião eu nada sabia sobre a espiritualidade e, na verdade, ela tinha o "fio elétrico ligando-a ao alto". Seria possível que tivesse sido alertada pelos anjos que lhe deram informações das quais eu não fazia nenhuma idéia?

Aquilo relacionado com o diabo eu não aceitei, visto que não acredito numa figura diabólica. Eu acredito que estamos sujeitos a uma série de tentações, que têm efeitos positivos e negativos, mas que um diabo possa me fazer algo ou tentar me convencer ou obrigar, para mim isso está fora de questão.

Mas talvez eu tivesse recaído de fato em velhos modelos, em velhos hábitos. Apesar de eu não saber com certeza do que se pudesse tratar. As pessoas que me indicaram o johrei são orientais maravilhosos, de presença amorosa e suave. E quando eu dava tratamento aos outros, eles sempre registravam uma sensação agradável.

Naturalmente fiquei confusa. Naturalmente fiquei desorientada. Minha mestra, na qual eu confiava, fez-me uma censura. E, naturalmente, eu primeiro analisei se ela tinha razão. Afinal, eu não a escolhera como mestra em vão. Eu queria aprender algo. Eu queria que me chamassem atenção para velhos modelos, velhos erros. Eu queria crescer.

Falei com as minhas amigas espiritualistas, e cristalizou-se cada vez mais o que se tinha passado. Minha mestra reagira daquela maneira porque acreditava que a influência dela sobre mim havia diminuído. Que eu lesse outros livros, a seus olhos já era bastante ruim; mas agora, eu fora longe demais por ter feito uma introdução ao johrei sem que ela me aconselhasse ou permitisse fazer isso. Um fato interessante é que o marido dela trabalhava como agente de cura; e então percebi o que já me perturbava naquela ocasião: ele podia ajudar, mas os outros todos não podiam. Quais os critérios para se poder ajudar?

Naquela ocasião tive de me afastar, pois perdi a confiança nela. Consegui reconhecer que ela ainda tinha de trabalhar como mestra. Não me lembro mais se tentei me explicar com ela ou entrar num acordo. Eu acho que não. Talvez se tivesse descoberto uma solução num diálogo, se eu lhe tivesse contado honesta e francamente os meus pensamentos. Mas eu tinha, acho eu, o sentimento de que ela não me ouviria, e assim, deixei tudo como estava. Ou, o que é mais provável: eu não tive a coragem de entender-me com ela. Eu não era suficientemente autêntica para lhe dizer como me sentia. Tudo isso eram coisas que eu aprenderia muito mais tarde.

Com a sua desvalorização, no entanto, ela me deu um belo presente: esse episódio deixou em mim uma impressão tão profunda, que a partir dali eu prestei muito mais atenção em quem confiar. E o que foi quase mais importante: quando anos depois eu mesma dei aulas, consegui me comportar mais generosamente.

Às vezes somos inseguros. Especialmente quando "entregamos o nosso poder a outra pessoa". Nós permitimos que alguém tome decisões sobre a nossa vida, porque achamos que os outros sabem mais, são mais experientes ou espertos do que nós.

Mas mesmo quando nós sabemos quem somos, mesmo quando sabemos o que fazemos ou não, ainda há algumas sugestões injustas que nos fazem tremer. Por um lado, há o horror de ser mal-entendido; por outro, nos sentimos julgados, muitas vezes por pessoas que nem sequer nos conhecem mais intimamente. Para nossa grande surpresa isso nos incomoda muito. Embora sempre continuemos a nos dizer que essa pessoa não nos pode conhecer e nós mesmos sabemos quem somos ou o que não faríamos em nenhuma circunstância – apesar disso, a crítica nos atinge. Quer gostemos, quer não.

Ocasionalmente me faziam censuras por e-mail ou por cartas (no entanto, nunca numa conversa pessoal). Ou eu não doava suficientemente o meu tempo, não estava sempre à disposição, usava as pessoas, só estava interessada em conseguir adeptos, ou queria o poder, etc., etc.

Cada uma dessas censuras me atingia muito profundamente, e o fato de me atingirem profundamente era ainda mais doloroso. Por que eu simplesmente não conseguia passar por cima? Por que simplesmente não podia desconsiderá-las? Afinal, eu sei quem eu sou. Eu sei por que faço o que eu faço. Por que os comentários dessas pessoas, que eu nem conheço, me perturbam?

Porque eu quero fazer tudo certo para todos. E isso não é possível. Teoricamente, é natural que eu saiba disso, mas ainda assim me doía. Eu cedia para ser generosa. Às vezes os ataques eram violentos, às vezes indelicados. Eu deixava acontecer. Eu não levava em conta o direito de me proteger, porque estava ocupada demais protegendo os outros. O direito de eles me xingarem era maior do que o meu direito de me proteger.

Nós somos os nossos próprios pais, e finalmente eu sei que um "não" não é o fim do mundo. E, contudo, é sempre difícil aceitá-lo.

Apesar disso, eu às vezes desejei não ter dito nada. Ter ficado quieta. Ter olhado para o lado, inclinando-me levemente. Ter feito alguma coisa que fosse neutra, despercebida.

Então desejaria ser como uma das muitas árvores que desaparecem na floresta e não chamam a atenção. Muitas vezes eu digo algo que irrita as outras pessoas, confunde-as, torna-as nervosas ou irritadas.

Eu não procuro todas essas reações, que eu não quero despertar.

E, no entanto, elas acontecem.

Acaso existem personalidades que são mais "cansativas" do que outras? Eu creio, eu temo que eu seja uma delas. Embora eu queira me desabituar de tudo o que exige esforço dos outros, isso não parece dar certo. Mas talvez eu seja cansativa até parar de respirar. E isso ainda pode demorar um bom tempo.

Minha astróloga deixou uma mensagem na minha secretária eletrônica.

Eu a conheço há muitos anos e gosto dela. Eu gosto do seu bom humor e do dom de sintonizar-se com as pessoas. Até onde eu posso julgar, nunca houve nenhum mal-entendido entre nós.

Eu me aconselhava com ela mais ou menos duas vezes por ano. Na maioria das vezes, quando estava passando por alguma modificação que não conseguia explicar muito bem. Com freqüência obtinha a confirmação do que já havia suspeitado, e quase sempre um aspecto adicional que deixara de ver. Ela também pertencia ao meu círculo ampliado de amigas e foi convidada várias vezes para diversos jantares ou festas na minha casa.

Ela tem pássaros no seu quarto de trabalho (no mínimo eu acredito que se trate deles) que ocasionalmente fazem algum ruído. Da última vez em que estive na casa dela com a minha irmã Susanne, um deles gritava tão alto que nós quase não compreendíamos mais o que ela dizia. Por isso, em determinada hora, eu me levantei e falei diretamente com o pássaro. Não me lembro mais exatamente do que eu disse, mas como eu mesma tenho um papagaio (um grey africano), sei ou no mínimo imagino que sei como se lida com os pássaros.

Eu me abaixei para ficar na altura dos olhos dele e disse mais ou menos as seguintes palavras: "Ei, o que aconteceu? Por que gritamos tanto assim? Afinal, eu o ouço e ouvirei mesmo se você não for tão barulhento. Você quer nos dizer algo?" Então esperei um pouco, enquanto ele agitado pulava para cá e para lá ao redor da sua fêmea. "O que você acha", continuei, "de cantar um pouco mais baixo?"

Então, sentei-me novamente no meu lugar, para tomar conhecimento sorrindo de que a minha influência sobre o pássaro também não foi especialmente grande: imediatamente ele começou a cantar outra vez.

A minha astróloga também mistura cremes maravilhosos e, como eu ia viajar novamente, telefonei-lhe brevemente para encomendar alguns. Na manhã seguinte encontrei esta mensagem na secretária eletrônica: Olá, Sabrina, amanhã entrego os cremes. Só quero lhe dizer que da última vez em que esteve aqui com a sua irmã Susanne, um pássaro a perturbou bastante. Depois que você foi embora, ele morreu. Isso me abalou muito e me chocou. Estou certa de que você entende que, por causa disso, eu tenho de interromper o nosso trabalho conjunto. Estou certa de que você faria o mesmo.

Primeiro eu pensei ter entendido mal, e então ouvi a mensagem mais uma vez. Mas ela não pode estar falando sério. Ela não pode acreditar realmente que eu assassinei o pássaro, um dos seus animais de estimação, só porque cantava alto demais. Que poder, em nome dos céus, ela acha que eu tenho – mas o que é ainda mais assustador: que maldade? E eu achei que ela me conhecia!

Não fiquei pensando muito nisso; imediatamente lhe telefonei. Infelizmente ela não estava. E assim eu deixei uma mensagem na sua secretária eletrônica: Comecei dizendo que sentia muito que o passarinho tivesse morrido, mas que eu estava chocada pelo fato de ela acreditar que eu pudesse ter algo a ver com a morte do pássaro. Nesse meio tempo comecei a chorar, de modo que resultou uma confusa algaravia na sua secretária.

Desliguei e telefonei mais uma vez alguns minutos depois – um pouco mais calma: "Esqueça a encomenda do creme, acho que não é uma boa idéia". (Só de me imaginar passando no rosto algo que ela preparou para mim estando aborrecida já me dá um arrepio nas costas.) Despedi-me dela e lhe desejei tudo de bom.

Ainda chorei mais um pouco. Chorei pela amizade. Chorei pelo fato de ela obviamente não me conhecer. Pelo fato de eu ter acreditado que ela me conhecia. Pelo fato de ter confiado nela. Essa mensagem dela foi uma grande quebra de confiança. E uma quebra de confiança sempre me abala muito. Especialmente nos círculos espiritualistas nós partimos do fato de que nos entendemos. De que podemos falar mutuamente sobre os problemas. Eu esperava que ela me telefonasse imediatamente, me dissesse o que estava acontecendo. Mesmo que ela acreditasse que eu tive algo a ver com isso, ela ao menos podia confrontar-me com o fato. Portanto, ela havia guardado esses pensamentos com ela por algumas semanas, e eu não sabia de nada.

Acrescente-se que eu tenho uma crença que diz que as pessoas espiritualizadas devem ter uma antena para três coisas. Será que eu não deveria ter intuído isso de algum modo? O quão insensível eu sou que não experimento isso nem nas minhas meditações nem nos meus sonhos? Obviamente, perdi todo o "canto dos cisnes". O que mais eu não estou acompanhando?

Telefonei para a minha irmã Susanne, que estivera junto comigo nos dois últimos compromissos. Ela quase não quis acreditar na história. Eu perguntei se ela havia percebido alguma coisa nessa reunião que eu talvez não tivesse percebido.

Ela disse: "Todo o ruído dos pássaros também me perturbou, porque era impossível concentrar-me no que estava sendo dito e o passarinho era tão barulhento que não se ouvia nada. Se você não tivesse dito nada para o pássaro, eu teria dito. Na reprodução da fita que foi gravada durante o aconselhamento, não se pode ouvir quase nada. Além disso, você falou de modo muito delicado, você falou com o passarinho. Você não disse que o passarinho lhe dava nos nervos. Você tentou explicar para ele de forma clara que nós sabíamos que ele estava presente, mas que no momento ele devia conter-se um pouco. Mas de modo nenhum você falou de maneira a que o passarinho sofresse um choque".

Depois de uma curta pausa ela ainda disse: "Imagine o que teria acontecido se o passarinho tivesse morrido enquanto nós ainda estávamos lá".

Tive de rir, ainda que com um pouco de consciência pesada, pedindo desculpas ao passarinho nos meus pensamentos.

Susanne continuou: "Para mim, naturalmente, a morte não é nenhum castigo, mas simplesmente a hora de ir embora. Vivemos, e então morremos. Com os passarinhos não é diferente. Mas", Susanne riu no telefone, "no futuro, eu serei cuidadosa com o que lhe disser".

Pouco tempo depois ela ainda disse: "Se você tivesse esse poder, eu não teria sobrevivido à minha infância".

Isso é verdade. Naquela ocasião eu gostaria de fazê-la sumir no mínimo três vezes por dia.

Surpreendentemente, a tristeza pela perda dessa amizade durou pouco. Uma hora depois tudo havia passado. Eu sabia que não podia despertá-la outra vez para a vida. A astrologia também é sempre uma questão de interpretação. E se o coração dela não tinha mais lugar para mim, então essas sessões não tinham sentido. Além disso, eu não podia mais confiar nela.

Entre a situação com a minha primeira mestra e a astróloga passaram-se mais de dez anos. Digerir a quebra de confiança da minha primeira mestra demorou muitas semanas. Já esta foi encerrada uma hora depois. Ocasionalmente, chama a minha atenção o fato de eu obviamente ter aprendido alguma coisa.

Dependências

Quando se escreve um livro como este, é natural que os nossos pensamentos com freqüência se voltem para o passado. Eu me lembro de ter ouvido falar sobre vivências das quais agora realmente não consigo me lembrar muito bem, mas que foram feitas para me inspirar medo.

Assim sendo, quando comecei a meditar, fui urgentemente aconselhada a riscar um círculo de luz à minha volta antes de abrir os meus chakras. Isso significa estar rodeada de luz em pensamento, e então – igualmente em pensamento –, abrir os centros energéticos isolados como pétalas de flor.

Coisas horríveis podiam acontecer se não se fizesse isso. O que, exatamente, não me lembro mais, visto que não havia uma explicação correta do fato. Em todo caso, no início eu fiz esse círculo de luz regularmente. Então eu também devia fechar os chakras depois da meditação. Como se tivéssemos de trancar a porta da casa todas as vezes, caso contrário, algo seria roubado. Por quem, também não sei mais.

Isso me deixou tremendamente insegura. As pessoas que me diziam isso já estavam há muito mais tempo no caminho espiritual. Da minha insegurança surgiu um certo medo, do qual não conseguia me livrar totalmente. Só depois de receber outras informações das pessoas em que eu confiava do mesmo modo ou de modo semelhante, fiquei mais calma. Apesar disso, eu me lembro das muitas situações em que estive insegura. Nas quais eu tive medo de cometer erros e nas quais eu busquei o conselho de pessoas mais experientes.

Havia ainda, naturalmente, toda essa linguagem muito especial da qual eu nada compreendia: karma, chakras, modelos, pêndulos, geometria secreta, possessão alheia, Feng Shui, Johrei, vibrações, Reiki, numerologia, testes musculares. Eu fiquei encantada com as novidades e achei muita coisa simples ou aceitei como fato, sem realmente pensar sobre isso. Sem realmente ter me informado melhor. Quando alguém dizia que havia pesquisas científicas, eu nunca perguntava onde devia ler essas pesquisas. Eu estava demasiado encantada com o fato de os habitantes das Plêiades nos visitarem regularmente, e triste pelo fato de ainda não terem me visitado.

Então, falava-se de pessoas ou espíritos que nos podiam possuir energeticamente. Que nos apareciam nos sonhos e com isso influenciavam negativamente a nossa vida. Nesse caso, devíamos ser especialmente cautelosos. Aí era preciso nos proteger. Às vezes com determinados rituais, meditações, cristais e às vezes mudando o lugar da cama. Além disso, eu ouvia falar sobre alguns processos kármicos, que ficam presos em nós como um mau hálito do qual não conseguimos nos livrar. A não ser com um determinado xamã ou diversas orações, diversos mantras ou diversos rituais, que devem ser executados para nos livrarmos disso.

Que não me entendam mal: eu gosto muito de rituais, de orações, e naturalmente eu mudaria a minha cama de lugar se me sentisse mal na posição atual. Eu mesma vi que se podem captar estados de ânimo e os sugarmos como uma esponja. Por isso eu acredito que estamos ligados especialmente a muitas pessoas e que essa ligação pode mostrar-se também fisicamente.

Mas eu também acredito que não entrar nessa é um grande desafio no caminho espiritual. Justamente no caminho espiritual há idéias incríveis que se contradizem mutuamente. Em última análise sempre devemos confiar no sentimento interior, na nossa voz interior. Caso contrário, pode acontecer de nos sentirmos muito influenciados. Muito determinados pelos outros. E, com isso, podemos ficar muito inseguros nas nossas decisões e na nossa vida. Além dos perigos óbvios que a vida traz, subitamente ainda experimentamos perigos espirituais invisíveis aos quais estamos sujeitos. Quem consegue lidar com isso? Todo professor e toda professora têm suas próprias regras que temos de seguir. Isso sem contar as normas que nós próprios nos impomos. Unicamente o que podemos ou não fazer de acordo com o Feng Shui pode estragar a arrumação da nossa moradia. Um bom conselheiro de Feng Shui naturalmente sempre buscará um equilíbrio, visto que essa filosofia se baseia nas antigas tradições chinesas, que não podem ser passadas tão facilmente para o arranjo doméstico da Europa Central. Sempre que as pessoas se prendem a essas regras, assim me parece, surge uma dependência e obstinação que eu não quero para mim.

À medida que nos sujeitamos a muitas regras espirituais, perdemos a leveza que torna a vida agradável. Tornamo-nos mais mesquinhos, preocupados. Se eu me concentrar cada vez mais na minha "proteção", então existem obviamente muitas coisas na minha vida em que me sinto desamparada. Assim eu mando essa falta de proteção embora em pensamentos, e não aquilo que eu realmente quero, que é sentir-me segura. Talvez nós também comecemos a querer nos proteger duas ou três vezes: por meio da astrologia, das canalizações, dos pêndulos, dos mantras. Medrosos, tentamos evitar os erros, o que simplesmente não dará certo. Se ficarmos pensando a cada bocado se podemos ou não ingeri-lo, acabou-se o prazer de comer. Com todos esses "chamados para assustar" levamos a espiritualidade para um terreno assustador. Ao que parece, em cada canto espreita o perigo; e só quando sabemos os caminhos e rituais certos (!), estamos protegidos. Mas também nesse caso é preciso chegar à correta medida do meio: observar cuidadosamente, sem logo aceitar tudo como favas contadas. Além disso, convém deixar o bom senso sadio ligado, sem perder a alegria. Isso significa confiar em si mesmo e ficar aberto para a inspiração dos outros.

É como com a bebida alcoólica: um copo pode descontrair; uma garrafa nos dará dores de cabeça.

Uma amiga me contou sobre um cogumelo tibetano, que ela toma e que deve ser algo excepcionalmente sadio. Ele deve ser observado por diversos dias cuidadosamente, e segundo determinadas regras, ser colocado no leite (naturalmente, um leite muito específico) e então ser tomado fatiado. É claro que isso pode ser algo maravilhoso, o que novamente não posso julgar; mas talvez ele desenvolva melhor sua capacidade curativa em estômagos asiáticos do que nas pessoas da Europa Central. Por que então não experimentar esse cogumelo enquanto pudermos ter certeza de que não se trata de algo perigoso? (Todos nós não fomos advertidos contra o consumo de cogumelos?) Mas então devemos observar-nos melhor. Não nos deixarmos influenciar pelas histórias encantadas dos outros. Sinto-me realmente melhor? Percebo essas reações e melhoras das quais as outras pessoas falam?

Os nossos sentimentos e a observação cuidadosa do nosso corpo são simplesmente o único critério para constatar se algo funciona para nós ou não. E mesmo que faça bem a todos no nosso círculo de amigos, o que funciona para todos os outros não tem de dar certo para nós.

Às vezes eu ouço histórias de horror sobre encontros que, em geral, acontecem em algum porão estranho. As pessoas vêem algo assustador e, então, tudo é natural e compreensivelmente secreto. Isso deve nos inspirar uma sensação de que somos algo muito especial, por sermos convidados para uma coisa assim. Na maioria das vezes, a nossa intuição nos diz imediatamente que devemos levar as nossas almofadas de meditação e, melhor ainda, sairmos depressa de lá. Mas estamos ali com amigos, não viemos com o nosso carro, e o que vamos ver talvez não seja tão ruim. Mas às vezes fica pior do que imaginamos, ou simplesmente só é desagradável. Ocasionalmente, somos convidados para um exorcismo ou para uma sessão de canalização, por um indivíduo do qual não compraríamos sequer um carro usado à luz do dia.

Deve ser algo excitante podermos assustar as outras pessoas. Uma determinada sensação de poder, da qual também podemos tornar-nos dependentes. Assim como quando assistimos juntos a um filme de terror ou contamos histórias horripilantes ao redor de uma fogueira. De algum modo ficamos mais tranqüilos porque não foi tão ruim. Talvez já tenhamos flertado desavergonhadamente por muito tempo com o perigo, e justamente nos círculos espiritualistas podemos experimentar algumas coisas. De vários chás xamanísticos a coisas para fumar, beber, engolir, esfregar e até para espirrar na pele. Muitas coisas podem levar-nos a regiões que desconhecemos, e, assim, trazer-nos experiências que na verdade não procuramos.

Uma vez dentro, pode ser difícil sair. Pode haver momentos em que sentimos pertencer ao grupo. Em parte as pessoas são muito amigáveis, e em todo caso o que faríamos nas noites de quarta-feira?

Se nos sentirmos estranhos nesses encontros, de algum modo mais profundos e escuros, de algum modo assustadores e sombrios, vale o mesmo que vale para os cogumelos: Cuidado!

Vivências

Minha amiga e irmã de alma Sheila Kenny trabalhou para organizações comunitárias durante anos. Antes ela distribuía referências e trabalhava como relatora de imprensa. Nos últimos anos ela trabalhou para uma organização benemerente, que investia na água limpa para as regiões subdesenvolvidas do mundo todo. Ela chama a sua contribuição de "Vivências no começo da minha viagem espiritualista pelas alturas, profundezas e abismos":

"As minhas pesquisas do caminho espiritual resultaram nas mais divertidas e fortalecedoras vivências, combinadas com as mais absurdas e debilitantes na

longa odisséia. Esses trinta anos me fizeram dar a volta ao mundo, por meio de tentativas e erros, bem-aventurança, riso, alegria, sofrimentos, iluminação, paz, coisas ridículas e amor.

A mania de grandeza foi a minha primeira experiência, a primeira lição no meu despertar espiritual. Eu acho que essa atitude de "eu-sou-melhor-do-que..." surgiu para deixar sem lamentos o meu antigo caminho e poder trilhar o novo. Depois de muitos anos eu havia justamente mudado para Aspen, no Colorado, na Califórnia, e decidi juntar-me a um grupo espiritualista cujo nome mencionarei apenas como A., por respeito a alguns amigos que ainda estão lá. Eu estava disposta a encontrar novos caminhos até Deus, e uma prima já era membro há muito tempo. O grupo A. já existia há muitos anos, e o seu treinamento concentrava-se em técnicas avançadas de meditação e trabalhos com luz.

Os trabalhos com luz e as meditações eram fantásticas! Mas a exclusividade era enganosa. O grupo tinha regras hierárquicas muito estritas. Isso despertava em nós, os iniciantes, uma grande admiração, e ao mesmo tempo uma sensação de insuficiência, porque não éramos tão desenvolvidos para chegar ao grupo mais elevado seguinte.

Quando me associei a esse grupo, eu era muito orgulhosa, visto que eu acreditava ter encontrado o melhor e, principalmente, o único caminho para a iluminação. Fiquei com pena dos meus amigos em casa, em Aspen, porque eles não faziam nenhuma idéia do trabalho com a luz e, em muitos casos, nem sequer tinham vontade de conhecê-lo. Com pesar, eu tomava conhecimento de que a vida deles naturalmente não seria nem a metade tão maravilhosa quanto a minha. A minha família e os meus amigos se preocupavam muito comigo, e achavam que eu havia sido seqüestrada por uma seita ou uma comunidade cúltica.

De resto, tudo isso aconteceu no final dos anos de 1960, e naquela ocasião a Califórnia tinha a fama de ser uma terra de malucos. Os meus amigos tentaram desesperadamente entrar em contato comigo onde eu estava, em todos os horários possíveis, e a mulher que compartilhava o quarto comigo simplesmente desligava. Eu não podia usar o telefone, pois ainda não estava 'suficientemente desenvolvida'.

Alguns dos professores sentiam-se muito superiores, e isso não só diante dos alunos, mas também do resto do mundo, que não se preocupava com A. Nas mesmas condições em que subíamos na hierarquia por meio das nossas aulas e do nosso treinamento, aumentava a nossa sensação de importância. Regras severas eram muito importantes ali, pois elas davam uma sensação de ordem e controle. Não devíamos apaixonar-nos nunca por alguém que não fosse membro de A. Isso seria um horror inconcebível. A amiga com quem eu compartilha-

va o quarto e eu, tivemos uma vez uma festa com membros de A. e também com algumas pessoas que não eram membros. Imediatamente fomos inseridas na 'lista perigosa'. Beber, participar de jogos sociais e ainda mais, lidar com pessoas que não faziam parte do grupo!

Em nenhum caso também podíamos perder a hora e as aulas. Para isso não havia exceções. Viagens de férias para a Europa, enterros, festas de família, tudo era menos importante do que as aulas. Ninguém se atrevia a não comparecer a uma aula, a não ser que estivesse disposto a ser jogado para fora do grupo. O que não fazíamos em favor da meditação e da espiritualidade!

Anos depois, meus amigos me contaram que naquela época eu era mal-educada, arrogante e convencida. Na ocasião em que eles finalmente me disseram isso, o fato foi um choque para o meu ego, mas no meu coração eu sabia que eles tinham razão. Eu mostrei exatamente o que A. representava: mania de grandeza e sentimento de superioridade em nome da espiritualidade."

Qual é a minha missão de vida?

É viver.

"Isso é tudo?"

Isso é tudo.

O quê? Isso não lhe basta? Então não devo estar falando a sério quando digo que o capítulo se resume a isso?

Eu entendo, essa resposta também não me bastou durante anos. É provável que eu tenha ficado magoada. Que tenha me afastado dando de ombros e procurado alguém que me desse uma resposta que eu achasse mais lógica.

Eu também fiz essa pergunta sobre o sentido da minha vida umas cem vezes: a canalizadores, a astrólogos, a xamãs, a clarividentes, a amigas e amigos. Nas minhas meditações e orações perguntei a Deus e a cada anjo que se aproximava de mim. Eu chorei essa frase para o céu estrelado e a deixei cair cheia de lágrimas no solo sagrado. Eu esperava por uma orientação, uma indicação que pudesse ser resumida simplesmente numa frase:

— "A sua missão é comunicar-se com os animais."
— "A sua missão é ajudar as crianças doentes."
— "A sua missão é instalar poços nas aldeias africanas."
— "A sua missão é disseminar a cultura e a sabedoria indianas."

Mas não vinha; simplesmente não vinha nenhuma resposta.

As respostas não cabem em sentenças como essas. A maioria, conforme creio, não cabe numa sentença dessas. A vida é longa, e nós podemos a qualquer momento mudar de opinião e de desejos. Nós podemos cometer erros – o amado Deus não está no final da nossa vida e diz: "Sim, por que você não fez isto ou aquilo? Essa era a sua missão! Como pôde ser tão desatento?"

Eu admiro Samantha, que fala com os animais há vários anos. Ela o faz com a mesma satisfação que sentia no início. Eu já estaria entediada há muito tempo. Mais uma vez um cão que se queixa do seu dono? Um gato que não deve sair de casa? Um passarinho que se sente só? Tenho de confessar que não sou paciente.

Tenho a certeza de que os animais são mais gratos do que eu pelo fato de essa não ser a minha missão. Simplesmente com Samantha eles estão mais bem guardados.

É isso.
Fim do capítulo.

Obstáculos para mestres

Eu me lembro de um acontecimento sobre o qual ouvi falar certa vez. Um bom astrólogo, muito amado no seu ambiente, subitamente contraiu uma forte enxaqueca. Como, além de astrólogo, ele fosse um agente de cura e terapeuta competente, ele meditou, interrogou o seu anjo e tomou diversas ervas. Ele não melhorou. Finalmente, foi ao médico. Ao que parecia, esse médico não se interessava pela espiritualidade e teve muitas dificuldades para se entender com o paciente.

Depois de diversas visitas ao doente, começaram conversas mais profundas, e o médico parecia abrir-se mais para as idéias e os pensamentos do astrólogo. Surpreendentemente, a mãe do médico faleceu pouco depois e ele procurou o astrólogo, para falar com ele sobre seus sentimentos com relação a Deus. E a enxaqueca do "paciente" havia desaparecido.

O astrólogo chegou à seguinte conclusão: eu só fiquei doente para ajudar a esse médico, ajuda que ele pôde usar quando a mãe faleceu.

O que você acha disso?

Com certeza, isso pode ser bom. Quem é que realmente quer saber? E, com certeza, eu não quero escorregar da minha própria cumeeira estreita entre a sabedoria e a arrogância... só que eu acredito que todo ensinamento sempre existe para duas pessoas. Portanto, também havia um ensinamento para o astrólogo. Qual fosse, não consigo reconhecer claramente da minha posição. Essa é a tarefa do astrólogo. O que dá primeiro na vista, no entanto, é a provável arrogância com que o astrólogo enfrentava o médico. "Ele não sabe tanto quanto eu." E talvez ele também tivesse de reconhecer que os médicos são igualmente espertos.

Naturalmente isso é pura especulação e não leva a nada. Como mestres, nós só precisamos prestar atenção para não deixarmos de ver qual parte do ensinamento também nos é destinada.

Toda pessoa que trilha o campo espiritual e também em algum momento tem sucesso, se vê diante de diversos desafios. Um deles é a mania de grandeza e a arrogância. Temos de tomar muito cuidado para que tudo não seja escondido pelo manto da suavidade e do suposto conhecimento. Ocasionalmente, ajuda perguntar aos membros da família e aos velhos amigos, pois (assim esperamos) eles nos dirão sinceramente a sua opinião.

O limite entre sabedoria e arrogância é muito estreito. Nós somos mestres e alunos ao mesmo tempo e, às vezes, podemos nos esquecer disso.

Mas ainda há os mestres que impõem uma pressa enorme ao dia. Que com grande afinco distribuem panfletos, cartas, informações supostamente canalizadas e folhetos informativos repletos de sinais de exclamação, sugestões, ameaças e dedos indicadores apontados para nós, ou desenvolvidos por eles mesmos, recebidos em meditações e que passam adiante assim:

"Vejam, o que vocês fizeram...!"
"Parem com isso...!"
"Vocês são todos...!"
"Se não fizerem isso e aquilo até...!"

No meio de tudo isso, de vez em quando há um "vocês são amados", porém, então vem um ameaçador "Mas..."! imediatamente depois. Algumas vezes eles também divulgam textos antigos recém-descobertos, que a Igreja quer ocultar, como genuínos (por que será?). Muitas vezes se trata de uma constelação de tempo urgente: "Se até tal data as pessoas da Terra não melhorarem começará a) o fim do mundo, b) uma outra peste, ou c) virão diversos tremores de terra que o mundo ainda não viu e que em primeiro lugar destruirão Nova York e depois farão a Califórnia mergulhar no mar." O que, com os altos preços dos terrenos, seria uma situação sobremaneira dramática.

Eu sempre acho especialmente inacreditável quando essas afirmações são atribuídas a vários anjos. Como se eles nos quisessem tornar obedientes com ameaças. Isso já não funcionou na infância, e eu duvido muito que ajudará os adultos no autoconhecimento. Eu acho que os anjos sabem disso. Isso sem falar de Deus.

Nos casos mais raros eu acredito que aqueles que apóiam coisas assim, fazem isso com más intenções. A maioria de nós tenta fazer o melhor. Como o pai que bate no seu filho porque quer o melhor para ele, mas simplesmente não sabe como ensinar-lhe algo de outra maneira. Está preso nos seus hábitos, em seu passado, em que provavelmente foi bastante espancado também.

O Deus que eu amo não ameaça. Como eu não abandonaria minha filha ou a deixaria arder no eterno purgatório porque cometeu um "erro", respectivamente um "pecado", Deus também não permitirá que soframos. Para quê? A vida já é cansativa demais. Cada um de nós também sofre. Eu quase não acredito que exista alguém sobre esta Terra que passe pela vida sem sofrer. Simplesmente, a sombra faz parte da luz.

Isso não quer dizer que não devamos apoiar os outros quando for necessário. Quando o outro desejar isso. Mas, tentar levá-lo pela mão contra a sua vontade, talvez até ameaçando-o por baixo dos panos, enchendo-o de medo e susto para empurrá-lo numa determinada direção, isso não. O caminho espiritual exige grande disciplina, um profundo desejo e um anseio íntimo. Isso nós temos ou não. E mesmo quando o outro não alimenta esse desejo, a alma dele cuida para que ele faça exatamente as experiências que são importantes para esta vida.

Vivências

Polly Dovenmuehle é amiga de LD Thompson; nós nos conhecemos de passagem, visto que sempre nos vimos nos mesmos congressos. Numa festa, que dei em honra dos meus amigos, Polly também foi convidada, e falamos sobre o meu novo livro. Ela me contou um pouco sobre suas experiências; e eu lhe pedi para anotá-las para mim:

"A pergunta sobre os obstáculos espirituais, por um lado, é primordialmente esquisita; por outro, é terrível. Tudo parece ser um obstáculo. Quando nos decidimos conscientemente a tornar-nos um agente de busca da verdade ou encontrar a nós mesmos, uma espécie de imagem ilusória toma conta de nós. Se encontramos um mestre, um método que nos fascine, ou se acompanhamos um grupo, perdemos grande parte da nossa perspectiva; e cremos que agora nós 'sabemos'. E porque nós 'sabemos', também queremos que os outros 'saibam'.

Em primeiro lugar queremos que cada pessoa que conhecemos também 'saiba'. Então queremos que todos concordem conosco e participem. Quando a nossa família e os nossos amigos não querem participar, começamos a doutriná-los como loucos, na esperança secreta de que eles finalmente entendam do que estamos falando. Nós imaginamos que, se explicarmos 'direito', os outros também compreenderão. Caso a família não concorde conosco, vamos aos nossos amigos e, caso eles não concordem conosco, arranjamos novos amigos. E por meio de todo esse processo não vemos a impressão horrorosa que deixamos nas outras pessoas, pois nós somos aqueles que 'sabem'.

Essa parece ser uma parte importante do caminho espiritual. O anseio de 'ser são e íntegro' e o desejo de zelar aqui na Terra por uma missão espiritual especial e importante. Mas exatamente isso pode diminuir o nosso ângulo de visão.

Eu me tornei uma pessoa em busca porque isso combinava comigo – ou com o que eu pensava ser: uma rebelde, uma artista, uma ativista e uma oponente da guerra. E o que era bom para os Beatles era suficientemente bom para mim! E por que não? A geração dos meus pais estava ocupada demais em sujar o nosso planeta, saquear os tesouros da Terra e apoiar um governo favorável à guerra. Buscar uma iluminação me pareceu a única alternativa lógica.

Fugi de casa com dezoito anos e mudei-me para San Francisco – era o 'verão do amor', 1968, e todos nós queríamos ter um pedaço desse amor. Nada nem ninguém podia nos deter. Isso sempre acontece nas ações compulsivas.

Para mim, a busca espiritual tornou-se mais urgente ainda depois da guerra do Vietnã. Dois anos depois eu fugi de San Francisco para uma plantação no Colorado com o meu amigo. Nós havíamos decidido criar frutas orgânicas e viver longe da cidade má, corrupta. E, disso tínhamos certeza, a civilização logo seria destruída. Nós pensávamos que apenas as pessoas que se concentrassem na agricultura teriam o suficiente para comer mesmo durante essa prevista queda das cidades. No início dos anos 70, não havia muito para fazer nessas plantações de frutas, além de observar o crescimento das árvores e vê-las ser mordidas pelos insetos. Quando compramos a fazenda, não tínhamos nenhuma idéia de agricultura. Mas pensávamos que trabalhar na terra era algo intuitivo, não é verdade?

Obstáculo: *Quando todos estamos no caminho espiritual, acreditamos que sabemos tudo, mesmo que não tenhamos nenhuma idéia.*

E mesmo que não tenhamos nenhuma idéia, acreditamos que Deus nos informará. Ah, naturalmente lemos a Autobiografia de um Yogue (leitura ainda obrigatória!) e pensamos que Deus já vai dizer o que temos de fazer. E como parecia que Deus fala mais facilmente com as pessoas que vivem na Índia, nós – o meu amigo e eu – determinamos viajar para a Índia, para lá receber o conhecimento de que precisávamos.

Isso foi outra vez uma das nossas conclusões perfeitas. Um dos problemas de buscar a espiritualidade em lugares geográficos é o pensamento de que ela existe em um outro lugar. Não ali, onde você está no momento. É uma idéia maravilhosa querer pesquisar algo e as experiências que fazemos no final também valem a pena, mas a espiritualidade, o nosso espírito está em nós. Podemos poupar uma enorme quantidade de perigos, doenças e desvios se dirigirmos a urgência de encontrar Deus para dentro. Talvez seja um pouco monótono, mas funciona. Trinta anos depois da minha viagem para a Índia isso é um fato espiritual bem constatado, mas naquela ocasião, quando eu pensava ter de ir a algum lugar para encontrá-lo, eu me punha a caminho. Naquela época a espiritualidade ainda não era um acontecimento global.

Um mestre de yoga com o qual tínhamos aula naquela época, quando ainda vivíamos em Los Angeles, levou oitenta pessoas numa viagem para a Índia, para lá lhes mostrar os 'lugares sagrados'. Isso parecia tão atraente, especialmente quando o mestre de yoga falava que ali também poderíamos aprender tudo sobre agricultura orgânica, afinal as pessoas na Índia já a praticavam desde o início dos tempos. O conhecimento espiritual vinha quase como suplemento...

Obstáculo: *Quando se oferece uma viagem para um país estrangeiro, não acredite sempre em tudo o que for prometido. Quase sempre se trata de um erro de tradução. Mas isso você só descobre depois de chegar lá.*

Meu primeiro sentimento de que algo estava errado surgiu quando todo o grupo ficou concentrado num pequeno aposento no aeroporto da cidade de Nova York, em novembro de 1970. Ali nos disseram que seriam comprados em nossos nomes uma caixa de cigarros e duas garrafas de uísque para cada um (o limite legal) e que esses produtos seriam introduzidos por nós na Índia. Nós imaginamos que seriam usados como presentes ou propinas de suborno, o que nunca fora discutido conosco. Então nos disseram que cada um tinha de entregar o seu passaporte e, para voarmos junto, teríamos de assinar um documento.

Todos ficamos razoavelmente chocados; no entanto, éramos muito jovens, inexperientes e decididos a fazer essa viagem sob qualquer circunstância. Nós pensávamos que se quiséssemos ver a 'pátria', a Índia, teríamos de aceitar certas coisas como inevitáveis. Também nos deram regras de como nos comportarmos: nada de dar as mãos ou tocar nos outros em público, a cabeça teria de estar sempre coberta, etc. E então eles nos tiraram os passaportes para colocá-los em segurança, a fim de que não fugíssemos. Fugir?

Depois de um vôo de vinte e sete horas, quase sufocados pelo fumo dos cigarros egípcios (naquela ocasião ainda era permitido fumar a bordo), aterrissamos num aeroporto na Índia. Nem imagino em qual, pois, em vez de passarmos pelos costumeiros procedimentos alfandegários, fomos transferidos imediatamente por meio de uma esteira rolante para um pequeno avião.

Quando finalmente aterrissamos, fomos recebidos por um grupo de cerca de trezentos homens idosos com longas barbas e guirlandas de flores, que eles colocaram ao redor do nosso pescoço, depois do que se inclinaram e beijaram os nossos pés. Sentimo-nos terrivelmente mal durante esse procedimento, que sem dúvida era bastante estranho. Não deveríamos ser nós a beijar-lhes os pés? Eles não deveriam ser mais santos do que nós?

Infelizmente não conseguimos fazer-nos entender e logo fomos novamente baldeados: dessa vez, num velho ônibus escolar, que nos levou até o mestre do nosso mestre.

Todos nós havíamos imaginado um homem mais idoso, com aparência de santo, com uma longa barba branca que nos abençoaria e nos ensinaria mais yoga. Em vez disso, encontramo-nos com um homem furioso muito mais jovem, com pequenos olhos parecidos com ervilhas, que desde a primeira vista não pôde nos suportar. De início, pensamos que esse encontro era uma grande honra para nós. Nem de longe havíamos contado com o fato de o nosso mestre não gostar de nós. Também não havíamos contado com o fato de não podermos suportá-lo também (todos os oitenta). Aqui os pés não eram beijados...

A luta pela nossa alma – e pelo nosso dinheiro – havia começado. De quem afinal éramos alunos? O nosso mestre nos Estados Unidos deveria levar-nos ao porto seguro do seu Yogue. Isso, logo ficou claro para nós, não tinha como acontecer! O nosso mestre havia deixado o seu mestre quando era um aluno jovem e voltou muito mais poderoso do que ele. Ele não estava disposto a entregar-nos ao seu mestre, que fora seu 'antigo mestre com a velocidade do vento'. Então o conflito foi inevitável!!

Além do fato de este último ter um olhar profundamente traiçoeiro – com o qual ele nos olhava a contragosto enquanto falava com o nosso mestre de Los Angeles – ficou claro para nós que com o nosso surgimento nesse continente sagrado também havia outros problemas. Foi-nos proibido sair do ashram enquanto os nossos mestres lutavam entre si (durante dias). Nós estávamos cercados de campos de terra árida, até onde a vista podia alcançar, e em todo caso não saberíamos para onde ir. Fomos alojados em velhas tendas do exército armadas nos limites do ashram sobre o chão cheio de pó, mas até mesmo isso não esfriou a nossa alegre agitação.

Na manhã seguinte, um homem passou rente às nossas tendas com sete camelos e explicou que estávamos num país repleto de maravilhas – no que também acreditamos cheios de satisfação. Os mais velhos entre nós (eles tinham vinte e cinco anos em vez de vinte e um) finalmente exigiram receber de volta os seus passaportes e fugiram para o Nepal em botes caseiros ou levaram uma boa vida nas praias arenosas de Goa.

Só restamos nós, alunos fiéis! Apesar disso espirraram DDT no chão da nossa cela, quando nos queixamos de que havia escorpiões! Entre outras coisas, deram-nos um mingau que nunca havíamos comido em casa: chá preto com leite e açúcar. Horror! Leite! Açúcar! Chá? Aqueles entre nós que comiam principalmente legumes – e, no caso, cenouras cruas – foram os que ficaram mais doentes. Os outros, que vieram para a Índia depois de uma curta refeição festiva de junkfood ou pratos à base de carne, não ficaram doentes ou somente um pouquinho. Um amigo meu, que não tolera esse tipo de aprisionamento, depois de alguns dias pediu para aprender finalmente alguma coisa sobre as fazendas orgânicas. Alguns dias mais tarde veio o ministro da agricultura – nosso conselheiro em agricultura orgânica. A resposta surpreendente dele ao nosso pedido foi esclarecer-nos sobre como lidar com os vermes das nossas macieiras: 'Eu não entendi isso. Não existe quase nenhum inseto que não possa ser detido pelo pesticida adequado'. Esse foi então o fim dos nossos estudos de agricultura orgânica.

Obstáculo*: Não acredite nas promessas das pessoas que tentam convencê-lo de alguma coisa para tirar vantagem.*

Os folhetos de viagem também podem iludir. Como se diz de modo tão bonito naquele antigo ditado: 'Não acredite em tudo o que você lê'. Na verdade, deveria ter ficado claro para nós que a viagem não era como nos foi apresentada, mas o nosso fervor em descobrir os segredos da sabedoria era tão intenso, que um obstáculo tão pequeno como as nossas lições de agricultura não nos demoveram de chegar ao nosso objetivo. Além disso, estávamos intimidados pela mudança que pudemos observar no nosso mestre, antes tão amável. Víamos surgirem enormes nuvens sombrias de tempestade emocional, sempre que podíamos observar as muitas discussões dos 'mestres'. Apesar disso, havíamos decidido: Por favor, aqui na Índia vamos alcançar a iluminação (como se ela fosse simplesmente uma mercadoria fácil de encontrar).

Obstáculo*: Nem tudo pode ser descoberto.*

Talvez seja simplesmente necessário mais tempo para encontrar o que estamos procurando. Talvez até mais do que o tempo de uma vida. Possivelmente esse seja o motivo pelo qual nos livros sobre yogues sempre se menciona que eles estudaram muito tempo com os mestres, às vezes durante toda a vida. Mas nós aprendíamos yoga kundalini, na verdade o tipo mais difícil de yoga. E por isso estávamos convencidos de que havíamos optado pelo mais rápido e brutal encurtamento, e por isso acreditávamos firmemente que obteríamos a iluminação. E assim treinávamos muito e com freqüência – apesar dos camelos, da fumaça e da poeira que, mais fina do que pó de arroz, penetrava profundamente nos nossos pulmões por meio da nossa respiração yogue.

Nós tínhamos nossas instruções diárias de yoga, e para nós não estava claro que a nossa mera presença despertava as maiores controvérsias todos os dias. Na Índia, a kundalini yoga é reservada apenas para alunos que já estudaram yoga durante dúzias de anos. Quando não durante toda uma vida. Nós, ao contrário, confrontamos esse status quo; não só mudamos as regras, mas também as tradições de muitos anos. Nos Estados Unidos ficávamos orgulhosos; aqui, ficamos com medo.

O mestre do nosso mestre exigiu que se parasse com as instruções de kundalini yoga; e quando nosso mestre se recusou, todos nós fomos transportados no velho ônibus para uma distante plantação de mangas, nas proximidades de Délhi. A partir de então acampamos ali. O nosso mestre tornou-se o guru, e nós, os seus dóceis alunos.

Praticávamos yoga, vivíamos em enormes tendas coloridas, acordávamos com o barulho dos passarinhos e estávamos até em condições de fazer compras em pequenos grupos no mercado em Délhi. Todos nós quase morremos de problemas respiratórios. O remédio? Enormes pratos cheios de cebolas cruas e uma cabeça de alho, que nos era apresentado no café da manhã e no jantar.

Quando nos recuperamos o suficiente para podermos viajar, éramos levados regularmente a Sikh Gudwaras (comparável a uma igreja) não sem antes receber túnicas brancas e turbantes. Nós cantávamos e finalmente éramos convidados para um almoço numa casa particular. Esse era o 'tratamento' que aparecia no libreto onde assinamos e pagamos por uma 'viagem com tratamento'. Em toda a parte recebíamos o mesmo, em cada refeição, todos os dias. E isso durante três meses, caso não passássemos mal antes.

Numa dessas excursões, dez mil pessoas esperavam por nós, e elas começaram a balançar o nosso ônibus de um lado para o outro, enquanto ainda estávamos dentro. Aos poucos, também ficou claro para nós que devia haver algumas pessoas que nos sonegavam as informações em segundo plano. Homens jovens, que pareciam guerreiros, surgiam com cada vez maior freqüência durante as cerimônias e eles traziam machados e facas. Eles ficavam no fundo do templo, resmungando. Nós ainda tínhamos uma equipe de filmagem conosco, jovens de boa aparência, vestindo jeans, sem turbantes, que nos seguiam por toda a parte filmando tudo. Será que todas essas pessoas só estavam lá para nos ouvir cantar?

Posteriormente – quando já estávamos em casa há bastante tempo – descobrimos o motivo provável: uma antiga lenda dizia que havia um sikh que iria para o Ocidente (nosso mestre de yoga, um antigo funcionário alfandegário), que voltaria com uma 'New Wave' (uma nova onda: portanto, nós), que recuperaria o poder do sikh, não só na religião, mas também na política. Na Índia, a religião e a política são inseparáveis; na minha opinião uma aliança infeliz, como as que existem muitas vezes no mundo.

Subitamente nós todos nos encontramos numa cerimônia de conversão para a religião sikh. Para tanto, faz-se um juramento que vale para a vida inteira. Eu fechei os meus olhos e disse interiormente: 'Não, realmente, eu não juro isso!', esperando que Deus compreendesse o meu diálogo interior e a minha recusa, e que eu não me comprometera para sempre com uma religião, que começou com um indivíduo santo (bom) e se transformou numa seita de lutadores, cujo último guru – numa longa linha de gurus – continuou lutando mesmo quando sua cabeça foi decepada (nada bom). Em todo caso isso me deu a impressão de totalmente não-iluminado. Na Índia e em casa, nos Estados Unidos, sempre é perigoso apoiar pessoas que queiram ter poder nos dois âmbitos, religião e política.

Obstáculo: *Saia do caminho daqueles que o queiram controlar, a não ser que prefira viver a vida deles em vez da sua.*

Talvez vocês possam imaginar que os ônibus em que nós éramos transportados eram ônibus normais, como os que conhecemos no Ocidente. Não, no caso dos nossos tratava-se de velhos ônibus escolares, com assentos estofados rotos e que para todos os que tivessem mais de um metro e quarenta e cinco centímetros não oferecia lugar para as pernas. O motorista tinha um único desejo, transportar-nos o mais depressa possível de A para B. Ele praguejava o tempo todo e buzinava quase ininterruptamente.

Então corríamos outra vez na curva de uma rua, que estava repleta de pedestres, vacas sagradas e ônibus. O mais assustador nisso tudo era que sempre que dois veículos que vinham em direção contrária se encontravam como que para um duelo, o objetivo era ser teimoso e não ser o primeiro a desviar. Muitas vezes chegávamos totalmente transtornados ao nosso destino e agradecíamos ao bom Deus por termos chegado sem sofrer um acidente fatal. Nosso pedido por segurança antes de cada viagem se tornou a nossa oração do ônibus.

Outra vez fomos instalados num desses veículos, e fomos ao palácio do presidente. Ficamos tão impressionados que nem perguntamos por que justamente nós podíamos encontrar Indira Gandhi no seu palácio – pensávamos ser algo especial. Em todo caso nos admiramos pelo fato de o mestre de Indira Gandhi, que sempre a acompanhava, estar parado por ali vestindo um calção de jóquei, uma típica bolsa de couro branca e um turbante transparente como uma cortina com o correspondente sari embrulhado no seu corpo. Mais tarde soubemos que ele havia sido preso sob a mira de uma pistola no Templo Dourado, pois havia transportado uma enorme quantia em dinheiro naquela bolsa branca de couro.

E agora chego a um ponto que é um obstáculo enorme, um que realmente é universal e não é o único do tipo. Um obstáculo que continua existindo em todas as religiões.

Obstáculo: *Deus só fala conosco! Com ninguém mais, só conosco!*

Quando um grupo de individualistas se reúne ao redor de determinada filosofia e quer se elevar por meio das idéias em que acredita firmemente, os membros correm o grande risco de perder a perspectiva. Pois, em geral, eles acreditam fervorosamente que o seu caminho é o caminho e o seu grupo tem o ouvido de Deus. Deus fala com eles (como se Deus fosse uma pessoa) e tudo o que Deus diz é verdadeiro, é verdadeiro, é verdadeiro! O seu grupo foi 'escolhido' – e isso na maioria das vezes também significa que eles querem convencer os outros por todos os meios. Os piores dentre eles tentam fazer isso com violência.

A verdade diz que Deus não é uma pessoa que fala apenas com determinado grupo de pessoas, porque elas pensam determinadas coisas, seguem determinadas regras de comportamento (em geral, excêntricas!) e executam determinados exercícios. Se acreditamos nessa exclusividade, existe o grande perigo de tornarmo-nos fanáticos – a não ser que tenhamos sorte e quase sufoquemos na própria exclusividade, quando mais tarde constatamos que não é divertido viver isolados das outras pessoas. Às vezes também percebemos isso quando os nossos correligionários, que em circunstâncias normais nem sequer permitiríamos que se aproximassem de nós, se tornaram extremamente antipáticos e insuportáveis e nós ficamos cansados de sermos tolerantes com eles.

Teoricamente, o exercício da tolerância é uma idéia maravilhosa, mas quando continuamos a nos desenvolver é importante que fiquemos mais perspicazes e até mesmo mais privados em nossa espiritualidade. Isso deve ser preservado principalmente quando de repente estamos cercados de pessoas que têm o hábito muito incômodo de gostar de se ouvir falar, e elas querem que você as admire, porque se vêem a si mesmas como o seu mestre, esquecendo-se totalmente de que há algumas semanas eram simplesmente os seus amigos, igualmente viajantes no caminho espiritual. Quem os escolheu para serem seus mestres? Não temos todos participado das mesmas aulas e palestras espirituais? Nesse caso, recolhermo-nos e irmos para casa para usar aquilo que aprendemos, seja lá o que for, ajuda. Mas quando estamos em casa, naturalmente é importante que não nos transformemos, de repente, em mestres autonomeados das outras pessoas.

Finalmente, estávamos no caminho para o aeroporto em Calcutá, felizes de o nosso mestre ter sido um antigo funcionário da alfândega, visto que de alguma forma nos retiraria a salvo da Índia. No aeroporto encontramos também os alunos 'mais velhos e sábios' que já haviam interrompido o curso antes, mas que pareciam um pouco mais abalados do que nós, pois eles tiveram de realmente comprar a liberdade para sair de Calcutá e chegar a tempo para o vôo para casa. No avião nós nos lançamos sobre os biscoitos e a sopa de tomate que foram oferecidos: Que manjar dos deuses!

Quando aterrissamos em Nova York, eu beijei o chão. Tantas coisas não espirituais haviam acontecido nessa viagem para a Índia, que entendi que a espiritualidade nada tem que ver com um determinado local ou no mínimo nada a ver com a Índia que eu aprendi a conhecer. E se não a pudermos encontrar do outro lado do mundo, então também não a encontraremos em casa.

O meu novo conhecimento foi: independentemente do quanto a viagem exterior possa ser para longe, a espiritualidade é encontrada muito mais em nós mesmos. Cada religião tem algo a ver com controle. E se encontrarmos por acaso ou por sorte a espiritualidade do outro lado do mundo (como os famosos quatro músicos) então provavelmente isso se deve ao fato de nós mesmos a termos levado junto. Ou nós tivemos uma vivência totalmente inusitada e abençoada. Caso tenhamos o desejo de viajar, isso é muito bom e bonito, mas apesar disso o espírito é algo que vive em nós mesmos e que deve ser encontrado na própria pessoa. Às vezes uma viagem desse tipo ajuda, mas de vez em quando o que realiza a obra de arte é uma permanência atenta no próprio jardim.

Nós estávamos agradecidos por estar novamente em casa, nos Estados Unidos; no entanto, as outras pessoas tiveram dificuldades em lidar conosco. Nós tínhamos decidido que iríamos ensinar a qualquer um o que havíamos aprendido; e conseguimos transformar rapidamente os nossos velhos amigos em inimigos, especialmente as seis pessoas que havíamos deixado para trás para cuidar das árvores frutíferas.

No decurso dos anos seguintes, falidos pela geada e diversos insetos que arruinaram a nossa colheita, decidimos voltar outra vez para a cidade. O nosso 'mestre', que nesse meio tempo voltou para Los Angeles e continuou dando aulas de yoga, perguntou-me se eu podia pôr o dinheiro vivo obtido da venda da fazenda numa mala. Com ela eu poderia voar para Los Angeles e ele enviaria alguém que também levaria uma mala com dinheiro vivo. Então deveríamos trocar de malas e eu deveria voar o mais rápido possível de volta. Eu recusei, pois, a essa altura, tinha a certeza de que ele não podia ser o meu verdadeiro mestre. Ele me pedia para fazer uma coisa que não só era ilegal, mas também perigosa, e só isso despertou novamente o meu sadio bom senso. Meu mestre não achava importantes o meu bem-estar e a minha segurança espiritual ou física, caso contrário, ele nunca me teria feito tal proposta. Eu o abandonei.

Graças a Deus, o meu bom senso me ajudou a sair facilmente desse estranho relacionamento. Eu nunca fui abusada ou sexualmente molestada. Algumas mulheres jovens ouviram dizer que a sua iluminação seria mais fácil e rápida se praticassem determinados exercícios sexuais com os seus mestres. Infelizmente, isso acontece com freqüência. Quando o movimento das mulheres alcançou o movimento espiritual, graças a Deus tudo foi colocado em pratos limpos e finalmente a verdade foi dita: 'Você está querendo algo de mim, seu chupim!'

Obstáculo: *Por favor não confie no seu mestre quando ele diz que você tem de dormir com ele para experimentar a iluminação espiritual. E não creia também que você é a primeira!*

Portanto, dois anos depois, quando não tínhamos mais dinheiro para alimentar seiscentas árvores frutíferas famintas, muito menos a nós mesmos, decidimos finalmente mudar da fazenda para a cidade de Boulder, no Colorado. Esse nos pareceu um passo correto para a iluminação. Cada um de nós naquela ocasião já estivera na busca – bem, quase todos. Lá havia uma loja repleta de produtos orgânicos e de gente como nós. O famoso instituto espiritual se chamava Naropa, para o qual peregrinavam milhares de pessoas a fim de ouvir palestras e serem abençoadas pelo grande guru daquela época. Havia uma grande quantidade de filosofias contrárias; e alguns de nós tínhamos nosso encontro semanal com Ram Dass e os outros com Chögyam Trungpa (hinduísmo versus budismo). Eu estava grávida, tinha um novo parceiro e estava sentada nas últimas filas para observar tudo dali. Todas as quartas-feiras e sábados milhares de pessoas sentavam-se no tapete da sala gigantesca e ouviam encantadas.

A época era bastante excitante: Alguns gurus faziam experiências com o poder e as mulheres. Em toda parte a fama estava próxima da má fama.

Obstáculo: *Nunca pense que o seu mestre espiritual não tenha também de se desenvolver.*

Raras vezes eles são altamente desenvolvidos para enfrentar as exigências da vida terrena, especialmente quando viajam para cidades e países estrangeiros para ali entrarem em contato com diversas culturas muito crédulas em certas circunstâncias. Alguns realmente vêm de coração puro, mas a maioria tem agendas que contêm muito mais do que o desejo de estar a serviço. Muitos são desperdiçados pelo anseio de ter um séquito de adeptos, que os ajude a ter mais renome do que em casa, no seu próprio país.
Nessa época eu estava ocupada em encontrar novos mestres. Mas em vez de segui-los, eu apenas os ouvia. E, honestamente, eu aprendia mais entre as minhas quatro paredes. Pois os mestres que argumentavam com mais lógica e que me traziam mais, eram os meus dois filhos pequenos. Quando temos filhos é como se Deus nos presenteasse com um pedaço especial do céu. Como minigurus, eles viram totalmente a nossa vida do avesso e despejam sobre nós todas as suas idéias e imaginações sobre como a vida deve ser.
E eu também acredito que o mais importante e mais dominador dos mestres é a natureza. Quando reconhecemos o profundo vínculo espiritual entre tudo o que é a natureza, então a nossa vida todos os dias é plena e renovada. A nossa natureza é aquilo que realmente pode preencher todo o vazio, quando nós permitimos – quando permitimos que os nossos olhos a bebam, os nossos pulmões a respirem e deixamos os nossos pés sentir a terra, que nos sustenta, protege e alimenta. Aí começa o êxtase. O mundo da natureza é o mundo do espírito.

Depois que o meu segundo filho nasceu, eu havia terminado com Boulder. Eu me separei do meu parceiro e fui com a minha pequena família para a Califórnia. A vida era dura. Certo dia, no início dos anos 80, alguém me convidou para conhecer uma entidade canalizada; e isso foi como se todo o meu mundo se abrisse com um enorme estalo e o universo todo se abatesse sobre mim. Subitamente eu estava outra vez num grupo, mas esse puxão foi mil vezes mais forte e sedutor do que seguir, até a Índia, um homem, que havia alcançado mais ou menos a minha definição de valioso, sagrado e bom.
Agora eu tinha contato direto com alguém do reino invisível! Agora não havia nenhuma outra pessoa para me dizer como eu devia viver e pensar; não, aqui havia uma entidade não encarnada que eu podia contatar através do tem-

po e do espaço e que até falava conosco. Holy Shit! Existe coisa melhor? Era como um conto de fadas tornando-se realidade, só que ainda melhor. Houve muitos momentos que trouxeram mudanças importantes, de modo que a minha vida foi totalmente revolvida. E a minha vida se modificou cada vez mais. E nisso havia muitos obstáculos.

Obstáculo: *Alguns canalizadores ficam loucos, tiram dos visitantes todo o dinheiro que podem, adotam filosofias (e frases) que não fazem nenhum sentido. E o mesmo vale para gurus e mestres que se combatem mutuamente, vale para os canalizadores: tenha cuidado!*

E mais uma vez fui testemunha de como os boatos maldosos surgiam por meio dos canalizadores e os seus seguidores, só pelo desejo de aumentar os seguidores e, ao mesmo tempo, o poder e a quantidade de dinheiro na carteira.

Mas também aí houve momentos de insuperável clareza. Eu tinha a sensação de ter finalmente encontrado um apoio irrevogável num escorregadio caminho espiritual. Um apoio que eu nunca mais perderia. Tudo o que eu havia experimentado para chegar a esse ponto, posteriormente mostrou-se compensador. E agora, tantos anos depois, essa nova realidade está tão fixa na minha consciência que quase não consigo me lembrar de como era sem esse conhecimento. Esse apoio veio com um olhar amoroso, dessa vez voltado também para mim, com o qual eu reconheci todos os meus erros e, apesar disso, eu consegui me amar. A isso chamamos de consciência de Cristo. Os passos para tal, que muitas vezes só ocasionam uma pequena mudança de consciência, foram terrivelmente dolorosos.

Obstáculo: *Quando buscamos felicidade, paz ou autoconhecimento espiritual, isso não produz automaticamente felicidade ou paz.*

Ao contrário, pôr-se em busca de alguma coisa em geral faz com que venha à tona tudo o que não corresponda a isso na sua vida. Para que mais uma vez analisemos, pensemos, modifiquemos ou nos desapeguemos. Então começamos a decidir outra vez a nossa vida – e com isso o nosso curso interior e o modo como devemos nos comportar no futuro.

Certa vez eu tive um amigo que sempre respondia à pergunta sobre como estava, dizendo: 'Ainda estou em construção'.

Eu acredito que a maior dificuldade ao pesquisar o conhecimento dos canalizadores está em que alguns deles não são sábios. Mas é realmente possível constatar a diferença. Alguns dão os conselhos mais horríveis, alguns nem se-

quer canalizam de verdade, e muitos, que são canalizadores maravilhosos no início, ficam horríveis depois. Eu tive a sorte ou recebi a grande bênção – conforme você queira analisá-lo – de sempre abandonar um canalizador antes de ele começar a virar a cabeça. Um ficou totalmente maluco quando a classe aumentou para mil pessoas. A energia acumulada era muito descontrolada, embora na verdade todos estivessem sentados ali ouvindo. Então encontrei um outro canalizador que me levou passo a passo por um processo que me ajudou a unir outra vez os meus aspectos em mim, as peças do meu quebra-cabeça. O meu verdadeiro trabalho só começou depois disso. Essa entidade canalizada não era só um psicólogo estupendo, mas também tinha a consciência de Cristo, e também era meu amigo e ajudou-me a atravessar um processo difícil em que muitas vezes perdi o fôlego ao realmente usar o que aprendi. Essencialmente, é preciso dizer que eu me encontrei, estou mais contente com a minha vida e sempre vejo a necessidade de buscar conselho e orientação fora da minha própria verdade e conhecimento. Houve períodos em que senti que essa entidade canalizada salvou a minha vida, e se não fez isso, ao menos ajudou a me salvar a mim mesma.

Eu lembro de que certa vez estava inacreditavelmente frustrada e o meu mestre sem corpo, que era canalizado pelo meu amigo e que falava por meio dele, segurou-me pelos ombros e me sacudiu de um lado para outro. Eu ainda lembro como questionei o que devia ser solto em mim – por meio das sacudidelas.
E ao fazer isso ele disse: 'Por que você acha que pode explicar e descobrir tudo?' Acho que foi nesse momento que eu finalmente parei de querer explicar o universo.

Quando observamos as diferentes camadas no nosso ser, não é raro que nos encontremos num estado estranho: 'Alô, espere um momento, porque subitamente me sinto bem diferente do que me sentia nas últimas semanas, o que está acontecendo?' Esse é o momento em que podemos nos modificar. Por exemplo, quando em geral somos relativamente felizes e de repente ficamos deprimidos por motivos inexplicáveis; ou somos uma pessoa tranqüila, e inesperadamente nos pegamos sendo ruidosos e agressivos; ou, enfim, estamos satisfeitos e, de repente, somos invadidos por uma insatisfação desconhecida – esses são fragmentos do nosso ser que exigem a nossa atenção. Mesmo que apenas nos perguntemos: 'Como normalmente não me sinto desse modo, quem ou o que em mim quer obter a minha atenção? Que parte de mim quer ser aceita?'

Obstáculo: *Se você acredita que se transformou subitamente numa pessoa totalmente diferente (por exemplo, numa pessoa que está constantemente irritada) e agora teme ficar assim para sempre, não se preocupe tanto. Esse é somente um tipo de local de construção no caminho espiritual, que logo abandonaremos outra vez.*

Em vez de fugir, esforcemo-nos por reconhecer esse sentimento em nós e perguntar o que ele nos quer dizer; pois assim, em geral, ele se integrará outra vez em toda a nossa vida. Simplesmente porque o reconhecemos, o drama muitas vezes termina ou se resolve.

Certa vez tive um amigo, igualmente uma pessoa em busca, que ao passar por um processo semelhante perguntava todas as manhãs: 'Estão todos aí? Todos estão outra vez no ônibus? Nós queremos prosseguir!' Com isso ele convocava todos os seus aspectos a se moverem juntos para a frente. Adorei essa idéia.

Quando encontrei pela primeira vez esse tipo de informação canalizada, eu parecia uma pessoa faminta que finalmente recebia algo para comer. Fiquei ávida e queria sempre mais. As informações eram boas; e depois que me ocupei incluindo o aprendido na minha vida, percebi que me tornei menos ávida. Senti-me saciada. Em última análise, depois não precisamos mais das informações, pois sabemos que todas as informações também estão em nós.

Obstáculo: *Cada um de nós quer partilhar o seu caminho com outras pessoas, principalmente quando ele nos traz resultados. Isso é especialmente verdadeiro quando estamos em condições de expressar as recém-encontradas liberdades e a nossa nova consciência diante dos amigos.*

Infelizmente, é natural que também possa acontecer o seguinte: depois que empurramos os nossos amigos para o caminho, muitas vezes podemos observar como a vida deles se dissolve e eles passam por grandes sofrimentos (dos quais haviam ouvido falar, mas naturalmente não faziam nenhuma idéia). E então chama a nossa atenção que realmente não faz nenhum sentido enviar os outros para esse caminho. Trata-se de um caminho, de uma viagem que só deve ser iniciada quando o viajante não tiver outra opção e nenhum outro desejo além de trilhar esse caminho. Uma viagem que não é apropriada para qualquer um.

A frase 'Abençoados os que não sabem,' é correta. Buscar, em nenhum caso é uma bênção. Modificar antigos hábitos igualmente não é uma bênção. Ser sensível e atento não nos traz necessariamente a paz. As frustrações e o desespero do autoconhecimento não são bênçãos, mas o passo imprescindível para a modificação. Ocasionalmente, encontramos um lugar de descanso para fazermos uma pequena pausa nesse caminho espiritual. E essa pequena pausa na ocasião nos parecerá uma bênção. Mas também é importante saber que essa pequena pausa somente é uma pausa e que depois dela as horas de aula simplesmente continuam.

Portanto, é preferível pensar duas vezes se realmente queremos convidar alguém para caminhar por esse caminho. Essa poderia ser a última e cansativa experiência compartilhada.

Enquanto escrevo isto, entendo bem que um dos pensamentos mais tolos divulgados na comunidade espiritualista em todo o mundo é: 'Se ajudar uma pessoa, você também ajudará uma outra.'
Isso não é verdade!
Isso não é verdade!
Isso não é verdade!
Talvez os deuses riam da sua própria esperteza de tornar as coisas complicadas, mas parece que não existem realmente regras e cada um de nós tem as próprias circunstâncias de vida que deve resolver. Por que algo funciona para nós, talvez seja um dos mais complicados mistérios da vida. Mas isso nem de longe quer dizer que não devamos experimentar. Talvez simplesmente não precisemos dizer a cada pessoa que amamos que ela deve fazer o mesmo.

Para encerrar, ainda quero acrescentar um pensamento: Eu espero que a leitura das minhas vivências não tenha sido muito enervante, e, em vez de pensar se devemos dar nos nervos dos outros com o nosso recém-adquirido conhecimento, talvez nos ajude compreender que pudemos viver uma grande bênção: o fato de tentarmos ver Deus em todas as coisas; de termos um ponto de apoio para os mistérios da vida; de sermos abençoados apesar das difíceis circunstâncias externas na nossa vida; que de fato tentamos encontrar um sentido e temos uma grande chance de transformar tudo em energia. O fato é que o nosso planeta precisa de amor – o amor pela vida, pelas pessoas, pelos animais, pelo país, pelo mar e por todas as criaturas. Quando, portanto, nos concentramos no amor, e viajamos tão longe quanto queremos, mudamos tudo em que tocamos, até mesmo dentro das nossas quatro paredes."

René Tischler também me enviou alguns pensamentos sobre isso: "*Eu quero contar um pequeno episódio que aconteceu comigo em Rishikesh. A história reflete a insensatez dos dogmas religiosos. Também o santo hindu Anandamayima divertiu-se com isso.*

À festa do Cordeiro, uma antiquíssima cerimônia védica do fogo, também compareciam os mais honrados brâmanes das regiões do Himalaia com suas túnicas cor de laranja da renúncia. Temos de saber que os brâmanes pertencem à casta superior, ao passo que os europeus na melhor das hipóteses pertencem à mais baixa e, por isso, do ponto de vista estritamente religioso, são considerados impuros.

Então lá estava eu perto da porta do lugar onde o almoço estava sendo preparado para os sacerdotes. Quando os brâmanes me descobriram, as figuras antes tão esclarecidas – que com suas longas barbas brancas se pareciam tanto com o querido Deus – entraram em pânico, agitaram freneticamente as mãos ao redor, gritando alto. Finalmente fui mandado embora e me explicaram qual era o perigo ameaçador: se eu tivesse tocado na cozinha com um dedo, a comida dos brâmanes não poderia mais ser comida."

No entanto, isso não deve causar a impressão de que todos os homens e mulheres santos na Índia são confusos ou ao menos estranhos ou que uma viagem para a Índia não faz sentido. Muitos gurus e swamis vivem uma vida honrada, e o bem-estar dos seus alunos realmente lhes importa. Como em toda "profissão", há os bons e os maus.

Parte do nosso treinamento espiritual é descobrir a qual dos dois queremos ouvir. Eu mesma tive uma experiência maravilhosa em Rishikesh, que descrevo no meu livro *Wie Engel uns lieben* [Como os anjos nos amam]. Eu usufruí bastante a viagem, nunca tive a sensação de que eu teria perdido um ponto importante no meu desenvolvimento sem essa viagem. Eu não acredito que o nosso destino seja um ônibus que podemos perder. O nosso destino é uma rodoviária – sempre que estamos prontos, há um ônibus para nós. Sem dúvida, cada viagem amplia o nosso horizonte. Mas só porque não podemos pagar uma viagem para a Índia, nós não perdemos o nosso desenvolvimento espiritual. Isso seria horrível. E, contudo, houve uma viagem com amigos espiritualizados para o Peru e uma para Israel, pelas quais nunca me decidi por motivos familiares, embora eu tivesse gostado de ter tido essas experiências.

Admiração

É mais fácil adquirir um séquito do que livrar-se dele. Eu vi e observei muitos mestres cercados por um grande grupo de admiradores. Quem é que não quer ficar próximo do amor, da sabedoria e da generosidade?

Em sempre me esforcei – se deu certo os outros têm de julgar – em não construir um séquito. A mim importa que cada um siga o seu caminho e ouça a própria voz interior. Eu posso dar estímulos, mas é tudo. No melhor dos casos eu sou uma placa de estrada que indica a direção. Mas não posso nem quero ir junto. Eu já tenho bastante trabalho com a minha própria vida, com os meus desafios. Como muitas vezes me sentisse responsável pelo bem-estar dos outros, naturalmente eu também sei que esse é um grande desafio para mim. Por isso foi muito difícil praticar uma profissão ligada a tantos perigos de responsabilidade.

Sempre encontramos admiradores durante as nossas palestras ou workshops. Encontrei algumas pessoas para as quais me senti atraída. Eu, que só consigo memorizar uns poucos nomes, de repente memorizei os deles. Toda pessoa que tenha dado workshops já deve ter observado isso. Sempre há uma ou outra pessoa que fica "pendurada" em nós. Que nós gostaríamos de conhecer melhor. E assim aconteceu comigo e com minha irmã Susanne Adlmüller. Susanne, que dá muitas *visionquests* e dirige seminários de meditação, adquiriu, tanto como eu, muitos amigos através dos nossos workshops.

Uma das minhas amigas tinha um relacionamento amoroso, que resultou de uma relação mestre/aluna. Ela era mestra de meditação e ele veio até ela como uma pessoa em busca. Depois de algumas sessões eles perceberam subitamente que haviam se apaixonado. Quando a minha amiga percebeu que seu coração fora tocado mais fundo, ela imediatamente interrompeu o relacionamento "profissional" com ele. Ela lhe explicou que teria prazer em indicar uma outra mestra, mas que não estava mais à disposição para novas sessões. Ele intuiu do que se tratava, procurou outra mestra e a procurou outra vez algum tempo depois. Embora ela hesitasse, eles começaram um relacionamento. Ela continuou sua mestra. Na sua vida espiritual ela era simplesmente muito mais consciente e ativa do que ele, que era curioso e queria aprender com ela. Eles não tiveram sucesso em sair dessa dinâmica professor/aluno.

Quando um dos dois é professor num relacionamento amoroso, é sinal de que ele perdeu o seu equilíbrio. O respeito mútuo se modificou. Um é "superior" e, com isso, não há igualdade de direitos no relacionamento amoroso.

Igualmente difícil é quando tentamos passar de uma relação original de professor/aluno para uma amizade na mesma altura. Isso será mais insatisfatório para o ex-aluno. Afinal, ele ou ela deseja e espera um relacionamento com direitos iguais. E para que isso seja possível, depende da disposição de ambos; de o mestre incluir o ex-aluno na sua vida e também lhe pedir conselho, e ver o ex-aluno na mesma escala em que o mestre.

Não é uma tarefa fácil.

Vivências

Como aluna eu vi, ouvi e pude observar muitas coisas. Eis aqui as vivências descobertas por uma aluna:

"Outubro:

Nunca na vida dela Klara se sentiu tão à vontade. Mas que grupo sensacional de pessoas! Se todas as outras pessoas na sua vida fossem tão amorosas! Com seus trinta e dois anos ela já havia "juntado" uma coleção de pessoas cansativas. Ela estava tão contente por ter aceito o convite de sua amiga do jardim-de-infância e de ter vindo ao seu grupo de meditação! Afinal, Ivonne e seu eterno 'Vem comigo, tenho certeza de que lhe fará bem!' lhe dava nos nervos, mas quando na última semana uma briga indizível com a sua mãe não teve fim, ela deixou-se convencer.

Ela olhou para a grande sala de estar, para a qual a líder havia convidado o grupo. Havia no mínimo cinco Budas, algo cheirava muito bem. Ah, sim, provavelmente sálvia. Não é isso que os índios queimam em suas cerimônias? Havia ainda diversas imagens de Jesus e uma estátua de mulher, que os outros chamavam de "Quan Yin". Fosse qual fosse o significado, ela não se atreveu a perguntar. Todos pareciam saber tudo. Ela se sentiu um pouco tola. Ficou perto de Ivonne, que cuidou dela carinhosamente. Todos abraçavam a todos e, no início, achou isso um pouco desagradável. Ao menos todos cheiravam bem, embora lhe chamasse a atenção que a maioria não desse importância aos cuidados com os pés, muito menos com unhas curtas dos dedos dos pés. 'Bem, ninguém é perfeito. Quem será tão mesquinho?', ela ditava as próprias regras.

Ela estava especialmente fascinada com a líder do grupo, Anandi, uma mulher certamente no final dos quarenta ou início dos cinqüenta que, como se isso fosse natural, era o centro de todas as atenções. Ela não era indiana, mas veio de Mönchengladbach. Usava uma calça larga, de cor creme e uma blusa solta e tinha diversos amuletos ao redor do pescoço. Ela era mestra de Reiki, coisa que Ivonne lhe explicara em certa ocasião, mas de que ela havia se esquecido. Ser mestra não é mau, e além disso ela também lidava com astrologia – algo que merecia toda a sua admiração. Não por causa do conhecimento, mas por causa da memória. Klara sabia exatamente qual era o seu ascendente, mas quando lhe perguntavam onde estava a sua Lua, ela nunca conseguia se lembrar.

Além disso, a mestra Anandi, como todos a chamam ali, também era muito intuitiva, porque muitos dos presentes também lhe pediam conselhos em particular e as respostas eram precisas. Ivonne também lhe contou que Anandi na verdade se chamava Brigitte e ela aceitara esse nome anos atrás, depois de uma viagem ao Tibete. Mas isso lhe era indiferente. Se Anandi ou Brigitte, dava no mesmo para Klara. Só lhe chamavam atenção os olhos calorosos de Anandi e ela percebia quando eles a fitavam ocasionalmente.

Mas que mulher! Ela gostaria de ter uma amiga assim. No decurso da noite em que meditaram, rezaram e conversaram, uma pequena mulher de cabelos negros lhe chamou a atenção: certamente ela devia ser a mão direita de Anandi. Ela sempre corria quando o copo de Anandi estava vazio, trazia mais uma almofada quando percebia que Anandi mudava de posição, e de cada vez Anandi agradecia com um sorriso carinhoso e dizia: 'Obrigada, Maria.'

Ivonne tinha problemas com a babá e precisava voltar para casa cedo, e como elas vieram num carro só, Klara foi junto. Ela ainda viu com o canto dos olhos quando Anandi se recolheu e um grupo de cinco ou seis pessoas a seguiu. As outras pessoas – deviam ser cerca de cinqüenta – que ainda ficaram se divertiam e pareceu que isso não chamou a atenção dela. Pena, pensou Klara, eu também gostaria de fazer parte das pessoas que puderam acompanhá-la.

Novembro:
Lamentável demais que essas noites regulares com Anandi só acontecessem uma vez por semana. Ela participou de cinco noites, mas se sentia muito melhor do que antes. A essa altura ela conhecia quase todas as pessoas do grupo,

e estava simplesmente encantada. De quantas coisas ela não sabia! E Anandi era simplesmente lendária. Tão calorosa, tão esperta e tão bem-humorada. Perto dela, Klara sentia-se muito protegida. Ela tinha algo tão inacreditavelmente maternal, um amor que ela nunca recebera da própria mãe. A sua mãe, tanto quanto podia se lembrar, sempre fora um feixe de nervos. Nada estava suficientemente bom, e mesmo agora, quando se telefonavam, Klara primeiro tinha de ouvir as lamúrias sobre como ela nunca mais telefonara, e que ela estava outra vez sentindo-se tão mal e nenhum dos filhos se importava com ela. Klara não suportava mais ouvir isso. No final do telefonema ela sempre se sentia exausta. Quando a mãe desistiria dessas lamentações? Se ela finalmente assumisse a responsabilidade por si mesma! Anandi também dizia que isso era importante e que talvez ela pudesse trazer a mãe com ela uma vez.

'Só me faltava essa', Klara pensou. 'Enfim tenho um grupo em que a minha mãe não tem nada a dizer e agora devo incluí-la? Não, não, isso não chegará a esse ponto.'

Ela queria tanto conhecer Anandi um pouco melhor. Sempre que a sessão terminava, cerca das dez horas da noite, em geral um grupo de cinco pessoas se levantava com ela, e eles saíam juntos da sala. Desde que Ivonne resolvera seus problemas com a babá, ambas ficavam um pouco mais para conversar com os outros. Às vezes ouviam risadas altas vindas do aposento de trás e não havia nada que Klara desejasse mais do que participar.

Ela já conhecia algumas pessoas do círculo mais estreito. Havia Markus que já gozava da proximidade de Anandi há anos e a transportava a diversas instituições. Anandi quase não dirigia o carro, isso não lhe fazia bem e ela desconhecia o motivo. E Anandi só ia no carro de Markus. Era proibido fumar no carro e Markus cuidava pessoalmente da limpeza. Markus contou-lhe certa vez que ele só podia usar determinado produto de limpeza e que só ele podia usá-lo. Certa vez Markus adoeceu e o irmão dele dirigiu. Depois disso, a pobre Anandi ficou doente por cinco dias e então não houve reunião do grupo. Markus também lhe explicou que desde então naturalmente ele se esforça por manter-se saudável; e mesmo quando teve uma grave indisposição estomacal, ele conduziu Anandi apesar disso, e ela lhe ficou imensamente grata. Bem, de algum modo isso também não era nenhum milagre. Anandi era muito 'sutil' e aí é preciso ser um pouco mais cuidadoso.

Dezembro:
Esse foi de longe o seu mais belo Natal. Não só porque no primeiro dia festivo do Natal ela fora iniciada no círculo central de Anandi. Uma das suas adeptas lhe legara um celeiro, e este estava sendo reformado por todos há al-

guns meses. Agora ele finalmente estava pronto. Anandi também lhe pediu para cantar Noite Feliz com ela. A voz de Anandi – com todo o amor – não é tão magnífica, mas Klara sentiu-se especialmente honrada pelo fato de ter sido escolhida para cantar com ela. Anandi até mesmo segurou sua mão e a apertou algumas vezes. O braço de Klara ainda estava quente durante todo o dia seguinte. Ela estava tão feliz. E no final, Anandi disse que era magnífico ter uma família tão maravilhosa. E aqueles dentre eles – Klara podia jurar que Anandi olhara para ela por mais tempo – que sempre desejaram uma família tão amorosa, deveriam ter o sentimento de ter voltado para casa no ano que se iniciava.

Sim, ela tinha esse sentimento. Ela pertencia àquele lugar, e não desejava nada tão ansiosamente como estar mais perto de Anandi. No entanto, o mais bonito presente de Natal foi, depois que a noite passou e o grupo habitual desapareceu no aposento de trás, que Anandi se virou para trás e acenou para que Klara se aproximasse. Ela mal pôde acreditar!

No aposento traseiro havia um grande sofá e, como se fosse natural, Anandi deitou-se nele. Markus massageou os seus pés, e Maria lhe trouxe uma bandeja com doces e muitos chocolates. Klara mal conseguia fechar a boca de espanto, ela não fazia idéia da quantidade de doces que Anandi conseguia degustar. E ela sempre havia pensado que lambiscar doces era algo ruim. Pois bem, parece que isso não fazia mal à Anandi. Ela não sabia exatamente o que tinha de fazer, e assim encaminhou-se até Anandi e lhe fez uma massagem nas têmporas. Anandi pareceu gostar disso e fechou os olhos. 'Obrigada', ela ainda murmurou, e Klara simplesmente se sentiu maravilhosa.

Na semana seguinte, depois da aula, Klara seguiu o pequeno grupo, como se isso fosse natural. A curto prazo ela temia que talvez algum dos outros a olhasse com estranheza. Mas não, Anandi também disse imediatamente: 'Ah, Klara, que bom, faça outra vez uma massagem tão magnífica como a da semana passada'. Então ela soube que fazia parte desse grupo.

Janeiro:
O fato de o escritório de Anandi não ser bem organizado chamou a atenção de Klara. Maria enviava regularmente convites para diversas outras instituições, mas com freqüência chegavam atrasados ou os endereços não estavam corretos. Quando mais uma vez algo não deu certo depois de uma daquelas noites, quando estavam sentados ao redor do sofá de Anandi, ela a ouviu dizer que seria ótimo se encontrasse alguém que fizesse a organização. Por acaso, Klara estava perto dela (embora não existam acasos, como Anandi sempre enfatizava, mas apesar disso parecia ser ocasional) e se ofereceu automaticamente. Anandi pareceu muito alegre e agradecida, e Klara prometeu cuidar de tudo.

No dia seguinte, no escritório (afinal ela deveria cuidar do seu novo status, mas isso podia esperar) ela organizou tudo. Optou por uma ficha que abrangesse todos os membros, que então receberiam informações automáticas sobre as diversas instituições. Naturalmente a ficha não devia ser muito longa (porque isso enerva) e tinha de conter os seguintes dados: endereço, endereço eletrônico (e-mail), número do telefone, se queriam ser informados dos futuros compromissos e se queriam ajudar voluntariamente. Talvez ainda, se queriam gastar regularmente certa quantia, ou se teriam vontade de cooperar. Ela tirou cópias suficientes para todos e já se alegrava com o rosto de Anandi quando visse o seu trabalho.

Fevereiro:
Ó meu Deus, mas que drama! Klara não fazia idéia da agitação que criou com a sua ficha. A assistente Maria, que cuidava de Anandi, ontem telefonou para ela para se queixar. Ela já ouvira Ivonne dizer que Maria estava um pouco azeda, e mesmo com a melhor boa vontade Klara não podia explicar o que poderia ser. Ao que parece, Maria havia planejado o aniversário de Anandi e o fato de justamente Klara lhe apresentar a ficha e pedir para cada participante se inscrever a havia perturbado.
Não, isso não deve ser verdade. Como é possível ficar agitada devido a uma coisa assim? Afinal, aqui não estamos num clube de jardinagem. Que seja. Em todo caso, Anandi alegrou-se por ela ter cuidado de tudo e lhe deu de presente uma magnífica cruz azul com a corrente. Anandi pensara nela! Além disso, ela disse que havia comprado essa cruz semanas atrás, mas ainda não sabia para quem, e que de repente lhe veio à mente que o presente seria para ela.
A coisa melhor foi o fato de Anandi pensar nela. Ela anotou que devia transferir seus compromissos no escritório para o dia seguinte, pois Anandi precisava urgentemente de alguém que a levasse de carro para Augsburgo. Finalmente, um tempo a sós com Anandi? É claro que ela se ofereceu sem demora. Ela esperava, é claro, que Anandi suportasse o seu carro.

Mais tarde, em fevereiro:
Ela já pôde levar Anandi de carro três vezes. Nas últimas semanas Markus não estava se sentindo bem. O pai dele estava à morte e, embora Anandi parecesse preocupar-se bastante com Markus, telefonando-lhe com freqüência, ele não poderia levá-la. Pela primeira vez, Klara estava muito alegre por ter esse belo carro Mercedes que comprara num surto de mania de grandeza. Ele era realmente muito belo. Um Mercedes antigo, muito bem equipado, naturalmente é especial.

É claro que ela logo perguntou a Markus que produto de limpeza ele usava, e este logo lhe disse, embora a sua voz soasse um pouco estranha. Mas isso devia ser por causa da sua situação, consolou-se Klara. Afinal, o pai dele estava morrendo. Em todo caso, Ivonne, sua velha amiga, também estava um pouco estranha, ultimamente. Certo, ela teve de recusar alguns encontros e infelizmente não teve tempo de comparecer ao aniversário de quarenta anos de Ivonne porque Anandi precisou dela, mas será que era por isso? Talvez ela apenas não tivesse dormido bem, tivesse tido aborrecimentos com a babá ou com o marido.

Março:
Klara ainda estava tremendo. Ivonne deve estar totalmente louca. Vai ver, está com ciúme. Como podia acusá-la de ter mudado? É claro que ela mudara (graças a Deus!) e afinal, ela tinha de agradecer tudo isso a Anandi. Com certeza, Ivonne queria se vingar por isso, e absolutamente não era verdade que Klara se tornara uma escrava de Anandi. Ela gostava de ajudar! E Ivonne devia controlar-se um pouco. E logo surgiriam velhos padrões que não eram muito satisfatórios. Klara sentiu uma dor estranha no seu coração. 'Tenho de meditar,' ela decidiu. 'De algum modo tudo se arranjará.'

Abril:
'Amanhã preciso de você com urgência!' A notícia na sua secretária eletrônica não era especialmente satisfatória. Justamente amanhã seria muito ruim. Klara tinha um novo cliente, que só estaria na cidade durante um dia, e Anandi precisava justamente de alguém que a levasse ao médico na cidade. Será que Markus poderia levá-la? Pois bem, nas últimas semanas ela quase não vira Markus nas reuniões. Ele também se despedia sempre muito depressa, e naturalmente ela também percebera que Anandi quase não perdia mais tempo com ele. Oh, Deus, o que fazer? Talvez ela pudesse encontrar o cliente à tarde e levar Anandi ao médico pela manhã?

Maio:
Enquanto isso, Ivonne fugia dela. Isso era óbvio, e agora também pouco lhe importava. Afinal, em compensação ela tinha Anandi. Esta lhe explicou que algumas pessoas se desenvolvem mais devagar do que outras; obviamente, esse seria o caso de Ivonne.
Ontem Klara fora almoçar com Anandi. Ela tinha se apaixonado por esse agente de cura do Peru e ele as acompanhou e ficou tocando flauta o tempo todo. Isso era estranho. Ela sentiu-se um pouco como a terceira roda do carro, embora Anandi se esforçasse por incluí-la na conversa. Ela estava tão cansada

e ficou muito contente quando finalmente pôde levá-los para casa. Afinal, por que Anandi não tinha uma carta de motorista? Ela parecia ter todo o resto sob controle.

Junho:
Como fazer? Há algumas semanas Anandi planejava essa viagem para o Peru com todo o grupo. Ontem ela anunciou a data com toda a comunidade reunida, e essa era justamente em meados de setembro, quando ela queria ir com a sua irmã nesse safári fotográfico (que de algum modo parecia estar marcado há cem anos). Ah, não, isso não pode ser!

Mais tarde, quando fazia uma massagem nas têmporas de Anandi, como de costume, ela tocou no assunto: a data já estava marcada, e Anandi olhou apavorada para ela e disse – já com certo ar de censura – que afinal ela deveria saber que essa era a única data possível. Ela já vinha trabalhando nisso há meses. Klara não se atreveu a dizer que já fizera outros planos. Talvez fosse possível adiar o safári.

Julho:
Oh, Deus, agora minha irmã também está azeda. Não era mais somente Ivonne, sua amiga desde o jardim-de-infância, que não falava mais com ela. Por que, afinal, elas não conseguem entender que essas viagens com Anandi são infinitamente importantes? Coisas assim só acontecem uma vez na vida. Afinal, sempre é possível fazer safáris fotográficos; bem, na época da chuva é uma tolice. Mas a não ser isso, eles sempre dão certo. Não posso pedir que Anandi adie essa viagem com trinta pessoas ao Peru só porque fiz planos com a minha irmã. Eu não posso desistir do Peru. Por que elas não entendem como isso é importante para mim? Enfim, eu quero aprender alguma coisa. Anandi é a minha mestra e eu quero estar por perto quando ela precisar de mim.

Agosto:
Mas que mês horrível! Anandi está com uma família em Hamburgo – certamente ela faz isso uma vez por ano. Klara nem imagina que Anandi tem um filho adulto lá. Pois bem, então ela finalmente pôde fazer a sua contabilidade em paz e preparar a viagem para o Peru.

Um dos seus clientes acabou de ir embora porque achou que ela não se preocupava suficientemente com ele. Mas o que as pessoas pensam, que ela não tem nenhuma vida pessoal a não ser o seu trabalho?

Setembro:

Meu Deus, como essa viagem foi cansativa! Mal acabou de desfazer as malas e já veio o telefonema de Anandi que quer que a leve de carro amanhã às dez horas para a sessão de acupuntura. Klara não agüenta mais. A viagem, bem, de algum modo foi muito estranha. Continuamente Anandi ficava com aquele estranho xamã, que ainda por cima tocava horrivelmente aquela flauta. No jantar, no restaurante, isso ainda foi divertido, mas agora ele toca cada vez que não sabe dar uma resposta correta.

Anandi também se comportou de modo um pouco estranho. Ela costuma ser bastante convencida. Mesmo com todo o amor, isso sempre chama a atenção. E como ela aceitou tão benignamente os presentes desses outros xamãs, bem, de algum modo isso não a havia agradado.

Enquanto Klara examinava a correspondência, um cartão postal da sua irmã lhe caiu nas mãos; ela havia levado uma amiga no seu safári fotográfico. Klara ficou um pouco mais tranqüila porque teve notícias de sua irmã. Em pensamentos ela se perguntou se indo com a irmã ela não teria se divertido mais. Um leve sentimento de pena se espalhou nela, e quando viu a quantidade de cartas que a vizinha lhe havia trazido para examinar, sentiu-se muito mal. Contas e mais contas.

Nos últimos meses Klara simplesmente não havia se ocupado suficientemente com os seus clientes. Aos poucos, isso saía caro. E embora ela às vezes lamentasse não ter um emprego fixo, alegrava-se com as liberdades de que podia gozar. Ela nunca teria tido a chance de ser a motorista de Anandi se estivesse empregada em algum lugar. E embora ela realmente não tivesse tempo, de alguma maneira ela daria um jeito de levar Anandi à sessão amanhã.

Outubro..."

Querida leitora, querido leitor, naturalmente eu poderia continuar escrevendo isso eternamente... Mas há muito tempo você deve ter percebido como esse relacionamento professor/aluno não é saudável...

Sim e não

Sheila é uma das minhas amigas mais íntimas. Ela é prestimosa, generosa, amorosa e foi abençoada com uma grande dose de bom humor. E ela tem dinheiro. Sheila muitas vezes se sente responsável pelas outras pessoas. Ela vive bem e quer partilhar isso com os outros. Ela está cercada por gente que está continuamente falida e, generosamente, Sheila ajuda essas pessoas. Ela gosta de doar. E, no entanto, sempre se pede mais dela.

Quando alguém lhe pede um favor, sua reação espontânea é dizer que sim. Ela tem dificuldade em controlar essa reação automática de se perguntar se realmente quer dizer "sim".

Perto de Sheila, basta alguém parecer confuso, suspirar algumas vezes profundamente e ela logo pergunta como pode ajudar. Talvez a pessoa acrescente ainda, "Você não imagina como é difícil quando não podemos adquirir isto ou aquilo e então olhar para você, que tem tudo". E logo Sheila sente-se responsável e podemos obter dela relativamente tudo de que precisamos.

Sheila não doa apenas o seu dinheiro, mas também o seu tempo. Ela trabalha para uma organização de utilidade pública e arca com os próprios gastos. Cada selo. Cada viagem. Cada conta de telefone. Seus gastos poderiam ser comparados com os seus honorários. A dirigente dessa organização comunitária caiu rapidamente no conceito de Sheila. Ela pôde observar que a integridade da organização muitas vezes era questionada pelas ações dessa chefe, e que aquilo que ela pedia dos outros, ela mesma não vivia. E, apesar disso, Sheila continuou dando tudo o que podia, porque queria apoiar uma boa causa. Ela ficou até o fim. Ela dizia um sim e reconhecia que seria necessário um "não". Não em seu próprio benefício, mas também para talvez ajudar a chefe a recuperar a própria integridade. No entanto, dizer não é um dos exercícios mais difíceis do caminho espiritual, pois muitas vezes pensamos que não nos é permitido fazer isso.

Queremos servir. Queremos apoiar e ajudar os outros. Queremos ser amorosos e generosos. Queremos ser infinitamente compreensíveis e por isso deixamos ocasionalmente que os outros nos tratem mal. Então, com freqüência nos deparamos com os nossos limites. Estamos esgotados, mas apesar disso ainda estamos preparando a comida dos desamparados. Nós mesmos estamos doentes, contudo fazemos compras para a nossa vizinha doente. Estamos em meio a uma crise emocional, e apesar disso apoiamos o nosso amigo cuja mulher acabou de abandoná-lo. Pelo fato de fazermos algo bom, porque queremos justamente ajudar os outros; pela mesma razão, também é muito difícil cuidar de nós mesmos. Especialmente para pessoas espiritualizadas, que (em geral) são prestativas.

Nós esperamos – muitas vezes em vão – que os outros finalmente reconheçam o nosso "sacrifício". Que percebam como somos infinitamente generosos, infinitamente prestimosos. Mas os outros não vêem isso, pois sempre exigem mais. Afinal, estamos sempre presentes. Afinal, sempre estamos à disposição. "A Ana, já já ela fará isso", "O Karl pode terminar isso num instante". Sentimo-nos responsáveis quando alguém precisa de algo. Quase não questionamos se temos vontade para ajudar. Vontade? Isto aqui é uma necessidade e então devo interferir; se não, quem o faria?

Muitas vezes falei com Sheila sobre esse desafio, porque eu tenho um semelhante. Imediatamente me sinto responsável quando alguém precisa de alguma coisa. Não só quando se busca o meu tempo ou um abrigo, mas também quando eu estou a caminho com as pessoas. Se estou num bar com um grupo e ninguém pega logo a conta, a conta parece virar-se para mim e me chamar: "Alô, Sabrina. Pague-me! Imediatamente! Agora!"

Sheila contou-me que ultimamente anda pensando se as outras pessoas se comportariam de modo igualmente generoso com ela. Será que se preocupariam com Sheila da mesma maneira como ela se preocupa com elas? Às vezes ela respondia a pergunta com um "sim", mas com muito mais freqüência com um "não".

Quando os agentes de cura precisavam de um lugar para pernoitar, Sheila oferecia o seu quarto de hóspedes. Não raro os agentes de cura lhe telefonavam e, regularmente, eles mesmos se convidavam. Uma vez Sheila contou-me que um deles se queixou porque ela não lhe deu uma gorjeta extra depois do tratamento. O camarada dormia no seu quarto de hóspedes, esvaziava a sua geladeira, ela lhe arranjava todos os seus clientes, e ele ainda esperava uma gorjeta! Para nós duas logo ficou claro o seguinte: quando damos generosamente, ocasionalmente surge a gratidão; mas quando fazemos demais, em última análise nos levam a mal.

Por quê? Quando damos demais a alguém, a outra pessoa fica com a impressão de que ela vale menos. Quem gosta de se sentir inferior? E, assim, essa pessoa procura quem tem a culpa disso e quem a levou a esse estado. Não raro somos nós, que sempre a apoiamos, nós que sempre a ajudamos e por isso sempre lhe transmitimos esse mesmo sentimento de inferioridade. Naturalmente, também há alguns semelhantes cuja posição de expectativa aumenta: "Você tem, você me deve". Ou: "Ontem você me deu algo, mas hoje preciso outra vez de alguma coisa". Então exige isso.

Surge o medo de uma dependência, pois a pessoa implicada teme que será impossível ela sair sozinha da situação difícil em que se encontra. Afinal, sempre fomos as libertadoras! Mas somos culpadas pelo mal dos outros. Pois é o nosso comportamento que faz esse sentimento vir sempre à tona.

A única coisa que permite que isso termine, a única coisa que faz curar, por mais difícil que seja, é uma palavra. E essa palavra é "não".

A palavra mais difícil do nosso vocabulário. Especialmente para as pessoas espiritualizadas. Nós queremos dizer sim. Cem vezes. Mil vezes. E, contudo, isso não ajuda os outros, e não ajuda a nós mesmos. Com todos os sentimentos de culpa, com a insegurança, com o mal-estar, um "não" perto da palavra "amor" certamente é a palavra mais importante no nosso vocabulário.

Você não acredita em mim?
Parabéns!
Por que lhe dou os parabéns?
Porque você sabe como se diz não.
Eu não sei.

Vivências

Sheila Kenny, que já relatou a sua experiência com o grupo A., ainda teve outra experiência com um grupo:

"Quando me separei do grupo A., eu fiz amizade com uma mulher que sabia que ela logo faria canalizações. Durante as suas meditações ela recebera informações de que uma entidade seria canalizada por meio dela. Ela perguntou se eu poderia ajudar. Eu reuni um grupo de mulheres espiritualizadas

para meditar numa das mais curtas noites do ano, para que esse mestre conseguisse se manifestar.

Esse foi o meu primeiro passo na direção de todas as coisas estranhas que têm relação com a canalização e os canalizadores, com os mestres e as entidades. Aprendi depressa de que tipo de mundo se tratava! Janet não fazia nenhuma idéia de quais efeitos isso teria sobre o seu corpo e a sua vida. Quando ela começou a trazer essa entidade no seu corpo, aumentou bastante de peso para poder sustentar essa energia imensa que estava nela.

Essa entidade era um 'mestre' que viera para ensinar aos professores. Demorou um tempo razoável até ele ter condições de movimentar o corpo dela com ele dentro e ela arranjar-se com o modo como ele falava. Muitos de nós que comparecemos a canalizações não temos nenhuma idéia do esforço que elas representam para o corpo do médium.

Janet precisou fazer muitas pausas, beber uma quantidade enorme de água e meditar com freqüência. Depois das suas sessões de canalização ela precisava ter a família dela ao redor para voltar e estabilizar o seu corpo. Ela desistiu de quase tudo na sua vida familiar e, naturalmente, da sua vida pessoal para canalizar. Havia um grande dever não só para com sua alma, mas também para como o seu corpo. Janet havia se entregado totalmente a esse mestre que canalizava. Ela não canalizava apenas para os seus grupos, mas dava muitas sessões particulares para os seus amigos. A maior parte do dia era dedicada a esse mestre, e a sua capacidade de dizer não quando as pessoas em busca precisavam de sessões desaparecia cada vez mais.

Os professores desse mestre eram muito profundos e sábios, e alguns grupos se reuniam nas cidades de Washington e da Califórnia para ouvir as suas notícias. Quase desde o início eles viam Janet e o mestre como uma entidade. Janet era uma mulher muito sábia, inteligente, solidária e ela amava Deus mais do que qualquer outra coisa no mundo.

Quando os ensinamentos se tornaram mais intensivos, misturou-se para os ouvintes o que vinha de Janet e o que provinha do mestre canalizado. Um dos seus maiores desafios, quando ela permitia, era que a colocassem num pedestal: como mulher que sabia mais do que as outras pessoas. O grupo assumiu que tudo o que Janet dizia vinha diretamente do mestre canalizado ou, ao menos, que cada manifestação era controlada por ele. O livre-arbítrio da pessoa que canaliza naturalmente nunca é eliminado e nunca é manipulado pelo mestre canalizado.

Analogamente como no grupo A., chamou a minha atenção o fato de existir uma dinâmica de grupo, que influenciava as experiências da comunidade.

Com isso quero dizer que é difícil para o observador diferenciar entre o canalizador, o canalizado e a crença do grupo. A consciência de grupo influencia a própria consciência pessoal, porque a admiração e a massa dos pensamentos se juntam.

Isso acontece naturalmente em toda a parte do mundo, não só com aqueles que canalizam, mas também com as estrelas de cinema, os políticos, os atletas e os homens de negócios bem-sucedidos. Eles todos podem facilmente perder-se: pois quando somos colocados num pedestal, isso é muito atraente; e podemos acostumar-nos com muita facilidade a isso. Dentro de um grupo, o líder pode transformar-se num semideus.

Ser espiritualizado e ao mesmo tempo estar a serviço, esse era um dos maiores desafios. Especialmente durante a fase em que eu estava muito ligada a Janet. Eu dedicava muito do meu tempo, minha energia e minhas dádivas – demasiado, e isso não era saudável. Eu não estabelecera limites, pois eu queria imprescindivelmente estar a serviço. A serviço de uma boa causa, de uma causa maior. Eu sentia que ajudava pessoalmente a trazer professores importantes para o meio dos homens. Uma nova consciência e mais luz para todas as pessoas do grupo e também para enviá-la para o mundo.

Eu nunca achei fácil estabelecer limites; isso já começou quando eu era pequena, quando sempre dava os meus brinquedos prediletos de presente. Por intermédio do mestre canalizado foi-nos dito para ficarmos firmes, para ficarmos a nosso próprio serviço. Devemos preocupar-nos em primeiro lugar com o 'eu' e depois com todo o resto. Só quando tivermos aprendido a cuidar corretamente de nós mesmos, teremos a capacidade de ocupar-nos também dos outros. Aos poucos, mas com certeza, eu entendi isso (já tenho esse conhecimento há mais de seis anos e, no entanto, ele ainda não está corretamente integrado!) e agora tenho uma melhor compreensão disso e estabeleci limites mais saudáveis.

Eu não entendia enquanto isso era ensinado. Só muito mais tarde entendi o que realmente havia sido dito. Simplesmente, eu tinha alguns dogmas de infância (ocultos no meu subconsciente) sobre os pensamentos católicos de que precisamos sofrer para servir, e que é melhor dar do que receber. E por isso eu permitia esse desequilíbrio na minha vida. Eu queria sempre fazer justiça para todos e queria tanto servir, que Janet e os meus hábitos se completavam. Ela tinha energias enormes e isso combinado com a sua incapacidade de dizer não aos seus alunos, junto com a minha incapacidade de estabelecer limites resultou num relacionamento extremamente insalubre.

Muitas vezes eu penso que na espiritualidade – como também em outro âmbito em que a gente se ocupe em primeira linha com os outros – é extremamente difícil preocupar-se também conosco mesmos. Muitas vezes eu fui usada porque acreditava que a única possibilidade de viver realmente e de fato é estando a serviço. Portanto, sempre que eu estava exaurida e não sabia mais como agir, eu dizia a mim mesma (com um pouco de orgulho) que afinal eu estava a serviço e que isso era certo e bom. Eu reprimi os meus sentimentos e o que eu precisava, porque acreditava que existia algo importante – e que por isso em algum lugar do universo eu mereceria uma medalha. Serviço e disposição de fazer sacrifícios parecem andar de mãos dadas.

Eu sempre pensei que estar a serviço significava primeiro cuidar dos outros e só então de nós mesmos. Era extremamente difícil estabelecer um equilíbrio harmonioso e sadio quanto a isso. Na minha vida sempre surgia toda quantidade de gente que procurava alguém que cuidasse delas. Com essas pessoas eu formava um par perfeito – mas nada sadio. Nos círculos espiritualistas isso parece acontecer muitas vezes, uma vez que alguns dão bastante e outros recebem demais."

A fonte da sua sabedoria

Uma conhecida queria ser mestra espiritual. Ela queria ter reconhecida a sua capacidade espiritual. Ela queria movimentar-se nos círculos em que andavam os "pesos pesados" da vida espiritual: Dalai Lama, Marianne Williamson, James Redfield, Eckehart Tolle, Neale Donald Walsh. Ela é norte-americana e, como eu, foi aluna de Zaratustra.

Ela tem uma filha, que também foi aluna de Zaratustra e que gostaria de ter sucesso como artista. E teve. Ela era muito bem-sucedida. Aqui não revelo nenhum nome, pois quero preservar a privacidade das duas. Mas como a mãe precisa de algum nome para a história, ela se chamará Nora.

Nora tornou-se a agente da sua filha e entrou em círculos que desconhecia até então. Subitamente o dinheiro veio em abundância e desse modo os gastos começaram a se acumular. Nora tinha a visão de construir para a filha uma empresa que se baseasse nos princípios espirituais que aprendêramos com Zaratustra: bons pensamentos, boas palavras e boas ações.

Do círculo de alunos de Zaratustra elas recrutaram alguns colaboradores, que deveriam cuidar de diversos âmbitos da carreira da filha. Eu só percebi tudo isso à margem, visto que o meu contato com ela era amigável, mas nunca muito íntimo.

Eu promovia ocasionalmente encontros na minha casa, no meu grande salão de meditação. Depois que Jacqueline Snyder, que havia canalizado Zaratustra, morreu, nós não nos encontramos mais regularmente como o grupo "Sacred Life". Apesar disso, eu colocava ocasionalmente o meu quarto de meditação à disposição para outros encontros. Entre outros, com prazer para o meu amigo LD Thompson, que canalizava sozinho. Também para Nora. Ela chegava numa longa *limusine* com chofer. Eu sorria. Eu podia entender por que ela se decidira por isso. Até pouco tempo antes da carreira da sua filha, ambas ficaram sem teto por um período e viveram num velho carro. Nenhum milagre, portanto, que Nora no início se concedesse esse tipo de transporte. Eu partia do princípio de que isso logo voltaria ao normal.

Só que não aconteceu assim. Em geral, "limusines longas" só são usadas em Los Angeles em duas oportunidades: quando temos muitas malas e vamos ao aeroporto com a família ou quando somos convidados para um grande evento, por exemplo, o Oscar, o Emmy, etc. Caso contrário, não usamos essas limusines. Em geral esses carros também são alugados – quase ninguém possui um carrão como esse – e quem tem um é considerado presunçoso ou um novo rico.

Nora começou a deslocar-se nessa limusine como se isso fosse natural. Para ir ao médico, para ir às compras. Subindo rapidamente até Santa Barbara, descendo para San Diego. Eu ainda esperava que em algum momento, com o tempo, ela desenvolvesse uma maneira mais sensata de lidar com a riqueza.

Elas construíram duas casas. O dinheiro parecia jorrar. Parecia vir contínua e automaticamente. A riqueza era aceita com gratidão. Mas os gastos eram enormes, a equipe de trabalhadores também, e eu observava com receio o que estava acontecendo. Uma pessoa ganhava tudo isso: a filha. E isso com muito trabalho. O dinheiro tem leis próprias. E mesmo se acreditarmos e soubermos que o universo é generoso, também temos de lidar sensatamente com ele. O dinheiro jorrava. Muitas pessoas viviam dele e, como as marés e as carreiras, o dinheiro também está sujeito a diversos movimentos.

Depois de o sonho da filha ter-se realizado, naturalmente também a mãe queria realizar o dela: ser reconhecida como mestra espiritualista. Nora queria escrever um livro. Um livro sobre a riqueza. Um ano depois ele foi publicado e eu fiquei contente por ela.

Eu comprei um volume e me dei conta de que ficava mais horrorizada a cada página. Isso não se deveu aos ensinamentos ou aos princípios que ela representava. Eu já os conhecia muito bem, e gostei do modo como ela os descreveu. O que me perturbou foi outra coisa: ela apresentou os ensinamentos de Zaratustra como seus. Eu não sabia o que fazer. Por um lado, sei quanto trabalho envolve a publicação de um livro, e eu queria valorizar esse trabalho; por outro lado, perturbou-me demais o fato de ela ter ocultado a fonte da sua sabedoria. Por que isso precisava ser silenciado?

Eu lhe enviei um e-mail, ao qual acrescentei um anexo. Primeiro dei-lhe parabéns pelo livro e continuei escrevendo que, na verdade, tinha algumas perguntas a fazer. Se ela estivesse interessada em ler essas perguntas, elas estavam no anexo.

Nunca mais tive notícias dela.

Então descobri, por meio de outras pessoas, por que ela apresentara essas teses como se fossem dela. Numa sessão de canalização com Solano, ela tinha entendido o seguinte: "É importante aceitar os ensinamentos como nossos. Possuí-los diretamente". Ela interpretou isso como se tivesse de apresentar cada afirmação como se fosse sua própria, "para então tomar posse dela". Mesmo com a melhor das boas vontades não consegui imaginar que Solano tivesse dado esse conselho.

Isso significava exatamente que eu podia dizer que a frase "Ama a teu próximo como a ti mesmo" provinha de mim. Ah, você não me acredita? Então ela veio de quem? De Jesus? Não, veio agora de mim. Naturalmente você irá balançar a cabeça, admirado. O que deu em Sabrina?

Na minha sessão seguinte com Solano eu o questionei sobre isso. Ele me explicou: "O ensinamento vem de quem o ensinamento vem. Mas a sua experiência com ele é o que você possui. Portanto, quando o seu mestre diz: "Ame o seu próximo como a ti mesmo" e você começa a fazer isso, isto é, amar primeiro a você mesma para então estender esse amor a seu vizinho, você fez uma experiência; e essa experiência lhe pertence. E, desse modo, você "possui o ensinamento".

Novamente comprovei que em primeiro lugar tudo na vida parece ser uma questão de interpretação e, em segundo lugar, que também é importante fazer perguntas contundentes.

Comecei a não me sentir bem na presença de Nora. Havia muitos desacordos que não me agradavam. Assim, evitei o contato com ela. Nora havia publicado o seu livro e viajou para divulgá-lo. O sucesso do livro não atendeu às expectativas dela. Ela queria colocar-se à disposição como mestre espiritualista. Mas eu acredito que para isso se é escolhido, não depende da nossa vontade. As pessoas nos tornam uma mestra espiritualista – ou não.

Dentro da empresa, que no início estava muito empenhada em manter os princípios espirituais, apareciam cada vez mais desafios. Havia muitos mistérios, muitos absurdos, corrupção demais. E logicamente, como conseqüência, não havia mais a consistência que fora a coluna de sustentação no início.

Ela ruiu, pedaço por pedaço.

Em primeiro lugar foram eliminadas as limusines, então a filha cortou o cordão umbilical. O que era previsto, aconteceu; a filha observou o aparato gigantesco que financiava e descobriu como o seu dinheiro sumia.

E embora no início tivesse sido investida muita energia para construir essa empresa segundo os princípios espirituais (orações conjuntas, consciência do crescimento dos indivíduos, inclusive sessões de canalização), o todo caiu. Eu creio que ele ruiu porque havia se instalado uma certa arrogância. Uma crença que não se pode tornar errada.

Na história de Nora eu também hesitei. Pensei algumas vezes se eu não deveria apagá-la. Eu a modifiquei de tal modo que não é possível tirar conclusões retroativas sobre as pessoas e, no entanto, ainda me sinto insegura se não estou imaginando muitos dos pensamentos de Nora, pois, realmente, só sei muito pouco. Como interrompi muito depressa o meu relacionamento com ela, porque um diálogo dela comigo não parecia interessante, só ouvia falar dos passos dela por terceiros. Outras pessoas que se preocupavam com Nora. Amigos dela, aos quais chamava repetidamente a atenção cada modificação dela.

Eu escrevo a história porque ela deixa muito claro os desafios que o dinheiro, o sucesso e a fama podem significar. E embora os elaboremos sobre princípios espirituais, pode ser mais difícil arranjar-se ali com a nossa personalidade. Nora tem, como eu e você, os seus desafios. Nenhum é melhor ou mais fácil do que o outro. Cada um corresponde a um plano de aprendizado da alma. E, naturalmente, vemos os desafios dos outros com muito mais clareza do que os nossos próprios.

Sucesso e responsabilidade

Como professores, nós sempre temos de nos observar minuciosamente. A arrogância se instala com muita facilidade. Naturalmente eu também sou autora, e é natural que me alegre quando alguém gosta de ler os meus livros ou gaste o tempo vindo às minhas palestras. Mas, graças a Deus, no início eu não tive sucesso. Naquela ocasião isso era muito desagradável. Muitas vezes só havia duas ou três pessoas nas minhas palestras. Isso me ajudou a aprender a ser humilde. A aceitar que aquilo que eu tinha a dizer só interessava a duas pessoas. Sim, naturalmente eu teria preferido que viessem mais pessoas. Porém, elas não se interessaram. Primeiro, eu tinha de aprender a lidar com poucas pessoas. Eu tinha de crescer. Devagar.

Isso durou alguns anos e foi muito, muito útil para mim. Também foi doloroso, é claro. Toda vez que eu ia viajar, não sabia se alguém viria. Todas as noites o mesmo medo, se alguém estaria ali. Às vezes eu comprava uma porção de livros na livraria que organizava o evento, de tanta consciência pesada. Quando posteriormente veio o sucesso e várias centenas de pessoas ouviam, foi preciso tomar muito cuidado para não me dar demasiada importância.

Os meus livros não vendem nos Estados Unidos. E houve uma época em que isso me irritava inacreditavelmente e em que eu me esforçava com grande empenho para ter sucesso. Mas ele simplesmente não veio. Era terrivelmente cansativo voar de uma cidade para outra nesse país gigantesco. Quase todos os finais de semana estar em algum lugar. Eu me perguntava se valia realmente a pena deixar a minha família todos os finais de semana e, por fim, eu desisti. Hoje eu aceito com uma risada o cheque de vinte e três dólares e cinqüenta durante meio ano.

Lidar com o sucesso sempre é uma coisa interessante. Todos nós já ouvimos falar de estrelas do rock ou de artistas que não fazem mais nada pessoalmente. Que vivem cercados de pessoas que dizem sim e que têm à disposição pessoas que executam as tarefas desagradáveis.

Naturalmente esse âmbito também existe para professores espiritualizados. Para os homens (mais do que para as mulheres, acho eu) aparece por isso o risco de um relacionamento sexual. Como disse, uma parceria só funciona num âmbito de igual valor. Professores e alunos não resultam numa base comum. Para um professor nem sempre é fácil reconhecer quando se trata da "paixão" de uma aluna. A espiritualidade e a sexualidade têm muitos desafios.

Uma amiga – vou chamá-la de Olga – contou-me uma vivência com um agente de cura. Reproduzo aqui aquilo de que ainda consigo me lembrar. Mas pode ser bom acrescentar aqui diversas vivências de outras pessoas, formando um todo.

Olga ouviu falar de um mestre supostamente magnífico. Ele vivia em Malibu, na Califórnia, e era possível inscrever-se para um workshop intensivo de um dia. "Você nunca viveu nada assim", disseram as amigas dela, e elas estavam com a razão.

Olga sempre teve um grande interesse pelo extraordinário e se sentia atraída por ele. Amigas queridas lhe recomendaram esse homem e assim ela se inscreveu. Normalmente, assim era a regra do mestre, era preciso encontrar-se com ele durante a semana a fim de estar preparada para o final de semana. Como Olga viesse da Alemanha e chegasse um dia antes, foi aberto um precedente para ela. Ela devia apresentar-se a ele no sábado pela manhã, sem usar substâncias aromáticas como creme para o corpo e perfumes, sem maquiagem, com roupas soltas e sem ter tomado o café da manhã. Nesse final de semana participaram com ela mais quatro mulheres e três homens. Olga tem muita experiência em coisas espirituais. Ela medita há vários anos e, além dos habituais workshops, ela teve diversas experiências xamanísticas e sempre participou do extraordinário.

O mestre era uma figura imponente: alto, moreno, de boa aparência. Ele usava uma longa túnica clara que lhe chegava aos pés e estava descalço. Ele se movia tranqüilamente e os seus olhos de um azul-escuro tinham um olhar impenetrável. Ele examinou Olga de cima até embaixo e ficou com o olhar fixo na parte de cima do seu corpo impressionante. Olga percebeu e isso não a agradou.

Os participantes foram introduzidos num aposento e lhes foi oferecida uma bebida. Olga perguntou do que era composta. O agente de cura continuou a lhe oferecer a xícara e disse algo lapidar: "Ervas".

Olga pegou a xícara na mão e fez em pensamentos a sua oração: "Bom Deus, seja lá o que isso for, deve ter o efeito de me proteger." Ela bebeu.

Esse foi o momento em que me arrepiei quando ela contou a história. Não pude deixar de dizer: "Olga, como você pôde fazer isso?"

Pois bem, Olga pôde.

Todos os participantes foram intimados a se deitar, e o agente de cura começou a tocar tambor. Olga concentrou-se no tambor. De repente houve algo que a perturbou. Ela sentiu como o agente de cura, que se movimentava ao redor dos participantes tocando tambor, ficou olhando para ela. E em nenhuma hipótese se tratava de um olhar sagrado. Ela pôde sentir o desejo dele, e a atmosfera do aposento mudou. Ela ficou mais quente, carregada e sexual.

Olga, que realmente não tinha vontade nenhuma, lembrou-se da sua oração e concentrou-se no barulho do tambor, o que com as "ervas" que havia ingerido não era nada fácil. Todo o resto, ela prometeu a si mesma, será ignorado.

Música, meditações orientadas, tambores, movimentos. O dia foi longo. À noite, todo o grupo resolveu ir jantar num restaurante.

"Olga!", me escapou.

"Sim, sim, eu sei", ela sorriu fracamente. "Eu não devia ter ido junto, mas sentia-me tão mal que precisava urgentemente comer alguma coisa."

Ainda sob o efeito das drogas, o grupo foi (de carro!) a um restaurante. Alguns dos participantes riam sem controle enquanto o mestre continuava encarando Olga. Quando mais tarde ela saiu para tomar ar fresco, ele a seguiu.

E a proposta não se fez esperar. Olga era a sua musa, isso ele vira logo. Sua alma gêmea, pela qual já esperava há anos (mais sobre o tema das almas gêmeas no próximo capítulo). Ele lhe explicou que teriam um período magnífico juntos e que, naturalmente, ela agora teria de ficar ali. O que ela ainda queria fazer na Alemanha?

Enquanto isso Olga não estava somente se sentindo mal por causa das ervas, mas também por causa da proposta dele. Ela recusou, e ainda foi amável ao fazer isso, e então saiu correndo de lá num táxi. O resultado do workshop de quatrocentos dólares: dores alucinantes de cabeça, uma fome canina e uma proposta indecente.

Certa vez eu tive uma professora espiritualista que me tirou dinheiro no final de uma meditação orientada. Ela formulou a coisa de modo diferente. Ela disse que eu tinha a oportunidade única de ajudá-la com cinco mil dólares para que ela pudesse melhorar a sua rede de meditações orientadas por telefone. Eu ainda era muito ingênua e estimulada, e simplesmente lhe dei o dinheiro. Na verdade, não a soma total que ela pediu, obviamente ainda me restava um pouco de bom senso. Dei exatamente dois mil dólares. É claro que nunca os vi outra vez.

Em casos assim, quando alguém se comporta sem ética, podemos contar nos dez dedos que essa pessoa também não age bem em outros assuntos. Certamente é inaceitável que alguém que orienta uma meditação, consiga desse modo um profundo relacionamento de confiança e, então, antes do final da meditação, tire dinheiro do seu cliente. Precisamos dar à outra pessoa a oportunidade de ela movimentar-se outra vez no estado de consciência normal, se acreditarmos que um desejo como esse ou uma pergunta sejam adequados.

Uma amiga contou-me certa vez que ela tinha um massagista que começou a flertar com ela de repente, enquanto fazia a massagem. Antes disso, ele sempre havia sido correto no tratamento. De vez em quando, havia uma ou outra conversa, e ele sabia que a minha amiga estava justamente passando por uma separação e que sofria bastante de *stress* causado por isso. Em todas as sessões anteriores ele se mostrara um ouvinte amoroso. Chamou a atenção dela que os toques – sem nunca realmente se tornarem de natureza sexual – tornaram-se mais intensos, mas ela não acreditou na sua própria percepção, visto que estava numa situação excepcional. Ela percebeu que se sentia cada vez mais compreendida por ele, uma vez que a ouvia com tanta solidariedade.

Certo dia a situação mudou. Enquanto terminava a massagem, ele lhe pediu um encontro.

A postura correta teria sido sem sombra de dúvida que ele se tivesse explicado antes. Que ele não podia mais lhe dar massagens, porque se sentia atraído por ela, e preferia uma ligação mais particular. Mas, desse modo, ele se aproveitou da vulnerabilidade dela.

O que descrevo aqui também vale para todos os outros capítulos: eu tive massagens maravilhosas, dei magníficos workshops, tive meditações grandiosamente orientadas e sem tudo isso, a minha vida não seria tão plena. Esses exemplos não se destinam a que não se faça absolutamente mais nada, só porque se ouviu falar de uma ou outra experiência estranha.

Vivências ameaçadoras surgem como tempestades: nós as ouvimos antes. O ar se modifica. Nós percebemos que há algo em andamento. Um terapeuta de massagem subitamente fica estranho. Antes já houve algumas modificações que simplesmente não quisemos aceitar.

Certa vez freqüentei um massagista que fazia *"skinrolling"* [rolamento de pele]. Como para uma massagem, fica-se deitado nu (naturalmente com uma toalha sobre as partes que não serão trabalhadas) e então o massagista rola a pele entre os seus dedos e faz isso no corpo todo. Das primeiras vezes fiquei encantada com esse tratamento, ainda mais porque fora recomendado pela minha amiga Sheila Kenny.

Depois da quarta vez comecei a ter uma sensação estranha e percebi que ele falava muitas vezes sobre como já chegara "longe", como era "evoluído" e que ele podia ver que eu também era (muita lisonja para mim) e que por meio do rolamento da pele ele tinha aprendido tudo o que havia para aprender.

Eu não o levei muito a sério, e mais tarde chamou-me a atenção que ele não dizia isso com bom humor. Então, durante o tratamento, falou subitamente da mulher dele, dizendo que a sua vida sexual não estava mais dando certo porque ele viajava muito. (Ah! Essa é a última coisa que queria ouvir enquanto estava deitada nua ali). Tentei ignorar também isso. ("Muito tonta", você dirá. Sim, você tem razão.) Pouco tempo depois eu percebi que a presença dele me era desagradável e eu não agendei mais nenhuma sessão com ele.

Portanto, existem avisos prévios, como acontece com uma tempestade. Então basta procurar abrigo, caso contrário fica-se ensopada. É sempre uma questão de escolha. E, afinal, é disso que se trata no nosso treinamento espiritual.

Orações, desejos e realidades

As pessoas muitas vezes me contam os seus sonhos: elas desejavam construir centros espirituais, queriam escrever livros que se tornassem *best-sellers*, produzir filmes em Hollywood. Esses sonhos muitas vezes eram contados com uma urgência, com uma expressão levemente apressada, como quando se tem medo de perder algo: de morrer cedo demais, de desistir cedo demais, ou simplesmente de fracassar. Não é raro eu ver em seus olhos o desejo da minha confirmação. Será que eu também penso assim? Será que posso ajudá-las? Será que posso fazer algo especial para que esse desejo tão honrado possa se realizar?

Se eu pudesse, eu realizaria todos os desejos com um estalar de dedos (o que deixa minha filha maluca). Mas não posso.

Naturalmente desejo sucesso a todos, desejo que todos se realizem. No entanto, de vez em quando também me lembro de que as pessoas não entendem muito bem como se alcança o sucesso. Os passos certos têm de ser dados para que algo possa crescer.

A vida funciona de acordo com determinadas regras. Cada um de nós faz suas experiências. É assim que finalmente aprendemos. Assim espero.

As minhas experiências naturalmente não são as suas e, no entanto, existem certas regularidades segundo as quais a vida funciona.

Certamente todos ouvimos falar dos "acasos inacreditáveis" quando alguém escreve um livro que se torna o seu *megabest-seller* e torna o autor extremamente rico.

Nós ouvimos falar de artistas bem-sucedidos que "ficaram famosos" da noite para o dia.

E nós ouvimos falar de ganhadores da loteria que pretendiam deixar de jogar naquela semana e no entanto jogaram e ganharam cinco milhões.

Ouvimos falar de maravilhas. Justamente no cenário espiritual muitas coisas simplesmente não funcionam porque não acreditamos suficientemente nelas. Quem pode dizer com absoluta certeza que acredita firmemente em algo? Talvez se exija mais firmeza ainda. Talvez seja necessário se aprofundar mais. E quem nunca tem a mínima dúvida? Existe alguém, afinal? Jesus, Buda, todos duvidaram. Isso faz parte da experiência humana e é parte do crescimento. Sem dúvida, não funciona.

Uma amiga escreveu um livro maravilhoso. Dois anos antes de ele ser publicado, ela me explicou que esperava uma mudança total de vida por meio desse livro. Ela esperava ser convidada pela indústria norte-americana de televisão. Esperava que desse modo todos os seus problemas financeiros fossem solucionados de vez. Sua idéia do que se pode alcançar com um livro era ilimitada.

Ela pediu o meu conselho. Eu a ouvi. Na conversa eu percebi as expectativas dela, que na minha opinião não eram realistas.

Mas o que dizer a ela? Com isso eu não estaria destruindo os seus sonhos? Talvez ela estivesse com a razão. Talvez a vida dela se modificasse inteiramente. Talvez tudo se tornasse novo.

Serei uma boa amiga se lhe contar quais são as regularidades na venda de livros? Se eu lhe apresentar fatos que ela não quer ouvir? Se eu destruir seus castelos nas nuvens? Talvez as coisas aconteçam de modo diferente para ela.

Minha amiga, que finalmente publicou seu livro, não percebeu nenhuma grande mudança em sua vida. É extremamente raro que um livro resulte em tanto dinheiro a ponto de a vida se modificar totalmente, a não ser que se escreva sobre Harry Potter. Não existe quase ninguém que tenha podido viver mais do que algumas semanas com o rendimento de um livro.

Uma outra amiga queria filmar um documentário e escreveu cartas e mais cartas a diversas organizações pedindo que financiassem esse documentário. "Se alguém finalmente pagar por ele, minha vida se modificará." Ela esperou e rezou para o dinheiro finalmente chegar. Durante anos. Ficou cada vez mais frustrada. Mas o dinheiro não chegou. Será que ela não rezava o suficiente? Será que não tinha muita confiança?

Eu acredito no poder das orações, e é claro que acredito em milagres. Porém, neste caso, eu me coloco em situação embaraçosa: mas eu também acredito no trabalho. Demorou anos para eu estar em condições de dizer a minha verdade à minha amiga que queria rodar um documentário: ganhe você mesma o dinheiro, em vez de esperar que outras pessoas o dêem de presente a você. O que, de resto, ela está fazendo agora.

Os nossos sonhos precisam ser construídos quase como se constrói uma casa. Em primeiro lugar aprendemos o que queremos construir. Procuramos um terreno, analisamos outras construções, lemos livros sobre o assunto, nos informamos, aprendemos.

Então arranjamos o lugar para a construção. Fazemos planos. Nós mesmos trabalhamos. A adega, o aquecimento, a água, a eletricidade. Tudo isso requer tempo e concentração Os andares isolados, o jardim, a decoração – criamos tudo isso. Como acontece em toda construção, os sonhos, os desejos e com isso os planos se modificam. O centro de meditação que queríamos tanto construir, de repente parece nos deixar sem tempo para viver. Uma livraria de livros espirituais dá mais trabalho do que prazer.

O mesmo acontece na nossa vida. Quando queremos mudá-la, não surge o grande turbilhão e a partir de amanhã tudo será diferente. É o nosso trabalho, a nossa força, o nosso desejo que forma essa nova vida. Sim, há algumas coisas que nos ajudam. E, contudo, é necessário tempo até que as coisas estejam construídas. O mundo tem certas regularidades e isso não muda só porque meditamos. Em todo caso, agora sempre acho um pouco exagerado quando esperamos que os outros terminem as nossas tarefas para nós. Por exemplo, tive uma certa leitora que queria que eu financiasse a mudança dela para longe da sogra, para que ela pudesse se concentrar no seu crescimento espiritual...

Nesse contexto naturalmente não se deve subestimar o plano de aprendizado da nossa alma, da alma com que viemos a esta vida humana: talvez a nossa alma comece a vida na Terra porque queremos aprender a humildade. Ou talvez estejamos aqui porque queremos aprender a nos alegrar com as coisas pequenas em vez de com as grandes. Assim, aquilo que imaginamos pessoalmente não acontecerá. Pois o aprendizado talvez seja exatamente o contrário. Isso naturalmente não quer dizer que devemos desistir de toda tentativa. Mas também não devemos esquecer de ouvir os sinais interiores. Devo de fato aceitar o novo emprego e ter menos tempo ainda para a minha família? Será que quero realmente uma casa maior, a fim de passar mais tempo fazendo a limpeza?

Alguém certa vez disse que em geral queremos ganhar mais dinheiro para comprar mais coisas, para as quais temos de usar nosso tempo para mantê-las em ordem.

As pessoas mais ricas não são as mais satisfeitas. O mesmo vale para as bem-sucedidas. Mas o que é que nos impulsiona? O que é que queremos alcançar com todo o dinheiro, com todo o sucesso? Reconhecimento? Segurança? Liberdade?

Um dos ditados mais usados nos círculos espirituais é: "Então não era para ser". Ele sempre soa um pouco fatalista, e às vezes me deixa nervosa. Existem profissões de fé que nos dizem que tudo o que é certo, também deve ser executado facilmente pelas mãos. E, no entanto, nós sabemos que "a prática faz o mestre" e que determinados exercícios simplesmente são muito exaustivos. Nisso, eu acredito, não há certo ou errado. Se desistirmos logo ao primeiro obstáculo, nunca realizaremos os nossos desejos. Caso terminemos cada tarefa com um precoce "então não era para ser", talvez estejamos nos tranqüilizando, mas não alcançamos nada com isso.

Às vezes a coisa simplesmente não acontece apesar do muito trabalho. Mas com a mesma freqüência acontece o contrário: fazemos de tudo e um obstáculo depois de outro nos impedem o caminho. E, contudo, aprendemos com cada desafio. Nós nos decidimos a cada exigência por novos métodos, novas idéias. Certamente nada teria sido descoberto no mundo se na primeira tentativa sempre se desistisse com um dar de ombros e com a frase, "Então não era para ser".

Do outro lado do espectro está o não querer desistir. Não só contra os obstáculos, mas contra o nosso sadio bom senso ou até contra a própria intuição de seguir determinado caminho. Por trás freqüentemente existe a crença de termos de fazer alguma coisa. Uma compulsão de que nós – a nossa personalidade – não consegue se libertar.

Mais uma vez, à guisa de recordação, a segunda metade do livro traz, talvez muito adequadamente: tudo o que eu der de mim, é como tudo neste livro, apenas a minha experiência, apenas a minha opinião e não faz nenhuma exigência de validade geral. Naturalmente não quero ferir ninguém, muito menos uma consciência de fé. E, ainda assim, quero falar algo sobre almas gêmeas.

Com muita freqüência leio uma sentença que tem mais ou menos o seguinte conteúdo: "Fulano de tal é minha alma gêmea. Sei com certeza e, embora não estejamos juntos agora, mais tarde nos reuniremos". Em geral, fala-se finalmente de projetos comuns (centros a serem abertos, livros a serem escritos, filmes a serem rodados, filhos a serem concebidos). As afirmações raras vezes questionam se o outro se sente da mesma maneira.

Quando duas pessoas se unem com o sentimento de absoluta certeza de que vão passar o resto da vida juntas, eu sou a primeira a esparramar as flores.

Mas, cada vez que ouço argumentos sobre as almas gêmeas, primeiro fico quieta. Quem sou eu para questionar isso? E também aqui, no meu livro, onde questiono muitas coisas, eu questiono a alma gêmea.

Quase nada no nosso caminho espiritual "é comprovado". E nem Sherlock Holmes, Miss Marple e o inspetor Columbo nos poderão apresentar quaisquer provas. Naturalmente existem coisas nas quais acreditamos firmemente: a vida eterna, a misericórdia de Jesus Cristo, os renascimentos, etc. Mas podemos estar tão certos em coisas que dizem respeito às outras pessoas? O que acontece com o seu livre-arbítrio? Faz-nos realmente bem afirmar com tanta certeza que essa pessoa – e *apena*s essa – é a nossa alma gêmea?

Além disso, pessoalmente, tenho grandes problemas com o fato de existir apenas uma pessoa neste maravilhoso grande mundo com quem eu possa viver harmoniosa, amorosa e apaixonadamente. E o que acontece se eu não encontrar a minha alma gêmea? E se a minha alma gêmea não me quiser? A que pressão estarei me submetendo nesse caso?

Contudo, admitindo que eu tenha encontrado a minha alma gêmea e que ela não seja a) espiritualizada, b) interessada especialmente em mim. Será que tento convencê-la? Em caso afirmativo, de que modo?

Ao contrário dos parentes de alma, em que se trata de vários parceiros, no caso das almas gêmeas trata-se (até onde entendi) sempre apenas de uma só.

Por que dificultamos tanto as coisas? Por que nos limitamos tanto?

Uma jovem me escreveu certa vez que estava apaixonada por um famoso ator de Hollywood. Ela o via na sua meditação e estava firmemente convencida de que seria sua esposa. Ela voou para Nova York e simplesmente seguiu esse ator. Ela até mesmo conseguiu um encontro com ele. Ela ficou de tocaia diante do consultório do médico dele e ele imaginou que ela quisesse um autógrafo. Ele estava disposto a dá-lo. Mas ela quis iniciar uma conversa para a qual ele não tinha tempo nem vontade. Ele pediu que ela o deixasse em paz. Ela ainda tentou encontrá-lo algumas vezes, mas nada conseguiu.

Quando eu soube disso, fiquei contrariada. Ainda mais porque ela não queria desistir. Ela acreditava que se ele a visse num ambiente particular (numa festa, para a qual ela também tivesse sido convidada, num bar em que "ocasionalmente" sentassem perto um do outro) ele se apaixonaria por ela.

Eu lhe expliquei que ela estava ferindo os direitos pessoais dele. Ele já lhe dissera não uma vez, quando o apanhara no médico. Mas ela não quisera ouvir esse não.

Além disso, nem com a maior boa vontade, eu conseguia imaginar que ela ouvisse essas informações durante a meditação. Sim, pode haver certa confusão entre o desejo e a meditação, mas para mim isso não é visão do futuro. Ela ficou confusa por eu não poder ajudá-la na realização do seu desejo. O objetivo que essa jovem havia escolhido não era honrado. Ela perseguia alguém. Isso não tem nada a ver com espiritualidade. Além disso, o fato de deixar o desejo do outro completamente fora de questão também é algo punível. Basta nos colocarmos na situação do perseguido. Não se trata de uma sensação agradável, por mais bonita e engraçadinha que a perseguidora possa ser.

O que buscamos e como

Percebi que certamente há três tipos de pessoas na busca espiritual:

- As primeiras querem seguir o próprio caminho, buscam alguma responsabilidade, o relacionamento independente com Deus;
- as segundas desejam alguém que lhes tire a responsabilidade, que as conduza, que lhes diga pelo que devem se decidir e quando;
- e ainda as terceiras, que desejam uma posição de liderança, uma posição hierarquicamente superior, uma posição de direção. Elas procuram pessoas a quem possam controlar.

Naturalmente, esses tipos não estão cem por cento separados, nem cada "tipo" existe na forma pura. Podemos até desejar que alguém nos diga como continuar, mas em geral somos independentes. Ou podemos desejar uma posição de direção, mas estamos certamente na situação de ouvir os outros e de aceitar o seu conselho.

É muito importante que os professores mantenham os grupos isolados uns dos outros, pois eles têm de ser apoiados de acordo. Aqueles que buscam um líder, devem ser intimados a tomar decisões independentes. Exercícios que estimulem a intuição própria são muito importantes nesse caso. E, é claro, o professor pode ter uma boa função de servir como exemplo, à medida que não dá conselhos mas sempre questiona como o aluno gostaria de se comportar.

Para aqueles que buscam uma posição de liderança, é preciso deixar claro a responsabilidade implícita. Eles também precisam ter consciência do motivo pelo qual querem uma posição de poder. O que pretendem fazer com ela. Para onde querem conduzir os outros.

Aqueles que querem seguir o seu caminho por conta própria se vêem com mais freqüência diante do desafio de não querer aceitar ajuda. De querer fazer tudo sozinhos. Também de terem de suportar os sofrimentos sozinhos. Eles têm grande dificuldade de se abrir realmente, de se entregar.

Entrega... que palavra cansativa. A gente se entrega para alguém. Essa idéia é assustadora para as pessoas independentes. Que horror! Então estaremos totalmente perdidos e sujeitos emocionalmente aos outros?

Sim.

Exatamente esse é o ponto. Naturalmente não devemos entregar-nos a toda pessoa com mania de grandeza. Isso de fato seria uma tolice e nada tem a ver com entrega. A entrega sempre se baseia em reciprocidade. Assim como Deus entregou-se a nós, assim nos entregamos a Ele. Mas eu acredito que nos relacionamentos também não pode haver intimidade sem entrega. Permitir um orgasmo é entrega. Deixar-se mimar, sem ter logo de "devolver" o mimo, é entrega. Mostrar-se vulnerável, chorar diante de alguém é entrega. Confessar os seus medos, participar o receio de ser abandonado, isso também é entrega.

Naturalmente gostamos mais de nós mesmos quando surgimos independentes, autoconscientes e maravilhosos. E somos isso também. Só que não sempre. Em muitos dias nos sentimos sozinhos, solitários e sem importância. A entrega também significa aceitar isso e não julgar. ("Veja só, pessoas realmente espiritualizadas não têm dias ruins e solitários.")

Conheci alguns professores que nunca falam sobre os seus desafios. Quando não o fazemos, então devemos perguntar-nos por quê. Acaso acreditamos que os outros não confiarão mais em nós se confessarmos as próprias inseguranças? Acreditamos que um professor nunca deve vacilar? Representamos um papel, nos movimentamos e agimos como acreditamos que um mestre espiritual deva agir? Temos medo de perder a nossa consciência se admitirmos as nossas fraquezas? Nesse caso perdemos a nossa honestidade, a nossa franqueza e, sim, também a nossa entrega.

Lembremo-nos de que mesmo Jesus pediu ajuda no dia da sua prisão. Ele pediu que os apóstolos vigiassem com Ele, ficassem com Ele no seu último dia de liberdade. Se Jesus pôde pedir ajuda, nós também podemos.

Eu sempre acho dificilmente compreensível que um professor desvalorize outro professor. Naturalmente minha primeira professora ajudou-me a acreditar nisso, quando desvalorizou o meu Johrei bem como toda leitura dos outros livros que não fossem escritos por ela, naquela ocasião.

Quando, como professores, percebermos que toda vez que outra pessoa é mencionada faz surgir imediatamente uma reação de defesa, podemos ser gratos por esse sinal. Obviamente, trata-se de um sistema de crenças em nós mesmos, que nos diz que os outros valem menos do que nós. Será que estamos com ciúme? Quando só o Papa e o Dalai Lama têm valor e todo o resto é "ruim", algo não está certo.

Eu recebi algumas cartas de leitores e leitoras, que participavam de grupos espiritualistas e que tinham diversos desafios com seus mestres. Na maioria das vezes tratava-se do fato de nenhuma outra leitura poder ser mencionada. De não se poder discutir sobre outras idéias ou meditações interessantes. Também aqui, eu acho que todo ensinamento é para os dois: para o aluno, para que ele tenha a coragem de falar com o seu professor; e para o professor, para que ele tenha a oportunidade de pensar sobre o seu comportamento. Naturalmente há muitas possibilidades diferentes de falar com um professor ou professora desse tipo. Uma que eu prefiro é sempre o questionamento. Ao fazer isso também me esforço naturalmente por ouvir as respostas e para não apresentar a minha pergunta de modo muito formal, porque de certo modo já intuo a resposta. Como perguntas me ocorreriam, por exemplo, as seguintes:

— Às vezes tenho a impressão de que você não gosta quando menciono outros livros. Isso é verdade?
— Em caso afirmativo, por quê?
— Quais livros me recomenda, então?
— Exatamente o que não o agrada nesse(a) professor/professora?
— Já o/a conheceu pessoalmente?
— De onde tira informações sobre esse/a professor/professora?

Minha sugestão sempre é fazer uma oração em comum antes. Desse modo dotamos a nossa intenção de uma clareza e pureza, que pode fazer bem a essa conversa potencialmente dramática.

Os professores que abusaram da sua posição de liderança, em geral sabem disso. Afinal, eles não são tolos. Por que não se detiveram antes pode ser um enigma para eles mesmos. Quando existem pessoas que não decidem mais sem os nossos conselhos; que só florescem quando estão perto de nós, que com um sorriso ou o nosso olhar crítico ficam felizes ou desesperados, entendemos mal a nossa missão.

Jesus nos fez pastores e não ovelhas. Buda falava constantemente sobre a importância do próprio silêncio, do próprio "entrar em si mesmo", e quando o nosso senso de amor-próprio for gerado pela insalubre admiração dos outros, qualquer dia ele ruirá. Exatamente então os admiradores procurarão um outro professor. E eles farão isso. Pois não podemos representar um papel eternamente.

Nós sabemos mais

Há vinte anos conheci uma mulher durante um jantar, que um pouco antes do antepasto já me deu inacreditavelmente nos nervos. Naquela ocasião muitas pessoas ainda me enervavam, mas poucas conseguiram me irritar tanto como essa mulher. No entanto, a aparência dela era gentil, ela era simpática e obviamente também muito culta. Ela tinha apenas uma característica extremamente fatigante: ela sabia tudo mais.

Enquanto isso, na extremidade da longa mesa, à qual eu também estava sentada, já se havia chegado ao terceiro assunto de conversação, e sobre cada um deles ela tinha algo a dizer. As suas sentenças começavam com "Mas você deveria...", "Você precisa imprescindivelmente..." ou "Se eu puder lhe dar um conselho..."

Naquela ocasião, com meus vinte e cinco anos, eu já me sentia muito inteligente e adulta, e eu reajo alergicamente a isso. *Eu* já sei como tenho de viver a minha vida; e à minha vizinha de mesa, que eu quase não conhecia, eu não havia pedido nenhum conselho.

É quase impossível encontrar alguém que consiga tolerar um eterno "sei tudo mais" com grande compreensão e boa disposição. Quase toda família tem um membro que sempre sabe mais de tudo. Na minha vizinhança vive uma mulher cuja voz já expressa uma grande censura: "O quê? Você ainda não fez isso?"

Para a maioria isso é simplesmente cansativo, porque tem-se a impressão de que o outro não ouve direito o que se está dizendo, mas está simplesmente à espera para dar o seu "palpite".

E se o "palpite" provir de uma fonte superior, tanto melhor.

Naturalmente, *nós* não somos assim. Os nossos conselhos não podem ser comparados com os dos outros. Os nossos devem ser realmente testados. O nosso funcionamento também. E nós realmente sabemos mais.

Será?

Há anos eu estava sentada diante de Zaratustra – canalizado por Jacqueline Snyder – e lhe perguntei o que poderia fazer para os meus amigos também aceitarem os meus conselhos espirituais. Zaratustra inclinou-se para frente, interessado, e me fez uma única pergunta contrária: "Eles lhe pediram isso?"

Eles me pediram conselho?

"Bem, sim", balbuciei, "não diretamente, mas é claro que eu vejo que não estão bem...", e eu havia aprendido alguma coisa com ele, Zaratustra, "...e não é nosso dever cristão ajudar as outras pessoas; e isso não é uma ajuda?"

Zaratustra sorriu e disse mais uma vez: "Eles lhe pediram conselho?"

Silêncio. Não, eles não fizeram isso, Deus sabe. Desse modo também ficou claro como a pergunta de Zaratustra teria de ser respondida.

Suspirando, eu pronunciei o meu "não".

"Ahá!", Zaratustra riu.

Ele não teve de me explicar mais nada. Eu soube o que ele quis dizer com isso.

Ainda me lembro de uma viagem de carro com a minha filha Júlia quando ela tinha cerca de doze anos. Ela me falou de uma situação na escola – não me lembro muito bem qual foi, só sei que a minha resposta, como sempre, foi espiritual.

Júlia rolou os olhos e disse: "Mamãe, não agüento mais ouvir isso. Desde que eu nasci você me conta algo sobre Deus todos os dias e isso me enerva".

Embora eu ficasse um pouco surpresa com a expressão dela, tive de sorrir. Ela tem razão. Ela realmente já ouviu tudo o que eu tinha a dizer sobre isso.

"E, além disso, mamãe", ela continuou logo em seguida, "eu não acredito em Deus."

Essa foi realmente uma surpresa. Naturalmente eu sei que ela estava na idade em que devia se rebelar contra os pais, e se ela está procurando um "motivo para uma rebelião", o que a seus olhos é óbvio em mim, naturalmente, é Deus.

Ou as unhas postiças que ela quer ter, e que só lhe concederei quando ela for maior e sob os maiores protestos.

Júlia me observou atentamente.

"Sabe, eu também não acredito no Deus de barbas farfalhantes, mas..."

"*Mamãe*! Veja, é isso o que eu quero dizer."

Fechei a boca. Ela tinha razão. Pois eu já estava começando a ensinar, esclarecer e a saber mais.

"Meu tesouro, você tem razão. No futuro, eu me calarei; e se escapar alguma coisa, espero que você seja generosa comigo. Você pode acreditar no que quiser. Essa é a beleza da crença, que a gente mesma possa elaborá-la, e isso é problema seu – só seu."

Ela pareceu ficar um pouco confusa.

"Você está zangada comigo? Ou triste?", ela perguntou em seguida.

"Não, não estou zangada nem triste. Eu compreendo isso muito bem. Você fará o que é certo", respondi.

Júlia não mudará de opinião com meus eternos ensinamentos. Ao contrário, eu não quero que o seu Deus lhe dê tanto nos nervos, que nos anos futuros Ele não lhe possa despertar nenhum interesse quando ela precisar. E caso alguma vez tenha perguntas, ela sabe onde eu estou.

Quando alguém confia em nós, isso não quer dizer que também queira o nosso conselho. Às vezes (eu presumo que mais vezes do que queremos aceitar) alguém nos procura para que escutemos. E tudo o que essa pessoa quer ouvir realmente, são alguns sons ocasionais que lhe assegurem que estamos ouvindo atentamente. Minha irmã Susanne me contou que encontrou uma nossa amiga querida que falava justamente sobre o diabete descoberto na sua filha que estava na puberdade. Susanne quis consolá-la e disse que agora já existem métodos muito melhores de tratamento do que antes.

A nossa amiga queria realmente ouvir isso? Acaso ela mesma não sabe disso? Afinal é a filha dela que está doente.

Provavelmente ela não queria ouvir nenhuma "solução", ela queria simpatia. O que de resto é diferente de compaixão, porque não participamos do sofrimento. Nós "sentimos" com a outra pessoa, mas não é necessário logo ficar com pena. Afinal, não queremos que as nossas dores e preocupações sejam despejadas sobre os outros. Não é por isso que elas se tornam menores.

O que na verdade fica menor é a nossa capacidade de ouvir realmente. Com atenção deixarmos o outro contar. Fazer algumas perguntas: "Como você se sente?" ou "O que vai fazer agora?" – sem acrescentar as próprias idéias.

Ouvir é realmente uma arte, que precisa ser aprendida. Poucas pessoas entre nós têm um talento natural para isso. Justamente no Budismo há muitos exercícios para isso, e naturalmente também na religião católica temos na confissão uma longa tradição da audição.

As duas perguntas que sempre temos de fazer antes de dar algum conselho maravilhoso, são as seguintes:

— "Posso saber realmente algo com cem por cento de certeza?"
— "Não confio que a outra pessoa possa resolver ela mesma os seus desafios?"

Antigamente, eu também via a minha tarefa como amiga de outra maneira. Justamente nos meus primeiros anos de crescimento espiritual (ou lembranças), eu achava que a minha tarefa era ser positiva em todo lugar. Em todo livro, em toda palestra, nos dizem como é importante pensar positivamente. Assim, automaticamente, tentei ver o "positivo" em todo lugar.

Quando perdemos o nosso emprego, então isso foi maravilhoso, porque podemos seguir uma nova orientação.

Se ficamos doentes, isso aconteceu para que nos concentremos mais no nosso corpo e modifiquemos a nossa vida.

Quando tudo dá errado, isso significa que talvez nos devamos dedicar a algo totalmente diferente.

Se parte da casa ruiu, devemos ficar alegres porque não foi a casa toda.

Eu considerava minha missão transmitir aos outros o lado "positivo". Naturalmente é problema meu se sou grata pela queda de meia casa, mas posso realmente esperar isso dos outros? Sim, ocasionalmente, procuramos a ajuda de um determinado amigo porque ele consegue ver um raio de luz em tudo; mas com a mesma freqüência também precisamos de amigos que simplesmente nos peguem no colo e nos digam: "Mas que dia cansativo! Coitada de você."

Aqui na Califórnia, onde temos terremotos, incêndios florestais, deslizamento de terras e ocasionais inundações, quando os outros estão diante dos destroços da sua vida não ajuda em nada dizer-lhes animadamente: "Pense como será divertido comprar tudo novo!"

O trabalho do luto é um acontecimento extremamente importante. Pode tratar-se do luto por alguém que morreu, pela perda de coisas ou por circunstâncias que tenham um grande significado para nós. Não devemos encurtar o luto. Ele dura tanto quanto durar. E, sim, alguns querem sumir em vales profundos, e nós mesmos, como amigos ou as próprias pessoas implicadas, só podemos esperar até a luz brilhar novamente no vale.

Quando nos comportamos de modo "positivo" demais, a outra pessoa se afastará ainda mais de nós. Ela se sente incompreendida e não consegue nos suportar. Ela sentirá que na nossa presença não é permitido mostrar-se como é. Que nós a julgaremos de acordo com a duração da sua tristeza. Que nós acreditamos que ela é menos espiritualizada, menos desenvolvida, porque se queixa, porque chora, porque se sente só.

Também não se espera de nós nenhum conselho, a não ser que a outra pessoa nos peça diretamente. De nós espera-se um abraço – e às vezes nem mesmo isso. Às vezes, nessas circunstâncias, a pessoa implicada não suporta um contato físico. Portanto, vale a pena simplesmente estar presente. Oferecer o nosso tempo à outra pessoa, para passá-lo juntos. Ou telefonar regularmente. Fazer uma visita. Interessar-se pelo estado da outra pessoa. Contudo, quanto mais ela pensar que estamos enervados ou cansados do seu estado de tristeza, tanto mais ela se retrairá.

Muitas vezes, como não diretamente implicados, ficamos inseguros de como nos comportarmos nas situações de crise dos outros. Nós pensamos – principalmente quando nos comunicamos com os anjos, oramos, meditamos, praticamos yoga, compreendemos algo de Feng Shui e Reiki – que se esperam conselhos inteligentes de nós. Mas nem todos querem um tratamento de Reiki ou uma oração em conjunto. Cabe a nós respeitarmos a outra pessoa. Apoiar a situação dela. Às vezes damos os conselhos e então nos retiramos ou ficamos ofendidos quando eles não são seguidos pela pessoa em situações de crise.

Essas pessoas devem ter os seus motivos. O que se espera de nós, acho eu, é simplesmente estar presente. Isso é tudo. Ter tempo para o outro – desde que ele o queira.

Dez anos e milhares de conselhos depois eu intuo quantas pessoas eu devo ter aborrecido com as minhas explicações espirituais e as minhas sugestões. E aqui, peço-lhes oficialmente desculpas. Embora eu duvide seriamente que alguém que eu tenha aborrecido dessa maneira ainda leia algum dos meus livros.

Falemos ainda da às vezes despercebida arrogância, que gosta de se ocultar atrás da afirmação "eu só quero ajudar". Nosso pensamento subconsciente, por exemplo, é que a outra pessoa não sabe viver a própria vida e não consegue decidir, ou tomaria decisões piores do que as que lhe estamos oferecendo. E/ou a crença profunda de que *realmente* sabemos mais de tudo.

Naturalmente, no decurso da nossa vida, já fizemos experiências e isso não quer dizer que tenhamos de fingir agora que não sabemos do que estamos falando. A diferença está em reconhecer que fizemos as experiências certas para a *nossa* vida e que tomamos as decisões acertadas para nós. Isso não quer absolutamente dizer que elas valham para a vida dos outros. Como as pessoas espiritualmente interessadas se ocupam relativamente com as mesmas perguntas, muitas vezes entramos em contato com pessoas que ainda não fazem isso ou não o fazem na mesma medida que nós. Mas de nenhuma maneira isso significa que tenham menos experiência de vida, menos compreensão de Deus ou que sejam menos sábias.

Cabe a nós observarmos atentamente a nossa arrogância. Toda pessoa tem certa arrogância, acredito eu. Ela é o lado de sombra do conhecimento e muitas vezes acompanha cada palavra como uma nuvem.

É por isso que é muito importante observá-la em nós mesmos. Nos outros não temos de nos esforçar, visto que ela logo chama a nossa atenção, não é verdade?

E a nossa também chama a atenção dos outros – por mais agradável que seja o disfarce com que tentamos encobri-la.

Eu sei, eu sei. Eu acabo justamente de lhe dar conselhos neste capítulo. E acaso não tenho razão, não parece bom ouvi-los?

Vivências

Minha filha Júlia, que agora está com quase quinze anos de idade, sentiu-se muito pressionada por mim nos últimos tempos. Eu estava sempre pedindo para ela anotar ou ao menos me dizer o que a havia aborrecido mais no meu caminho espiritual. Cada vez que eu repetia a pergunta ela apenas rolava os olhos e dizia o seu natural, levemente irritado "mamããããããe...".

Afinal, isso não ajudou em nada. De algum modo eu tive de impor a minha autoridade e assim ela sentou-se na minha frente e eu digitei as respostas dela no computador. Foi a única possibilidade de entrarmos num acordo.

Sabrina: "Portanto, o que a enervou nas minhas atividades espirituais?"
Júlia: "Fico nervosa quando você fala sobre as coisas espirituais com os meus amigos. Especialmente sobre as suas diversas teorias. Por exemplo, como surgiram as ainda inexplicáveis pirâmides. [Eu acredito que surgiram com a ajuda dos sons.] E todas as vezes quando você explica aos meus amigos alguma coisa espiritual sobre Deus, anjos ou algo parecido; então eu penso: 'Oh, não! Outra vez, não!' E me irrita especialmente quando você fala sobre o seu caminho espiritual. Ou quando uma criança totalmente estranha está ferida e você impõe a mão ou quando faz a mesma coisa com os meus amigos. Isso simplesmente não é normal e eu acho desagradável. Ah, e o seu estalar de dedos quando quer se livrar de um pensamento ou quer modificar alguma energia? Sempre parece que você quer chamar a atenção. E isso é sempre surpreendente. Eu nunca sei quando vai acontecer. Não há aviso prévio. De repente você estala os dedos! E por que tem de ser sempre tão alto? Você não pode estalar os dedos mais baixo? Mais secretamente?

Ah, sim, antes ainda, quando você não falava às quartas-feiras. Isso simplesmente não é normal. Mas era divertido, como o papai disse uma vez para uma mulher que não havia compreendido a linguagem dos sinais: 'Minha mulher é loura, surda e muda. Mas ela é ótima para carregar pacotes.' Isso foi divertido!

E no último final de ano, quando tivemos de sair para uma oração no Ano Novo... Todos os meus amigos tiveram de tirar os sapatos e ficar em pé no gramado olhando fixamente para o céu. Então nos demos as mãos e rezamos. E aí você perguntou o que acontecera no último ano, o que havíamos aprendido na vida e o que desejávamos para o próximo ano."

Sabrina: "Afinal, os seus amigos se queixaram disso?"

Júlia: "Não. Mas eu, sim." Ela ficou pensativa durante um instante e então disse: "Acabou?"

Sabrina: "Pense mais um pouco."

Júlia (depois de pensar bastante): "Bem, rezar antes das refeições já não me perturba mais. Embora sempre seja estranho quando todos se dão as mãos. Mas agora isso não me deixa mais nervosa. Quase esqueci: o que me dá especialmente nos nervos é quando outros pais contam alguma coisa e você tem outra opinião por causa de alguma coisa espiritual. Isso me irrita mesmo. – Agora eu acabei?"

Taylor, uma das amigas de escola de Júlia, que me conhece desde que era criança, lembra-se de um episódio específico:

Taylor: "Eu me lembro ainda de toda essa coisa com a Lua. Eu acho que eu estava na quinta série quando você, Sabrina, disse para a Júlia que quando ela tivesse a lua dela (menstruasse) isso seria algo muito especial. E que isso teria de ser festejado. [Taylor dá uma sonora gargalhada.] Que haveria uma festa lunar para festejar o fato de ela ter se tornado uma mulher. Ela veio à aula e contou isso para mim e para a Mattie. 'Oh, céus, minha mãe faz questão de dar uma festa quando eu receber a minha lua; e isso é tão desagradável. E eu me lembro que sempre que ia visitá-las e que o assunto vinha à tona, Júlia rolava com os olhos."

Sabrina: "Você achou esquisito que eu chamasse isso de 'a lua'?"

Taylor: "Eu posso compreender que cada pessoa o chame de outra maneira. Lua foi demais, não sei, de algum modo pensei que era legal. Simplesmente era um modo interessante de interpretar a menarca."

Eu já havia imaginado tudo de modo tão bonito. Quando Júlia tivesse a sua lua, então eu convidaria todas as minhas amigas, nós nos sentaríamos em colchões no enorme salão de meditação a fim de passar a noite com conforto e falaríamos com Júlia sobre o que significa tornar-se uma mulher. Como ela ficaria mais intuitiva quando tivesse a sua lua. Que também se tornaria muito mais sensível do que antes. Eu imaginava que cada uma de nós contaria histórias sobre a própria experiência e como isso, naturalmente, ajudaria Júlia. Nós rolaríamos no chão de tanto rir, e cada uma de nós, mulheres adultas, contaria a Júlia sobre a primeira paixão.

Infelizmente, isso não aconteceu.

Júlia teve a sua lua numa viagem para a Itália, onde nenhuma das minhas amigas estava por perto. No mês seguinte eu estava viajando; e então eu já intuía algo que não queria aceitar. A criança não quer nenhuma festa lunar. E então acabei desistindo. Uma pena, afinal poderia ter sido tão bonito!

Para mim.

Religião

No meu caminho espiritual interessei-me por muitas outras religiões e comunidades religiosas e voltei novamente para o cristianismo. Nenhum canto me comove tanto como o "Noite feliz", nenhuma sálvia pode substituir para mim o incenso. E embora eu valorize muito o Buda e os seus ensinamentos, o calor que vem de Jesus está mais próximo do meu coração.

No sentido mais amplo do termo, eu me vejo como cristã. Nas minhas constantes buscas na história da Igreja sempre me interessam os âmbitos em que foram estabelecidas as regras da fé – cem anos depois da ressurreição de Cristo: por exemplo, que os sacerdotes não podem casar (1139), a primeira sugestão do celibato clerical (306); que não existe salvação fora da Igreja (1302); a festa da lavoura (1264, correspondentemente em 1317); a confirmação da divindade de Cristo (325); a morte como conseqüência do pecado de Adão (pecado original) bem como a absolvição dos pecados por meio do batismo (418): o advento (pela primeira vez em 450); o papa não só como representante de Pedro, mas também de Jesus Cristo (1198); e a imortalidade da alma (1512).

É fascinante ver como a nossa crença cristã ou católica romana se desenvolveu. É tranqüilizador ler que nos últimos dois mil anos sempre houve muitas vozes na história da Igreja que pregaram a tolerância, enquanto as que eram mais obtusas espalhavam mais medo do que amor. Com que seriedade se brigava por banalidades ridículas, como talvez "quantos anjos passam pela ponta da agulha", até por profundas questões essenciais cristãs: "Se Jesus é igual ou semelhante a Deus". Alguns papas tinham mania de grandeza, enquanto outros julgaram rigorosamente essa atitude. Como podemos ler, acontecia aos papas o mesmo que acontecia à maioria das pessoas: não é fácil ser verdadeiro.

Uma das regras mais importantes para a paz, na minha opinião é o direito concedido a todo ser humano de adorar a Deus como quiser. Indissoluvelmente ligada a esse direito existe a tolerância, que deve ser esperada de todos nós, para que esse direito possa levar a uma aceitação mútua e com isso à paz mundial.

A arrogância mais ou menos óbvia – "Eu deixo você praticar a sua religião, mas sei com toda a certeza que a minha é a única certa" – deve ser evitada. Mas como? Afinal, nós nos decidimos pelo nosso tipo de profissão de fé, *porque* achamos que é a certa. Quem é que adota um credo que considera errado?

Talvez baste perguntarmos regularmente a nós mesmos: "Quem sabe se estou certo?" Quem sabe tudo o que fazemos ou em que acreditamos não passe de uma maravilhosa, grandiosa ilusão – e não tenha nada, mas nada mesmo a ver com a realidade?

É possível.

Improvável, mas possível.

Como você vê, isso é realmente difícil.

Antigamente, quando eu ainda fazia regularmente grandes viagens, muitas vezes eu era convidada para comparecer às igrejas. Às vezes era uma sacristia, às vezes uma construção que pertencia a um convento, às vezes era a própria igreja.

No início para mim isso era uma grande questão de consciência. Afinal, eu escrevo sobre reencarnação nos meus livros. Será que devo deixar isso de lado aqui? Afinal, isso contradiz o ensinamento oficial da Igreja.*

Quer nas minhas orações quer nas minhas meditações recebi uma resposta sobre como devo me comportar a respeito disso. Assim, depois de muito para cá e para lá, decidi-me pelo caminho direto: eu perguntei aos próprios vigários.

Eu lhes expliquei qual era o meu dilema: a minha promessa para mim mesma diante da franqueza e honestidade em vez da minha promessa de não dar às outras pessoas conflitos de consciência ou de ferir alguém com o meu credo. Finalmente, falo aqui no espaço da igreja, e eu quero preservá-lo.

---

* Embora, por exemplo, o papa Gregório VII – considerado um dos papas "confusos" – se visse como a reencarnação do apóstolo Pedro em 1075 ou que Jesus no evangelho de Mateus (16:13-14) perguntasse aos seus apóstolos quem os homens dizem ser o filho dos homens. Mas eles disseram: Alguns: João Batista; mas outros disseram: Elias; e outros ainda: Jeremias ou um dos profetas. O que sempre considerei uma indicação de que Jesus estava muito familiarizado com o renascimento, assim como os seus apóstolos. Senão por que Jesus teria perguntado e obtido como resposta, o renascimento de João, Elias, Jeremias ou um dos profetas. – Oh, não, estou querendo convencer outra vez!

Vamos supor que haja uma senhora mais idosa que tenha chegado ao fim dos seus dias e que está totalmente certa da sua fé e da sua religião. Então eu chego e com uma frase desorganizo toda a estrutura do seu credo. Às vezes imagino com horror que essa comovente senhora idosa nas últimas horas da sua vida se agita de um lado para outro e diz a si mesma: "Oh, Deus, o que acontecerá agora se realmente houver reencarnação? Eu já me alegrei tanto com o Paraíso!" E ela então morra intranqüila e com medo, porque teme voltar ao mundo na África, ela que nesta vida mal conseguiu suportar o calor de Munique. É claro que eu quero evitar ter as últimas horas dela na minha consciência.

Alguns vigários me explicaram, para minha grande surpresa, que eles mesmos acreditavam na reencarnação e que estava certo eu dizer algo sobre o assunto. Alguns admitiram que sempre gostavam de manter diálogos na sua comunidade, mesmo que eles acreditassem pessoalmente na ressurreição, mas não num renascimento; mas que eu devia narrar tranqüilamente como sempre faço. Com a minha mania de grandeza espiritual, eu sempre tinha imaginado os vigários de mentalidade mais estreita – e tive de reconhecer muitas vezes, para minha vergonha, que *eu* tinha preconceitos, não eles.

Levou anos para eu estar em condições de respeitar a crença das outras pessoas. No início, eu só queria convencê-las de que estavam erradas. Primeiro tentei fazer isso pelo meu "exemplo" (sim, infelizmente, eu não conseguia enxergar o fato de eu ser enervante, ocultar a minha agressividade com facilidade, e de ser extremamente intensa).

Eu queria que as outras pessoas a quem desejava convencer, vissem com que intensidade eu rezava, meditava e conversava com Deus – isso de algum modo teria de comovê-las, talvez deixá-las curiosas, talvez convencê-las da minha intensidade e honestidade. Quando dirigia, eu me esforçava para não gritar com os outros motoristas quando eles me cortavam; eu era prestativa; juntava o lixo do chão e abraçava as pessoas desamparadas. Eu agia como achava que uma pessoa espiritualizada devia agir. Um pouco transfigurada, harmoniosa, os olhos sempre voltados um pouco para o alto – por causa das constantes indicações, você entende?

Quando a minha função de "exemplo" não despertava a desejada mudança e o respectivo interesse das outras pessoas, eu tentava usar a lógica.

Eu conheço muito bem a minha Bíblia, bem como a história da Igreja, e então me pus a explicar os vários inter-relacionamentos, que, por exemplo, falavam da reencarnação ou de algum outro tema qualquer que perturbasse os outros no meu credo.

Graças a Deus, o bom Deus me deu um presente magnífico. Ele deve ter se divertido muito ao colocá-lo no meu código genético. O presente é o seguinte: "Seja lá o que for que você explicar ou disser, você não terá condições de comprovar com informações fundamentadas, pois você, querida Sabrina, não conseguirá guardar os nomes e as datas".

Não há nada de mais tolo, do que querer esclarecer um aspecto da história da Igreja que aconteceu, digamos, no ano ("Quando foi mesmo?") pelo imperador ("como ele se chamava?") em (Constantinopla? Roma? Atenas?) com o papa ("Ele se chamava... meu Deus, como eu fui esquecer? Começava com C...") cujo tema era: o Pai, o Filho e o Espírito Santo são a mesma pessoa? E depois ("de um dia, duas semanas?") o imperador exigiu ("seja lá qual for o seu nome") uma resposta dos religiosos, e então por fim e depressa concordamos que todos são uma só pessoa, e que o papa ("seja seu nome qual for") concordou.

A argumentação simplesmente está sobre bases oscilantes. Seria totalmente diferente se eu pudesse dizer:

Era o ano 381, no reinado de Teodósio, quando o primeiro concílio (o segundo ecumênico) de Constantinopla, atual Istambul, sob Damasus I – naquela ocasião os pais da igreja ainda eram os bispos de Roma (a designação "Papa" só foi introduzida em 440) –, constatou a fórmula da trindade depois de muitas discussões, isto é, a entidade divina em três figuras: Pai, Filho e Espírito Santo.

Veja você, isto é muito mais impressionante. Mas não consigo fazer isso. Eu leio todos os fatos dessa história, retenho-os, digamos, por uma hora e então o presente de Deus torna-se perceptível, e um impiedoso esfregão simplesmente apaga do meu cérebro todos os nomes e datas.

Eu simplesmente não consigo percebê-los e, assim, também para escrever os fatos nos meus livros precisei consultar a minha estante de livros. Graças a Deus a procura não demorou muito, visto que sempre marco os pontos mais importantes com marcadores amarelos de texto. Assim, ao menos não tenho de ler o texto todo outra vez. Ele provém do livro *Daten der Kirchengeschichte* [Dados da História da Igreja] de Gerhard Harmann (Topos Plus, 2003).

Em alguma ocasião, depois de muitos olhares dos meus oponentes, que rolavam os olhos, desesperados, eu tomei conhecimento da arrogância da minha chegada e quase afundei no chão, de vergonha. O que aconteceu exatamente não sei. Tornei-me cada vez mais consciente de que as minhas conversas tinham um único objetivo: convencer os outros da correção das minhas afirmações.

O fato de que desse modo rebaixava cada parceiro de conversa a um simples idiota, de repente ficou claro demais. Como pude fazer isso durante todos esses anos? Então fiz a mim mesma a promessa de que nunca mais me comportaria dessa maneira.

Infelizmente, não posso evitar de ranger os dentes interiormente quando dizem: "O único caminho até Deus passa por Jesus Cristo." Não posso evitar de dizer automaticamente antes da comunhão na Igreja: "Eu sou digna de que entreis em minha morada" e deixe de fora o "não"; e em cada "pai-nosso", como disse, eu modifico os pontos "o teu Reino *veio*, a Tua Vontade *é feita*."

Naturalmente também sei que o "Não sou digno de que entreis em minha morada" é um ato de humildade. De entrega ao que é maior. Eu me entrego a quem é superior. Mas para mim é diferente. Quando o "meu Pai" me convida para esse sacramento, então ele me convida, como eu convido a minha filha. Ele não pediria de mim humildade, assim como não a exijo da minha filha. Como eu desejo que a minha filha seja autoconsciente, assim eu acredito que Deus também deseja isso de nós. Afinal, não fomos feitos à Sua semelhança?

Vivências

Minha amiga Sheila Kenny evitou as missas por muito tempo e, com isso, também as igrejas:

"Eu fui educada numa severa escola católica, e ela era simplesmente horrível. As freiras nos assustavam todos os dias dizendo que iríamos fatalmente para o inferno porque sempre cometíamos algum erro. Eu tinha a certeza de estar condenada, e tinha os correspondentes receios e pesadelos. Isso naturalmente me marcou bastante.

Há alguns anos eu fui ao México com amigos. Um deles me irritava terrivelmente porque estava muito frustrado. Nós tínhamos um guia totalmente incapaz e cada um de nós estava muito nervoso. Especialmente esse amigo não conseguia mais se tranqüilizar. A mulher dele e eu resolvemos ir à igreja a fim de rezar por ele. Estávamos, portanto, sentadas nessa magnífica, arquitetonicamente fascinante catedral e fechamos os nossos olhos para rezar. Ouvimos quando o sacerdote saiu da igreja e ouvimos quando a porta foi trancada.

Além disso, eu odiava igrejas católicas porque eram muito ricas, e as pessoas eram muito pobres. Eu achava que preferencialmente o dinheiro devia ser posto à disposição dos pobres.

Portanto, eu estava trancada nessa igreja e não podia sair. Então olhei ao redor e subitamente senti que aquele lugar era sagrado. Todas as pessoas podiam entrar ali, e podiam sentir esse amor místico. Precisei ser primeiro trancada numa igreja para me livrar dos meus preconceitos contrários. Isso foi simplesmente magnífico. Deus tem um senso de humor incrível."

Iluminações instantâneas

Eu tenho uma postura crítica estranha diante de tudo o que deve iluminar-me espiritualmente, e quando deve ser espirrado, colado ou passado como um creme. Eu acredito que o crescimento pessoal resulta de palavras, pensamentos e ações que é preciso elaborar, e não de uma lata de spray ou de uma caixa de pílulas.

Naturalmente os ruídos nos enriquecem, assim como a boa música, os toques delicados, a canja de galinha da mamãe e os abraços calorosos nos ajudam. Mas quando ouço dizer que um spray de alguma água benta me dará a iluminação ou abrirá o meu terceiro olho, acho isso muito improvável. "É claro," alguns dirão, "não é nenhum milagre que isso não funcione com você; você não acredita." Realmente nada tenho a opor ao que dizem.

Eu sei que tudo tem uma freqüência, que é sutil ou densa e contém todos os estágios intermediários, e que as freqüências por sua vez influem na minha vida e no meu bem-estar. Basta pensar apenas no que foi feito no meu terceiro olho – portanto, no centro de energia sutil que se encontra no meio das sobrancelhas e que é responsável pela clarividência no sentido mais amplo. Recebi óleo pingado lentamente sobre ele (umas dez vezes), usei diversos *sprays* todas as noites antes de ir dormir (umas trezentas vezes), deixei que um agente de cura filipino (que considero muito) eliminasse os meus bloqueios com as suas mãos (duas vezes) e fiz sobre ele o sinal-da-cruz (milhares de vezes). Eu não sei até que ponto cheguei na abertura da minha terceira visão.

Vivências

Há alguns meses o meu "especialista pessoal" René Tischler me mandou encantado algumas águas medicinais, chamadas de "águas de luz"; todas provenientes de fontes às quais é atribuída uma comprovada característica de cura, todas de locais em que houve aparições de Maria, como Lourdes, Fátima, Medjugorje, Montichiari, San Damiano, St. Maria alle Fontana e Éfeso (www.wasser-symposium.ch). Elas ainda estão intocadas no armário e, às vezes, passo por ali consciente da culpa de não as ter experimentado ainda, embora René tivesse tido tanto empenho em enviá-las para mim. Eis a opinião dele sobre as águas medicinais:

"Eu não acho nada demais nas outras 'aguinhas', e assim por diante, mas essa Acqua d'Amore (Água do amor, assim é que a bióloga Dra. Ciccolo a chama) é certamente muito extraordinária. Se você realmente a usasse com seriedade, tenho certeza, você o perceberia. Concretamente, senti em mim: o meu sistema imunológico melhorou notavelmente (a primeira gripe do inverno foi muito mais fraca e eu a vi como um espectador no cinema). Como tenho desde a juventude problemas de estômago e intestino e também por causa de diversos acidentes não estou do lado ensolarado da saúde, do modo mais primoroso experimentei uma genuína melhora na minha constituição com a água de luz. Sobrevivi a uma terrível intoxicação alimentar graças à água, sem consultar o médico. Parece um exagero, mas...

Também consigo ficar acordado e sair outra vez até três horas da madrugada: mente e corpo reagem com rejuvenescimento. Nenhum placebo: uma vez que os bebês e os animais também reagem positivamente à água de luz...

Como sempre: eu acredito que a água de luz é um presente para a humanidade. Há exemplos de pessoas que se livraram de seus sofrimentos com ela (fé e imaginação também funcionam como mostram os xamãs, mas aqui existe mais coisa por trás, também por causa das mensuráveis freqüências naturalmente saudáveis, o que pode ser explicado biologicamente)."

Isso eu ainda posso compreender. A água vem desses locais, e eu entendo o efeito e a força. No entanto, de onde vem um cheiro do arcanjo Miguel, que vai parar numa lata de spray? Sim, pode ser que alguém tenha sentido o cheiro dele numa meditação e depois o recriou, mas isso realmente quer dizer que ele cheira assim para todas as pessoas ou que se trata de um aroma com o qual se ligam determinadas forças?

Eu acredito num determinado foco, numa intenção que nos leva adiante. Se, portanto, eu tenho o desejo de me tornar mais calorosa, amigável, espiritualizada, verdadeira e corajosa, e para isso providencio vários óleos, sprays, cremes, e etc., que me apóiem nisso, pode ser que dê certo. Mas eu comparo isso muito mais com uma criança de quatro anos num carrinho de bebê. Um carro empurrado pode levá-la de A para B, mas dessa maneira ela não aprenderá a *andar* em hipótese nenhuma.

Ao mesmo tempo, sabemos como é importante uma postura saudável. Assim, muitos medicamentos, tratamentos e imposição de mãos funcionam porque acreditamos neles. O que certamente não diz nada contra métodos desse tipo. Se ajuda, por que não? E, é natural, eu também não aprenderia a nadar se ficasse me dizendo nas primeiras tentativas: "Eu nunca vou aprender a nadar! Eu nunca vou aprender a nadar!"

Nós também confiamos nos nossos médicos. E que dor na infância não doeu menos porque mamãe ou papai assopraram o ferimento?

Basicamente, para mim isso funciona assim: tudo o que me promete um sucesso rápido e sem esforço na maioria das vezes não está certo. Isso é como as pílulas de dieta, eu nunca conheci ninguém para quem elas funcionassem. É por isso que também hesito muito quando ouço falar das diversas águas medicinais. Embora entre os meus mais apreciados amigos haja alguns que usam essas águas e fizeram suas experiências com elas (nenhum, de acordo com as afirmações pessoais, alcançou a iluminação – independentemente da quantidade de água espargida), eu não sinto nada na maioria das vezes. Na verdade, eu gosto de ficar fascinada por todos bons perfumes... e talvez se trate meramente de fascinação!

Sharon Walker é artista e trabalha com o corpo. Sobre esse tema ela escreveu as linhas seguintes:

"Parece que nós, os seres humanos, muitas vezes estamos em busca de uma solução rápida. Às vezes vemos alguma 'solução rápida' e esperamos que também haja 'soluções rápidas espirituais'. Muitas vezes os amigos, professores, grupos e agora também o computador nos enviam ou contam sobre essas soluções. Há todo tipo de solução rápida: aulas, mestres, livros, cristais, velas, estatuetas, óleos, e assim por diante. Às vezes há tantas novas ofertas que já não sabemos mais o que fazer. Portanto, o que devemos escolher? Como podemos escolher alguma coisa? Lembremo-nos de que não existem soluções rápidas. Há muitas coisas que nos apóiam, mas cada um de nós tem de fazer o seu trabalho!

Como exemplo: há anos eu criei uma firma que se chamava 'Elixir angélico'. Com o apoio dos meus anjos eu criei produtos com vibração de aromaterapia, que eram compostos de diamantes e pedras semipreciosas triturados, óleos essenciais puros, cores e orações. Há cinco fórmulas diferentes, cada uma delas contém uma intenção e vibração diferente. Durante a composição eu mantenho uma determinada intenção nas minhas orações, que então se une energeticamente a essa fórmula. E como nos decidirmos por uma das cinco? Começa-se por aquilo que estamos sentindo...

Faça a si mesmo a pergunta: 'Como eu me sinto?', 'Você se sente feliz, triste, hesitante, estimulado, pacífico, ativo, equilibrado ou o quê?'. Viaje pelos seus próprios sentidos: toque, paladar, audição, olfato, visão, sensação. Esses são os primeiros indícios. Por isso é indiferente que intenção está nos meus produtos. É você quem escolhe, e escolhe melhor se puder sentir-se ao fazer isso.

Minha flor predileta é a rosa; minha filha prefere as flores do campo, e a sua talvez seja o lírio. Há muitos presentes maravilhosos e instrumentos para ajudar-nos a criar em nós o equilíbrio e a harmonia na nossa viagem espiritual; mas para cada um se trata de uma escolha individual. E escolha significa: atento conhecimento intuitivo."

Eu aprendi que muitas coisas que tenho na minha vida resultaram do meu trabalho. O que eu quero alcançar com uma oração? O que quero conseguir com uma sugestão? Por que quero ter determinada coisa? Por que quero viver certa situação? A intenção por trás é muito importante.

Eu não acredito que a maioria das pessoas que nos oferecem ajuda no caminho espiritual façam isso para nos enganar. Naturalmente haverá um ou outro que veja nisso um "negócio", que não tem nenhum segundo plano profundo além do fato de querer ganhar dinheiro. Não levando em conta que eu acredito que tudo no universo está sujeito à lei de causa e efeito – portanto, do modo como entramos na floresta, saímos dela. Por isso posso confiar descontraidamente em que aqueles já ouvirão o seu "eco".

A maioria de nós que oferece alguma coisa, o faz com o coração puro e o desejo de oferecer apoio aos semelhantes. A questão é unicamente o quão "bom" será esse apoio. Será valioso para mim? Acaso receberei aquilo de que preciso? Vale observar cuidadosamente os resultados. Sinto-me mais saudável e estou mais saudável? Essa é a resposta. Há séculos diversos asiáticos viveram muito mais tempo com isso. Quem é que pode realmente comprovar isso?

Muitas vezes pegamo-nos tão preocupados com a nossa saúde, que ficamos doentes com mais freqüência. O nosso foco é exatamente evitar a doença e, com isso, pensamos continuamente nela (exatamente o que temos de evitar). Acontece o mesmo com um fumante que quer limitar-se a cinco cigarros por dia. Durante o dia inteiro ele só pensa sobre quando ele *finalmente* poderá fumar o próximo cigarro.

Como antiga fumante inveterada, que também experimentou esse método, eu sei como ele é difícil. Quanto mais naturalmente lidamos com a nossa alimentação e os nossos hábitos, tanto mais fácil é mantermo-nos saudáveis. Eu, é claro, não estou falando do extremo oposto: ignorá-los. Quando percebo que estou ficando doente, não adianta nada deixar isso de lado. Tomo o meu banho quente, meu *Hepar sulfuris*. Ou as minhas gotas chinesas (de início somente com a esperança de que funcionem no meu estômago de nativa da Baviera, como funcionam nos dos chineses; até agora tive a experiência de que elas funcionam).

Os santos saudáveis

Você sabe que as pessoas realmente espiritualizadas nunca ficam doentes? Não, você não sabia disso? E mais ainda, quando elas adoecem, algo não está certo com elas...

Ouvi falar de um homem maravilhoso, que investia muito em organizações de utilidade pública. Ele participava de um grupo espiritualista maravilhoso, caloroso, que com freqüência se unia para rezar, mas também gostava de festejar ou viajar.

No entanto, ele contraiu câncer. E o grupo soube imediatamente o que estava "errado" com ele. O motivo da sua doença, assim lhe diziam a todo momento, era que ele ainda carregava algum aborrecimento não elaborado.

O grupo tinha a sensação de que havia "algo errado com o homem". E talvez também houvesse por trás o medo: "Se ele pôde ficar doente, eu também não estou seguro".

Muitas vezes acreditamos que as pessoas espiritualizadas – ou as pessoas verdadeiramente espiritualizadas – nunca ficam doentes ou, ao menos, não devem ficar. Portanto, quando alguém não está saudável, obviamente não é suficientemente espiritualizado e ainda fez alguma coisa errada. E à medida que uma "cura milagrosa" não ocorre dentro de algumas semanas, isso também desperta admiração.

A disposição na comunidade, em que o homem com câncer se sentia muito bem até então, mudou em relação a ele. As pessoas achavam que o novo doente na verdade não pertencia mais a esse grupo, uma vez que obviamente ainda tinha problemas não resolvidos, que provocaram justamente essa doença.

Para elas, ele era um espinho na carne. E, sem dúvida, ele podia sentir isso. Embora nem sequer precisasse de antenas especiais para percebê-lo, na verdade ele foi literalmente cortado. Algumas pessoas até mesmo mudavam de calçada para não ter de cumprimentá-lo.

Graças a Deus, ele tinha outros amigos nos quais podia confiar. Que o ouviam, que se mostravam compreensivos e que não lhe explicavam continuamente o que ele deveria fazer e o que deveria deixar de lado.

O homem morreu alguns meses depois. Seus funerais – ou melhor: a cerimônia pelo fim da sua vida – foi cheia de amor e de calor humano.

Há dois anos, pouco depois de eu ter decidido fazer uma pausa no trabalho, passei a sofrer de azia. Eu já havia tido azia antes – o que naquela ocasião, assim creio, deveu-se à alimentação – mas dessa vez era diferente. Há dias eu tinha esse gosto estranho na boca e parecia que ele nunca mais ia desaparecer. Eu rezei e na minha meditação perguntei por que tinha azia; e não recebi nenhuma resposta. Depois de várias radiografias, em que eu tive de beber um horrível líquido espesso, constatou-se oficialmente: eu tinha azia. O que, de qualquer forma, eu já sabia de antemão.

O meu médico colocou uma receita de pílulas na minha mão e eu lhe perguntei por quanto tempo teria de tomar o remédio. "Provavelmente, para sempre," foi a resposta dele. Para sempre? Isso era tempo demais para mim.

Voltei para casa e sentei-me diante do meu altar caseiro. Depois da minha oração, eu perguntei outra vez ao meu corpo: "O que você quer me dizer?"

Auscultei o meu interior e não ouvi nada.

Por certo eu não estava em condições de ouvir coisa alguma ou o meu corpo havia decidido não falar comigo.

Subitamente tive uma outra idéia e, com ela, uma outra pergunta: "O que pesa no meu estômago?"

E alguns minutos depois veio a resposta: "*Shame*" – a palavra inglesa para "vergonha" ou "mácula". Oh, meu Deus, era isso mesmo: eu me sentia tão culpada porque queria fazer uma pausa de dois anos no trabalho, que isso pesava no meu estômago e por isso o alimento "subia novamente". Eu devia analisar bem o problema, em vez de simplesmente "deixá-lo pesar no estômago".

Depois de alguns dias, nos quais eu pensei muito sobre a "mácula" da minha decisão de fazer uma pausa, a azia desapareceu.

De resto, essa vivência não contradiz a minha opinião de que no caso de uma doença "fizemos alguma coisa errada". Cada um de nós tem os seus lados positivos e negativos. Temos a luz, assim como temos a sombra. E só aprendemos muitas coisas ao passar pelas crises. E por isso há diferentes situações de crise na nossa vida, que controlamos melhor ou pior. Pois só por meio delas nós crescemos.

Uma conhecida minha tem transtorno bipolar (antigamente: psicose maníaco-depressiva). Seus altos e baixos são indescritíveis. Ela é uma das escritoras mais maravilhosas que conheci. Ela está justamente escrevendo um livro sobre a sua doença. A profundeza, a intensidade com que ela viveu, a criatividade que isso liberou é quase inatingível. Muitos artistas que passaram por vales profundos, criaram suas melhores obras durante essas fases. Quando as coisas vão mal, tornamo-nos mais honestos.

Eu mesma sempre encaro os medicamentos com certo ceticismo. Eu sou uma dessas quase crianças "Contergan". Durante a gravidez a minha mãe teve as maiores dificuldades comigo e o médico sempre lhe sugeria Contergan que, naquela ocasião, era considerado um medicamento totalmente inócuo. Apenas alguns meses depois, quando nasceram as primeiras crianças sem braços e pernas, reconheceu-se o efeito terrível desse medicamento.

Portanto, não é de espantar que eu sempre seja um pouco cuidadosa com os medicamentos. E, contudo, sou grata quando o meu dentista me dá uma injeção antes do tratamento e quando tenho à disposição um analgésico no caso de dores intensas. E, sim, na minha opinião são prescritos antidepressivos demais, em vez de terapias. Mas, apesar disso, muitas pílulas são necessárias à vida de um grande número de pessoas.

Eu me lembro de uma mulher que me pediu conselho depois de uma das minhas palestras. Ela relatou que tinha dores de dente que simplesmente não cediam há algumas semanas. Ela meditava, cantava, bebia vários chás de ervas, mas a dor simplesmente não passava. O que eu lhe sugeria?

"Vá ao dentista."

Ela olhou enregelada para mim. "Sim, mas eu pensei que o bom Deus cuidaria das minhas dores."

"Sim, Ele faz isso. Por meio do dentista."

Há dois anos, um dos meus dentes começou a doer. Especialmente quando eu bebia algo gelado uma dor intensa me percorria, e eu percebi que tentava evitar aquele lado ao morder. Eu havia colocado uma coroa nova nesse dente e agora percebia o nervo se manifestando. Telefonei para o meu dentista, que me explicou que isso muitas vezes acontece. Às vezes, o dente se acalma outra vez; em caso contrário, ele teria de remover o nervo. Eu desliguei com a firme intenção de manter todos os meus nervos.

A dor não melhorou. Alguns meses depois eu tinha outra vez consulta no dentista e ele me apresentou um colega que fazia tratamentos de raiz. Ele era oriental, um pouco mais jovem que eu, portanto, por volta dos quarenta, e irradiava charme e competência. Ele me fez algumas perguntas, me examinou, bateu no dente e ao redor dele com um dos seus instrumentos e quis saber o que eu sentia. No final do exame ele tinha certeza: o nervo tinha de ser extraído.

Eu lhe perguntei se não havia um jeito do dente sarar. Ele disse que não que ele soubesse. Naturalmente eu podia esperar mais tempo para ver se o nervo deixaria de doer. Eu pedi que ele rezasse comigo, e lhe disse que gostaria de lhe fazer duas perguntas – se ele estivesse disposto a colaborar.

Ele acenou surpreso. É provável que tenha pensado: "Magnífico, agora finalmente também tenho uma paciente maluca. Algo interessante que eu posso contar aos meus amigos durante o jantar".

Eu peguei as mãos dele e disse uma oração curta: "Pai celestial, Mãe celestial e todos os anjos. Eu peço apoio para o Dr. Fulano de Tal e para mim. Amém".

Eu soltei as mãos dele e expliquei o que queria fazer: "Feche brevemente os seus olhos e observe como o seu corpo se sente".

Ele fechou os olhos bravamente, e eu deixei que ele se sentisse por dentro durante meio minuto.

"Agora eu vou lhe fazer a primeira pergunta. Quando ouvir a pergunta, por favor, não procure respostas, mas simplesmente sinta o seu corpo. Se a sensação for exatamente igual à anterior, isso é um "não", um "sim" sempre vem com uma sensação física. Portanto, pode haver uma sensação de calor no estômago. Ou o senhor fica com a pele arrepiada, mas alguma coisa acontece num "sim".

Eu esperei um pouco, fechei os meus olhos e observei o meu corpo. Afinal, eu queria participar ao mesmo tempo, para poder comparar as nossas reações.

"Portanto, eis a pergunta: o nervo se acalmará no futuro?"

Eu me observei e senti um movimento. Portanto, sim.

"A segunda pergunta: Sabrina deve remover o nervo?"

Eu não senti nada. Portanto, não.

Depois que abri os meus olhos, o Dr. Fulano de tal abriu os dele.

"E?", eu perguntei curiosa.

"Bem, eu não sei; eu acho que não senti nada. Eu nunca fiz algo assim; eu não acredito que o tenha feito corretamente", ele acrescentou pedindo desculpas.

Não foi possível descobrir – e acredite em mim, eu tentei – se ele sentiu alguma coisa e o que foi.

Fui para casa com o meu nervo e com um conselho do meu dentista: "Para que o seu nervo possa se acalmar, use esse dente o menos possível. Portanto, mastigue apenas do outro lado e tente também evitar bebidas geladas".

O que eu fiz. Demorou quase meio ano até o nervo se acalmar. Mas, apesar disso, eu sempre tinha consciência da sua "fraqueza" e usava relativamente pouco esse lado para mastigar. Embora o nervo nunca tenha ficado totalmente normal, eu classifiquei isso como um sucesso.

Um ano depois fiquei com inacreditáveis dores de dente três dias antes do Ano Novo. Dessa vez o nervo não se deixava acalmar, e eu telefonei para o Dr. Fulano de Tal, que estava de férias, a cerca de duzentos quilômetros de distância de Los Angeles. Com a família dele. Com a filha recém-nascida numa das raras férias familiares (os norte-americanos têm em média só duas, no máximo três semanas de férias). Ele me perguntou se devia vir.

Pelo amor de Deus, é claro que não! Era só o que me faltava, tirar o pai da família só por causa do meu tolo dente. Para uma clínica dentária eu não queria ir; se é que existia algo como isso por aqui. Assim, sugeri que ele me prescrevesse um analgésico, e eu esperaria até o dia 4 de janeiro.

E foi isso o que fizemos. No dia 4 de janeiro me extraíram o nervo. A partir de então houve paz. Eu posso morder dos dois lados outra vez e tenho um nervo a menos. Agora, que tudo parece normal outra vez, eu me questiono se isso já não poderia ter sido resolvido antes. Se tivesse extraído o nervo logo, eu não precisaria andar durante seis dias com dores mais ou menos fortes e também teria podido mastigar dos dois lados durante todos esses meses.

O quê? Você ainda quer a minha resposta sobre isso? Alguma explicação espiritual? Um conhecimento que me tivesse vindo durante as meditações? Algo que os anjos me tivessem sussurrado? Qualquer coisa? Sinto muito. Mas foi isso mesmo. Não tenho nenhuma explicação para o fato. Eu não sei por que o meu corpo deu aquele sinal positivo.

Por meio de uma acurada observação do meu estado, ocorreu-me o seguinte: quando tomei as pílulas analgésicas, percebi como a minha disposição piorou e eu fiquei levemente deprimida. Como eu a observei, não caí inconsciente nessa depressão, e ficou claro que ela foi provocada pelas pílulas. Esses analgésicos devem embotar de algum modo o campo de sensores para que não sintamos mais dor. Com isso algo mais deve ficar "embotado". Subitamente, tive uma inacreditável simpatia por todas as pessoas que têm de tomar essas pílulas por um longo tempo devido às dores crônicas. Como deve ser difícil, junto com o conhecimento da dor, também ter essa queda tão profunda da disposição de ânimo!

Isso foi tudo o que aprendi com a situação.

Por certo, nas épocas de doenças passamos por um dos maiores desafios no caminho espiritual. De alguma maneira nos ensinaram que temos de curar-nos "naturalmente". Orações nos ajudarão; e, se fizermos os tratamentos convencionais, nós "fracassaremos". A nossa crença, ou o nosso conhecimento, não foi suficientemente forte e recaímos em antigos padrões. Assim, além da doença, ainda carregamos conosco a consciência pesada, visto que fazemos algo errado nos nossos processos de cura.

Eu tenho alguns amigos que estão com câncer. Cada um deles optou por um determinado tratamento. Muitos escolheram a medicina chinesa, outros a quimioterapia (sim, eu ouço os seus gritos), muitos as cirurgias e alguns uma combinação de várias possibilidades.

Sempre me tornavam a perguntar o que eu achava disso. Em nenhum caso e sob nenhuma circunstância darei o meu conselho sobre isso. Quando um paciente opta por um tratamento, é porque ele acredita que funciona. Ou ele tem confiança no médico, no cirurgião ou no agente de cura. E eu nunca tentarei abalar essa confiança (a não ser no caso de descuido grosseiro – mas agora falemos aqui do "caso normal").

Eu quero mencionar a utilidade das orações, das visualizações. Eu posso sugerir remédios adicionais para fortalecer o sistema imunológico. Terapias adicionais como Jin Shin Jyutso, massagens, acupuntura, etc. Mas isso é tudo. Em nenhuma hipótese eu desaconselharia alguém a fazer alguma coisa. Pois, como eu disse, desse modo eu abalaria a confiança na decisão pessoal, algo que na minha opinião só traz desvantagens para o processo de cura. É claro, eu rezo regularmente para mim e para os doentes, só que não pretendo saber mais do que eles.

Um relacionamento estreito com Deus e com os anjos, orações, meditações, cantos, tudo isso forma um apoio forte para o processo de cura. E às vezes o corpo pode desejar morrer, mas, apesar disso, a alma e o coração estão curados. Há diferentes caminhos de deixar esta vida – e a causa mais freqüente é alguma função corporal que deixa de funcionar e permite que o corpo morra.

Com certeza existe uma ligação entre o corpo e a alma. O corpo é formado pela alma. Por exemplo, quando eu tenho dor de garganta, sempre faço primeiro a pergunta: "O que eu não disse?" ou "O que eu engoli?"

Eu também não parto do princípio de que os médicos sejam pessoas espiritualizadas banais. Antes de cada cirurgia pela qual me decidi, fazemos uma oração conjunta. Os médicos estão interessados na minha cura. Eles estão do meu lado. É claro, pode haver médicos que têm problemas com qualquer apoio adicional (orações, acupuntura, Reiki, massagem, chás, arnica, etc., etc.), mas existem outros médicos em número suficiente pelos quais posso me decidir.

Às vezes, quando passamos pela morte de um ser amado, podemos questionar-nos se não teria havido mais uma terapia, um remédio ou uma oração que tivessem tornado a pessoa saudável outra vez. Muitas pessoas ficam se censurando, acham que não estiveram suficientemente presentes, que não fizeram bastante sugestões, que não fizeram questão de alguma coisa que na sua opinião teria sido útil.

Eu não acredito que morremos por engano. Deus não fica ali e diz: "Ai, agora a Sabrina morreu por engano. Deixei outra vez de prestar atenção". Nós morremos quando chega a nossa hora. E espero e desejo perceber quando for morrer. Espero não me concentrar demais na cura quando for hora de me ocupar com as despedidas. Eu desejo poder falar francamente sobre a minha passagem com a minha família, com os meus amigos. Eu não quero ter de fingir, como se comigo não estivesse acontecendo algo decisivo. Eu quero que se fale sobre a minha morte iminente. Para que eu a possa aceitá-la e, com isso, os outros também. Tomara que isso dê certo.

Vivências

Sunny Swartz também é uma das minhas irmãs de alma. Ela vive em Fênix, no Arizona, com o marido Stan, sua filha April e seu neto Zachary. Ela já teve tantas profissões e vocações, que quase extrapolariam as páginas deste livro... Ela trabalhou entre outras coisas como decoradora de interiores, terapeuta de hipnose e desenhista de moda numa confecção para senhoras. Mas ela prefere a designação: "Eu sou uma alma que faz uma experiência humana".

"Enquanto eu crescia, não tinha medo de doenças. Ninguém da minha família ficou doente alguma vez. Meus avós e seus irmãos chegaram aos oitenta ou noventa anos de idade, alguns chegaram a cem. Morriam porque partes do corpo envelheciam, e não porque estivessem doentes ou, por exemplo, ficassem com câncer. Até eu ter vinte anos, o câncer nunca surgiu na minha vida.

Eu tive a minha primeira experiência com o câncer como aluna do curso de enfermagem. Entre as minhas pacientes havia uma em estágio terminal. Fiquei surpresa quando descobri que ela era mãe de uma das minhas amigas de escola. Essa era a primeira vez na minha vida em que eu conhecia alguém que tinha essa doença. Para mim era simplesmente uma doença perigosa como todas as outras, como, por exemplo, o diabete ou uma doença cardíaca. O câncer não me inspirava medo.

Pouco tempo depois eu tive a minha experiência pessoal com o câncer. Tive de remover um tumor do meu pescoço. Quando fui ao médico para descobrir exatamente do que se tratava, fui internada no hospital por um dia. Meu médico me disse que havia uma possibilidade de cinqüenta por cento de que se tratasse de um tumor cancerígeno. Os resultados laboratoriais vieram com um resultado negativo. E novamente o câncer não me inspirou medo.

Anos mais tarde encontrei um grupo que se chamava 'Sacred Life' [Vida Sagrada]. Zaratustra, nosso professor e mestre, era canalizado ali por minha amiga e irmã espiritual, Jacqueline Snyder. Os ensinamentos eram sábios e nos tocavam profundamente. Aprendemos que, como co-criadores, criamos a nossa vida junto com Deus. Nós aprendemos que os nossos pensamentos são muito poderosos. Nós também aprendemos que aquilo em que nos concentramos, cresce.

Eu já estava dez anos com a 'Sacred Life' quando Jacqueline adoeceu. Ela só contou sobre o seu problema para suas amigas mais próximas. Por meio de uma cirurgia ela descobriu que tinha câncer nos ovários. Os médicos retiraram-lhe os ovários. Disseram-lhe que ela precisaria de um tratamento posterior. Tive a impressão de que com isso o capítulo câncer se encerraria para ela. Eu não duvidava por nenhum segundo que Jacqueline se curaria totalmente. O câncer não era nada de mais.

Os médicos dela optaram por uma quimioterapia por segurança adicional de que todo o câncer havia realmente desaparecido. Ela se recusou. Eu logo presumi que Zaratustra lhe tivesse dado um conselho a respeito e que ela sabia que uma quimioterapia adicional não seria necessário. Tudo estava bem.

Meses depois, surpreendentemente, Jacqueline sentiu-se mal outra vez. Os testes mostraram que o câncer havia se expandido até os seus pulmões. De repente, tudo ficou muito mais misterioso. Ela afastou-se da maioria das pessoas do 'Sacred Life.' Àqueles dentre nós que lhe estávamos próximos foi proibido falar a palavra 'câncer'. Quando falávamos sobre isso entre nós, só mencionávamos 'o grande C'. Jacqueline recusou-se novamente a fazer quimioterapia, pois a via como um transtorno. E ficou cada vez mais doente.

Naquela ocasião, eu acreditava que Jacqueline sempre fosse imune a doenças como o câncer; afinal, ela canalizava um grande mestre. Naquela ocasião eu não fazia idéia de que a sua recusa em falar sobre o câncer se baseava no medo que ela tinha dele. Não, eu acreditava que ela nos proibia de falar sobre o câncer porque não queria dar à sua doença nenhuma força adicional.

Naturalmente eu tentei corresponder aos desejos dela, mas quanto mais eu me esforçava – em nem pensar na palavra 'câncer' – com tanto maior freqüência ele surgia ao meu redor. Cada revista que eu abria, tinha a descrição de longas histórias de câncer. Eu ouvia e subitamente deixava de ouvir vivências com o câncer. A palavra estava por toda parte. Meu cérebro piscava como num anúncio em néon: 'Câncer! – Câncer! – Câncer!' Eu me sentia culpada por pensar continuamente no câncer, e tola, porque eu simplesmente não conseguia tirá-lo da minha cabeça. Um medo intenso tomou conta de mim e me fez estremecer. O que antes era apenas uma doença como muitas outras, transformou-se num monstro gigantesco. Agora eu tenho medo do câncer.

Pouco antes do fim de Jacqueline, o câncer atingiu também o meu marido. Ele sempre esbanjou saúde e não sabiam o que estava acontecendo com ele, além de ele estar continuamente cansado. Perdeu muito peso rapidamente e sentia-se cada vez mais esgotado. Ele parecia muito doente. Stan falou com Zaratustra – por meio de Jacqueline – e pediu para saber o que estava acontecendo com ele.

Naquela ocasião, Stan disse: 'Se eu soubesse o que era, então saberia como resolver'.

Zaratustra respondeu: 'Se eu lhe disser a palavra, você se prenderá tanto a ela e no que essa palavra significa, que não se permitirá ficar realmente sadio.'

Isso comprovou a minha opinião de que bastava pensar nessa palavra para eu criar a doença. Quanto mais eu me concentrava tentando não pensar, com tanto mais freqüência eu pensava nela. O meu medo aumentou.

Stan teve o seu desejo realizado. Demorou dois anos até ele ter finalmente a confirmação do diagnóstico: Ele tinha câncer. Linfoma ou doença de Hodgkin. Tive a impressão de que alguém me tirava o chão de sob os pés. Mas que choque! Uma parte de mim acreditava que era minha culpa, pois eu ainda não tinha condições de controlar os meus pensamentos. O medo me tinha de tal modo em suas garras, que não me era mais possível pensar com clareza. Eu me sentia semimorta.

Em todo caso, ainda havia boas notícias sobre o câncer de Stan. Ele crescia devagar. A quimioterapia é usada para formas de câncer de crescimento rápido de modo que para ele esse método de tratamento estava fora de cogitação. Isso me tranqüilizou. Desde a minha experiência com Jacqueline eu via a quimioterapia e a irradiação como algo ruim. Na minha opinião, a quimioterapia é ainda pior do que a própria doença.

Eu passava horas e horas diante do meu computador e pesquisava os métodos de cura alternativa para o câncer. Eu procurei cada clínica de tratamento natural na Europa e no México. Eu descobri cada agente de cura digno de confiança. Nós gastamos milhares de dólares com os métodos de cura alternativa, agentes de cura e uma clínica no México. No fim, valeu a pena. O câncer de Stan regrediu, houve uma remissão; e isso está assim até hoje.

No meu íntimo, senti-me comprovada naquilo em que já acreditava: os métodos de tratamento alternativo eram o único caminho verdadeiro – não só para nós, mas para todas as pessoas. Embora Stan se sentisse cada vez melhor, ele sempre tinha outros desafios referentes à saúde, mas nós aprendemos a viver com eles e nos harmonizamos com o fato de que a vida como a levávamos antes havia passado. Meus medos se atenuaram aos poucos e eu relaxei.

Então aconteceu algo inconcebível: a nossa filha April, que foi a minha fortaleza durante todas as épocas duras com a doença de Stan, subitamente ficou doente com um linfoma muito raro. Tão raro que só havia cem casos diagnosticados em todos os Estados Unidos. Ele é excessivamente agressivo e em geral, mortal. Os médicos lhe deram apenas dois meses de vida.

Duas semanas antes já se podia perceber que ela não estava saudável. Primeiro ela só tinha uma tosse da qual não conseguia se livrar. Então começou a vomitar, e, de repente, a barriga dela inchou com uma rapidez inacreditável. Depois de dez dias ela parecia uma grávida de nove meses!

Nós a levamos ao médico de emergência. Lá tiraram dois litros de líquido do seu pulmão e três da sua barriga. Os médicos decidiram que fariam imediatamente uma cirurgia exploratória para ver o que estava acontecendo exatamente. Nós esperamos na sala de espera diante da sala cirúrgica e então ouvimos o diagnóstico: Linfoma de Burkitt.

Não posso descrever o golpe que recebi ao ouvir o diagnóstico. Pensei que me dissolveria. Eu tinha a sensação de que vivia num mundo irreal, que estava tendo um pesadelo e que não conseguia acordar. April nem teve tempo de se recuperar dessa enorme cirurgia, pois precisou começar imediatamente a quimioterapia. Sem ela, morreria dentro de poucas semanas. Precisei repensar o meu credo sobre os tratamentos tradicionais do câncer.

Pouco depois do seu diagnóstico, é desse modo que April se recorda, ela tomou na alma a decisão de que queria viver. E de que faria de tudo para isso. April não tinha medo. Com isso, o meu medo da quimioterapia e do tratamento também desapareceu. Eu me senti invadida pela paz. Eu creio que Deus está em tudo e que as 'irradiações' também eram as irradiações divinas. Com isso a quimioterapia foi maravilhosa, pois com ela Deus se irradiava através de April.

Eu observava a minha filha, como ela colocava a mão sobre a injeção e pedia a bênção de Deus, pouco antes de a enfermeira injetar as substâncias químicas nas suas veias. Depois ela fechava os olhos e imaginava como salpicões de luz fluíam para o seu sangue por meio da injeção para ali se espalharem e curá-la. Mas eu também tinha de ver como ela sofria com o mau hálito e os vômitos. Eu precisei ver o cabelo dela cair até a sua cabeça ficar tão lisa como uma bola de bilhar.

Para April isso tudo fazia parte do processo de cura. Ela tinha escolhido a vida, e esse era o caminho até lá. Ela recebeu uma irradiação de corpo inteiro. Ela segurou um anjo da oração que Sabrina lhe havia dado de presente, para que sempre se lembrasse de que cada irradiação também era uma irradiação de Deus.

No final ela passou por um transplante de medula espinhal, em que foram usadas as suas próprias células-tronco como células doadoras. Esses tratamentos são extremamente cansativos e dolorosos. April chamou esse processo de seu segundo parto.

Dois anos depois ela continua livre do câncer e se lembra de toda a vivência como de um sonho. Talvez fosse mesmo. Agora posso ver a bênção do câncer nos últimos anos. A bênção de ter podido reconhecer um equilíbrio entre os tratamentos alternativos e os tradicionais do câncer. A bênção de que a nossa crença ficou mais forte, bem como a bênção de que o amor ficou ainda mais profundo na nossa família.

Como sempre, April segue pela vida como um anjo. Existe nela uma espécie de graça que sempre torno a observar. Especialmente no modo como lidou com a doença. Poder vê-la fazer isso sempre me dava outra vez a força de que eu precisava para ser um apoio para ela e para o meu filho, que tinha cinco anos na ocasião. Com April eu aprendi que o meu medo não era medo do câncer. Era o medo de ser deixada só: de ter de viver sem meu marido, sem a minha filha. Quando esses pensamentos assustadores vêm à tona hoje, eu os abençôo e me desapego deles, para que Deus possa preocupar-se com isso. Eu acredito que temos medo quando nos sentimos separados de Deus. Nós nunca estamos sós, nós estamos com Deus. Deus e nós somos uma unidade."

Sheila Kenny contou-me a vivência seguinte:

"Minha amiga Linda me telefonou porque queria visitar um agente de cura maravilhoso, um antigo sacerdote católico, na semana seguinte. Ela perguntou se podia pernoitar na minha casa e queria imprescindivelmente trazer seu conhecido Greg com ela. Ele acabara de ter alta de uma instituição psiquiátrica e fora diagnosticado como esquizofrênico. Acaso eu teria algo contra?

Eu pensei: 'É claro que posso lidar com um esquizofrênico, isso não será tão ruim'.

Alguns dias depois Linda me telefonou mais uma vez, dessa vez muito menos otimista. Ela estava preocupada se isso não seria demais. Greg está muito confuso e é inacreditavelmente cansativo. Eu lhe sugeri falar uma vez sobre isso com Greg, pois assim ela observaria a reação dele.

Algumas horas mais tarde, ela tornou a telefonar. Ela tinha falado com Greg e este lhe dera uma longa aula, que ela por favor tivesse mais confiança – e que obviamente lhe faltava fé. Ele, ao contrário, dizia suas orações a cada hora, e que ela devia ter um pouco mais de confiança em Deus. Diante disso, Linda resolveu vir com Greg.

Portanto, fui buscá-los no aeroporto alguns dias depois. Greg carregava uma mala de viagem que estava atolada até o fecho com cristais e livros espirituais. Coisas como escova de dentes e roupa de baixo ele havia esquecido. E quando o abracei, tive a sensação de estar sendo traspassada. Ele tinha um desses casacos com muitos bolsos, e em cada bolso também havia cristais enormes.

Quando lhe perguntei por que levava tantos cristais consigo, ele disse que queria estar aterrado para encontrar o agente de cura. Então eu lhe perguntei se tinha dinheiro para comprar tantos cristais. Havia cristais enormes. E ele respondeu que Deus lhe dissera que devia pegá-los.

A isso, eu disse: 'Como, pegar?'

De repente fez-se uma luz em mim: 'Você os roubou?', perguntei.

Ele olhou para mim meio vago e disse que Deus lhe havia dito que devia pegar esses cristais e, como ele não tinha três mil dólares, ele os pegara.

Aí pensei comigo mesma: 'Bem, se isso der certo...'

No meio da noite eu acordei com Cat Stevens: 'Moonshadow' tocava alto em toda a minha casa, de tal modo que me sentei ereta no colchão. Pulei da cama e corri para baixo para ver o que estava acontecendo, e encontrei Greg na sala de visitas dançando ao som alto dessa música insana. Eu diminuí o som de Cat Stevens e perguntei a Greg o que era aquilo, disse-lhe que eram três horas da madrugada e que todos queriam dormir.

Greg disse que ele sempre fazia isso nesse horário – portanto, isso também não perturbaria aqui, afinal era 'Moonshadow' e essa música devia ser tocada à noite. Mandei-o de volta para a cama com muito esforço.

No dia seguinte havia o compromisso com o agente de cura. Primeiro, ele deu uma palestra, e depois convidou as pessoas que buscavam cura a subir no palco. Muitas foram. O agente de cura fez suas orações e fez seus movimentos de mão, e, quando todos foram embora outra vez – e tudo durou algumas horas – de repente Greg surgiu no palco totalmente só. O agente de cura perguntou-lhe se ele tinha problemas emocionais. Greg acenou que sim. O agente de cura executou a sua cura em Greg, e Linda e eu o arrastamos de volta para o carro. Enquanto isso ele estava quase desmaiado, mas sussurrava continuamente que precisava urgentemente de um banho.

Nós o levamos outra vez para casa, e depois que ele ouviu o seu 'Moonshadow' abrimos a torneira da banheira. Ele parecia estar se sentindo melhor, assim o deixamos sozinho.

Sentamo-nos na cozinha, e de repente me ocorreu que ainda ouvia a água correr pelo encanamento. A banheira devia estar cheia há muito tempo! Voltamos outra vez ao banheiro de hóspedes.

Graças a Deus a porta não estava trancada, pois ele estava desmaiado na banheira. A água chegava à altura do seu queixo e o resto já transbordava.

Eu pensei: 'No que eu fui me meter!'

Mas o pior ainda estava por vir. Na manhã seguinte, Greg disse que de modo nenhum podia voar de volta, ele precisava de no mínimo mais uma semana na qual teria de descansar na minha casa.

Eu pensei: 'Pelo amor dos céus, eu não vou me livrar nunca mais do sujeito'.

Em algum momento eu perguntei onde estavam os remédios dele. Então ele abriu uma parte lateral da sua mala e lá havia chocolate. E, sim, ele sempre queria beber vinho tinto. Finalmente nós literalmente o obrigamos a tomar os seus medicamentos. Assim, alguns dias depois, ele estava suficientemente bom para voar para casa."

Eu não conto essa história sem mostrar outra vez um grande respeito pelos desafios da doença. Eu acredito que alguém que não sofra com ela, quase não possa imaginar como é difícil a aceitação desse sofrimento – eu também não consigo. Para entender mais sobre essa doença, há alguns anos eu li diversos livros que foram escritos pelos próprios esquizofrênicos. Isso me mostrou que disciplina inacreditável e autoconhecimento são necessários para lidar com um desafio relativo à saúde. Além disso, ajudou-me a ter mais conhecimento intuitivo sobre a dinâmica dessa doença. A maioria dos esquizofrênicos tem muita consciência do seu sofrimento e também sabe como deve tratar da doença.

Nesses exemplos vimos que carregamos muita coisa sob o pensamento da "confiança em Deus". Quando e como acontece uma cura está nas mãos de Deus. Naturalmente, queremos apoiar os outros e desejamos a sua cura, mas com Sheila e com sua amiga Linda já desde o início tive uma sensação estranha. Elas agiram contra a intuição delas. Não que isso seja algo muito incomum. Eu faço isso todas as semanas.

Às vezes eu questiono a minha capacidade de aprendizado.

O próximo acontecimento me foi contado por Sheila e Sharon, que estavam a caminho da Índia com o "Sacred Life", portanto, com a comunidade espiritual à qual eu também pertencia na ocasião (não, não era uma seita...). Eu já estivera lá no ano anterior, e dessa vez não fui junto. Um dos membros do "Sacred Life" tinha uma filha que vou chamar de "Kerry". Ela também é esquizofrênica e, em decorrência disso, já esteve várias vezes em tratamento. Ela também tinha indicações estritas de continuar tomando os seus medicamentos para poder funcionar de alguma maneira:

"Kerry havia se inscrito junto com a mãe para fazer essa viagem para a Índia e visitar o guru em Rishikesh. Quando todos os participantes haviam chegado e tomavam a primeira refeição conjunta, Kerry levantou-se e voltou-se para todos. Ela queria deixar de tomar as pílulas e queria o apoio do grupo.

Portanto, Jacqueline perguntou ao grupo: 'Quantos de vocês acreditam que Kerry deve parar com as pílulas?'

Ninguém levantou a mão, todos se manifestaram contra. Kerry não era desconhecida para o grupo e ela já havia feito muitas coisas inaceitáveis: certa vez ela contou para a mãe, que estava em viagem, que a sua casa tinha se incendiado e que ela só conseguiu se salvar com esforço pulando pela janela. Depois de vários dias em que a sua mãe chorou muito e lamentou a perda da sua casa, constatou-se que isso não era verdade e que Kerry havia inventado tudo. Assim, o grupo estava muito consciente do risco, mas o swami era a favor, e achava que o resto do grupo devia apoiar Kerry.

Ela tornava-se uma outra pessoa a cada dia. Às vezes a sua personalidade mudava até duas vezes por dia. Ela começava o dia como seguidora dos Hare-Krishna, e à tarde era uma muçulmana. Então era uma mulher russa com uma babuschka e um dia depois uma hindi que meditava.

Na manhã seguinte, tivemos um encontro com o swami. Tratava-se de um homem altamente respeitado, ao qual nunca se podia dar as costas. Ele era muito delicado, muito caloroso e tinha a expressão inocente e ao mesmo tempo sábia de uma criança. Ele trajava sempre roupas cor de pêssego. Roupão cor de pêssego, travesseiros cor de pêssego, telefone cor de pêssego.

Bem, vinte pessoas estavam sentadas respeitosamente diante dele, enquanto ele nos explicava alguma coisa sobre a tradição hindu. De vez em quando o telefone tocava e o guru tirava o fone do gancho e falava rapidamente. Cada pessoa continuava naturalmente sentada quieta e esperava o swami terminar.

Kerry estava extremamente irritada por não receber a atenção total, e tirou da sua ampla saia dois telefones de brinquedo. Eu estava sentada perto do swami e Kerry jogou-se para a frente e ao mesmo tempo começou a bater com os telefones na nossa cabeça. Enquanto isso ela gritava continuamente com voz esganiçada: 'Vocês falam demais ao telefone! Vocês falam demais ao telefone!'

O swami ficou chocado, assim como todos os outros. Mas, apesar disso, ele ainda não quis desistir.

No dia seguinte encontramos uma Kerry de biquíni em cima do telhado do ashram, tomando um banho de sol. Tentamos explicar-lhe que isso não era permitido nem educado e que simplesmente contradizia todas as regras desse país. Mas isso lhe era totalmente indiferente; ela queria se bronzear.

O swami ainda continuou misericordioso.

Um agente de cura da região lhe disse que ela podia curar a sua esquizofrenia com purgantes e suco de limão. Depois de diversas tentativas também desistiu-se disso.

Uma vez estávamos comendo e as coisas dela me pareceram conhecidas. Quando olhei mais de perto, percebi que eram as minhas coisas e que ela também usava as jóias que eu havia deixado em casa, na Califórnia. Eu perguntei a ela como estava com as minhas coisas. Ela e a mãe haviam estado na minha casa fazendo uma visita, e ela simplesmente havia empacotado as minhas coisas, fazendo o mesmo com as minhas jóias.

'Ah, Sheila, não ligue, as outras coisas bonitas ainda estão na minha casa, eu nem trouxe tudo.'

Fiquei perplexa.

Então alguém me contou que Kerry havia feito 'música' com duas tampas de lata de lixo que usou como baquetas [faria mais sentido, 'pratos'], na frente do quarto do swami no meio da noite anterior. Isso provocou um barulho terrível. Os ajudantes do swami correram para fora e quiseram fazê-la calar, mas ela lhes disse que o swami era o seu guru e que ela podia ir ter com ele a qualquer momento – e que como agora com certeza ele já estava acordado, ela queria falar com ele.

Mas então o swami também se cansou. Na manhã seguinte, ele fez uma única pergunta: 'Onde estão os medicamentos dela?' "

Embora o comportamento de Kerry fosse muito cansativo para todos os participantes (eu acho que inclusive para ela mesma), ninguém corria risco direto de vida. Muitas pessoas, desesperadas na busca por alguém que as possa curar, ouvem em parte as sugestões mais aventureiras. Quando elas são apresentadas de modo determinado e autoritário, não é estranho que isso deixe alguém inseguro. Curar a esquizofrenia com purgantes e suco de limão? Sabe-se lá o que eu não tentaria fazer se estivesse desesperada.

E, contudo, é difícil compreender quantos conselhos se apresentam. Stan Swartz, o marido de Sunny, já deixou para trás muitos problemas cardíacos graves e por isso precisa tomar remédios para afinar o sangue. Ele recebeu um conselho de um agente de cura, "largue imediatamente todos os remédios". Ele "não podia elaborar os problemas por meio dos medicamentos" e "se ele não os largasse, era porque não tinha confiança em Deus".

É pedir demais, confiar a sua vida a um homem que é tão enfático e que quase não conhecemos.

Nem todo conselho apresenta um perigo potencial de vida para nós, isso é óbvio. Alguns são simplesmente muito estranhos, como por exemplo o que Sheila narra:

"Eu tinha uma amiga que me havia recomendado uma xamã, que fazia rituais de cura e rebirthing *(renascimento). Isso significa podermos elaborar o drama do próprio nascimento.*

A xamã veio à minha casa e realizou a mais estranha cerimônia, que simplesmente é descomunal. Procurei não rir, embora fosse muito difícil. Assim, ela queria fazer esse rebirthing comigo. Eu tinha de me deitar na banheira, o que fiz obedientemente. E então ela fez esse exercício comigo, mas de algum modo eu não acreditei nele. Subitamente, ela olhou no fundo dos meus olhos e então disse: 'A sua criança interior precisa de uma mamadeira'.

Eu apenas a encarei e disse: 'Como, por favor?'
'Nas duas próximas semanas você precisa sugar regularmente numa mamadeira como se fosse um bebê, especialmente quando for se deitar, à noite. E então você precisa urgentemente de um despertador que deve enrolar numa coberta, para que se pareça com a batida do coração da sua mãe.'
Eu mal podia esperar que a xamã saísse. Não acreditei numa só palavra dela, e, como uma mulher adulta, recusei-me a mamar outra vez numa mamadeira.

Na manhã seguinte, quando eu estava tomando o café da manhã, meu cachorro voltou do jardim e me trouxe orgulhosamente o seu presente, que provavelmente ele deve ter roubado mais uma vez dos vizinhos em algum lugar. Adivinhe o que era: uma mamadeira!"

Ela percebeu o meu sorriso e respondeu imediatamente rindo: "Não, eu não vi isso como um sinal!"

Naquela ocasião também falamos sobre como tudo depende de quem nos sugere alguma coisa. Minha irmã de alma, Sharon, durante muitos anos e muitas sessões me provou que ela entende algo do seu ofício. Nas suas mãos sinto-me simplesmente maravilhosa e posso confiar nela. Ela é uma das poucas pessoas que podem me consolar. Diante dela eu posso chorar, diante dela eu posso relaxar. Às vezes Sharon usa uns anéis torcidos de metal que ela me explica de modo altamente complicado. Vibrações que devem dissolver diversas coisas eletromagneticamente – ou era ao contrário? Se outra pessoa me explicasse de forma diferente a mesma coisa, eu só ergueria a sobrancelha em sinal de dúvida... Sharon pode me contar tudo. Eu simplesmente acredito em tudo o que ela diz. Sem hesitar, eu lhe confiaria a minha vida.

Antigamente eu mesma fui a muitos workshops e *visionquests*. Havia uma confiança que era formada de antemão, ou um sentimento urgente de que eu devia comparecer. Ao contrário do que aconteceu a muitos dos meus amigos, nunca me ofereceram algo "para beber". Nenhuma mistura de ervas, nada para fumar, nada para esfregar na pele. Talvez eu não seja do tipo que bebe mistura de ervas, que fuma e esfrega coisas na pele. Em todo caso, eu sou do tipo que gosta de "cabanas para suar".

Sheila e eu deixamos para trás as cabanas de suar comuns com uma índia maravilhosa e foi uma vivência incrível. Uma cabana para suar é um ritual de limpeza de natureza indígena.

Imagine a forma de um iglu, mas em vez de gelo a forma é obtida com cobertas sobre ramos curvos de árvore. A cabana é tão coberta que não entra nenhum ar fresco. Então se abre um buraco lá dentro. Do lado de fora arma-se uma fogueira, na qual são aquecidas pedras, que posteriormente são colocadas no buraco da cabana de suar. Sobre elas fazem-se ainda orações, cumprindo um ritual preciso. O sentido e objetivo é purificar-se pelo suor e pela oração. Não deve haver nenhum ar fresco, porque nesse caso não fica suficientemente quente. Na maioria das vezes fica-se sentado lá, nu ou com uma roupa leve cobrindo os quadris. Muitas cabanas de suar são exclusivas para os homens e outras só para as mulheres. Quando não suportamos mais, a gente comunica isso e vai para fora. – A primeira vivência de Sheila numa cabana de suar foi menos harmoniosa:

"Finalmente dentro, foi ainda mais horrível. Ali ainda havia um comitê de xingamentos aos homens. Uma mulher depois da outra falou sobre os 'camaradas ordinários'. Uma quase foi atropelada por um carro de carga, naturalmente um homem o dirigia, a outra acabava de ser traída.

Então a seguinte disse: 'Isso não é nada, meu ex-marido me traiu e, por fim, tentou atirar em mim e ainda tentou me atropelar!'

Eu precisei rir alto e, embora estivesse escuro, pude sentir os olhares das outras. Então simplesmente abri a fresta para ventilar porque precisava de ar fresco.

Eu não fazia idéia de que isso não é permitido; e então a agente de cura me jogou para fora. Ela achava que eu simplesmente não estava suficientemente adiantada para freqüentar a cabana para suar. Eu tinha padrões antigos demais, que eu ainda não havia elaborado."

Além dos "velhos padrões" que não estão elaborados (existe alguém que não tenha padrões antigos?) existem ainda as "doenças psíquicas". Sempre me surpreendo quando ouço falar de "fragmentos de alma" que "se perderam" em algum lugar de um país qualquer. Isso sempre me dá a impressão de que nos esquecemos de um braço ou de um olho. Será mesmo possível? Nem com a maior das boas vontades consigo imaginar isso.

Minha amiga Sharon certa vez conheceu um homem que havia sido dependente de drogas:

"Ele me impressionou mal. Depois de uma pausa encetou uma conversa e eu perguntei um pouco sobre a vida dele.

Surpresa, ouvi que o homem falava em ter de recuperar partes da sua alma.

'Recuperar?', perguntei com espanto.

'Sim, eu preciso voltar a cada local onde usei drogas e eu andei bastante por aí. Agora é preciso rezar e pedir perdão, para poder reunir os pedaços perdidos da minha alma. É isso o que venho fazendo nos últimos anos, sempre que tenho tempo livre.'

Eu lhe perguntei como tivera essa idéia.

A resposta dele foi muito interessante: 'Uma xamã me explicou que isso é uma necessidade vital para mim'.

Ele não quis ouvir que a sua alma está completa."

Situações limítrofes

Às vezes acontece de as vozes que ouvimos surgirem por meio das doenças. A oração pode ser o nosso grande apoio, mas de modo nenhum ela substitui um conhecimento fundamentado que só o médico pode ter. Até sabermos realmente com exatidão o que provoca um transtorno bipolar (maníaco-depressivo), esquizofrênico ou algo de tipo semelhante, devemos conhecer todos os tipos possíveis de métodos de tratamento – portanto, também os convencionais. É muito importante, às vezes até mesmo vital, saber que nem tudo se tranqüiliza por meio da meditação ou por andarmos descalços.

Os nossos genes nos foram legados pelos nossos ancestrais. Solano disse certa vez que cada um de nós cuida de elevar em alguns graus os genes herdados. Quantos graus de elevação, depende do nosso desejo de crescimento pessoal. Cada um é responsável pelo próprio crescimento emocional. E esses genes, seja uma tendência para o consumo de álcool ou somente para uma depressão, simplesmente existem. Ignorá-los não nos leva em frente.

Naturalmente também há uma ligação entre a espiritualidade e as drogas. Como não tenho experiência com elas – além do fato de eu quase adormecer com os histamínicos, ao contrário dos analgésicos, dos quais preciso altas doses para obter efeito – não posso dizer muito sobre o assunto. Mas todo tipo de droga exerce uma reação química no corpo, e essa é diferente. Em quais "viagens" entramos ou não, não pode ser previsto.

Ella era uma das minhas leitoras que se ocupava intensamente com os anjos e a espiritualidade. Com freqüência ela temia "não estar ainda suficientemente adiantada" e rezava cada vez mais. Ela esperava e desejava estar em contínuo diálogo com os seus anjos e nunca mais sentir-se só. De algum modo, infelizmente – só tomei conhecimento disso depois –, ela me idealizou, e no altar dela havia até mesmo uma fotografia minha. O seu diálogo interior alternava Deus e os anjos comigo.

Como as coisas não iam suficientemente depressa, ela esperava que talvez fumar maconha a levaria em frente. Ela tinha ouvido falar de pessoas (não ouviu de mim!) que com isso tinham os mais íntimos diálogos com Deus. Ela viajou para Sylt com três amigas num final de semana e, secretamente, pouco antes da meia-noite, fumou maconha. Além disso, usou diversos cogumelos que tomava todas as manhãs em forma de pó, bebendo também diversas ervas misturadas com algumas gotas de florais de Bach. Esse coquetel completo provocou alucinações: ela me ouvia por toda parte e dançava sorrindo no quarto de hotel.

Suas amigas logo perceberam que algo estava errado com ela, e tentaram fazê-la "voltar à terra". Mas isso não foi possível. Quando esse estado persistiu no dia seguinte, elas a levaram a uma clínica psiquiátrica. O marido dela, que não havia viajado junto para esse "final de semana para mulheres" vinha diariamente à clínica, assim como as amigas, e tentava falar com ela. Entre outras coisas ela recusava-se a tomar o seu remédio, porque eu [Sabrina] não lhe recomendara isso. Ela acreditava manter um constante diálogo interior comigo. Na sua alucinação, eu estava sempre com ela.

Ocasionalmente alguém me contou que ela havia sonhado comigo e que eu lhe dera alguns conselhos decisivos. Perguntaram-me em seguida se eu me lembrava do fato.

Acredito que existem dois tipos de encontro. É possível que duas almas se encontrem num sonho e que troquem informações. É possível até que uma delas ou as duas [altamente improvável] se lembrem delas. Com freqüência trata-se da imaginação, de um desejo que provoca esse sonho ou essa visão e que tem relativamente pouca relação com a pessoa viva. Eu não fazia a mínima idéia de que Ella estava em contato comigo. Obviamente eu não mantinha contato com ela.

O marido dela finalmente teve a gloriosa idéia de lhe dizer que havia falado comigo. E que eu fazia questão de que ela tomasse o remédio. Graças a Deus Ella lhe deu ouvidos e, aos poucos, a situação se normalizou outra vez. Fui informada disso e naquela ocasião eu estava na Alemanha, até mesmo nas vizinhanças. No dia seguinte, fui imediatamente com o marido dela até a clínica. Ela ainda estava num estado de relativa fragilidade e eu tentei, lenta e cuidadosamente, explicar algumas coisas do meu ponto de vista. Que esse diálogo interior foi provocado pelo "coquetel", no qual os desejos representavam um papel que nada tinha em comum com a realidade. Naturalmente eu me preocupava bastante com ela. Em nenhum caso eu queria que a minha mera presença provocasse um ataque adicional.

Graças a Deus esse episódio foi superado a contento, as suas orações e meditações se reduziram a uma medida normal e a minha fotografia – atendendo a um pedido meu – foi removida do seu altar. Eu lhe expliquei mais uma vez que em nenhuma hipótese deveria ser adorada, e que ela de preferência devia concentrar-se totalmente em Deus.

Por esse episódio Ella reconheceu como é fácil cair na areia movediça. Dou graças a Deus pelos médicos, por suas amigas e pelo seu marido.

Sinto uma grande responsabilidade por tudo o que está relacionado comigo. E embora no caso de Ella eu nem sequer estivesse pessoalmente presente, ainda assim eu sei que com freqüência se imaginou que "de algum modo eu estava lá". Para mim essa idéia é assustadora, que alguém se apegue a conselhos errôneos que acredita ter recebido de mim na meditação ou na oração, da qual eu mesma não participei – em estado desperto e vivo.

Como em todos os anos, no verão de 2002 houve um workshop de uma semana no maravilhoso hotel Stellshagen em Mecklenburg-Vorpommern, que agendamos há anos para essa finalidade. Nós havíamos ocupado todo o hotel e éramos um grupo de mais ou menos setenta participantes. Comigo haviam ido mais algumas das minhas irmãs de alma norte-americanas: Sharon Walker (agente de cura), Samantha Khury (comunicadora com animais), Suzane Piela (trabalhos com a morte) e Sheila Gillette (canalizadora) – e, naturalmente, a minha irmã Susanne Adlmüller.

Uma jovem, Andrea, certa noite contou que até pouco tempo atrás ela fora paralítica, em decorrência de um grave acidente com os discos vertebrais com síndrome de corte transversal e efeito de paralisia depois de uma cirurgia de emergência. Nós pudemos ver como Andrea estava aliviada pelo fato de tornar a andar. Ela é uma mulher muito bonita e esbelta, e todos nós nos alegramos por ela.

Numa noite, depois de Suzane Piela e Sharon Walker terem conduzido o grupo por meio de diversas meditações e exercícios, ao final eu ajudei a juntar os fones de ouvido usados pelos participantes para ouvir a tradução simultânea. O grande grupo estava dividido em "famílias" menores de sete membros, e uma ou outra pessoa do grupo era responsável por recolher os fones de ouvido no fim do dia.

Tive uma sensação estranha de que acontecia algo atrás de mim e me virei. Ainda pude observar como Andrea, que era responsável por juntar os fones de ouvido da sua "família" oscilou. Rapidamente dirigi-me até ela e ainda consegui, junto com duas outras participantes, ampará-la antes que caísse no chão. Ela desmaiou e ficou imóvel no chão. Em primeiro lugar, abri os botões superiores da blusa e então a levamos rapidamente para fora. Era uma noite quente e nós a deitamos no chão, para que ela fosse "aterrada" no mais verdadeiro sentido do termo. Eu a chamei pelo nome, e em pouco tempo as pálpebras se moveram para então se fecharem sem vida.

Essa não era a primeira situação desse tipo pela qual passei – ou ouvi os outros contar. Pouco tempo depois pensei se não havíamos feito algo de errado justamente na ocasião. Ambulância? Médico de emergência? Pelo amor de Deus, e se ela tornasse a ficar paralítica por causa disso?

Nesse momento eu tive de confiar na minha intuição mais uma vez, mas fiquei muito contente por ter as minhas irmãs de alma comigo. Todas as quatro tivemos sentimentos idênticos: Andrea ficará bem. Mas demorará certo tempo até nós a termos de volta. Andrea e Sheila Gillette haviam passado algum tempo juntas. Pelo fato de Sheila também canalizar, perto dela Andrea sentia-se bem e mais segura. Assim Sheila aceitou trazer Andrea de volta com o nosso apoio. Quando uma alma abandona o corpo desse modo, eu conheço apenas dois motivos para ela fazer isso: muito raramente o propulsor é uma mudança corporal (reestruturação), que só pode acontecer em completo estado de calma. Então ainda existe o outro motivo, muito mais freqüente: ansiamos tanto por Deus, lembramo-nos do período sem corpo, temos saudades de casa e em conseqüência temos pouca alegria na vida; e, assim, esse estado é uma espécie de fuga. Samantha teve igualmente uma dessas fases, em que ficou desmaiada mais de três dias. Ela queria abandonar esta vida. Depois de três dias ela foi encontrada por amigos e levada imediatamente ao médico de emergência. Este deu os passos necessários para trazê-la de volta à vida.

A diferença com Andrea foi que esta sempre voltava à consciência, ficava consciente por pouco tempo e desmaiava outra vez. Tanto Sharon como Suzane são enfermeiras e assim o pulso de Andrea era seguidamente examinado. Depois de termos tranqüilizado todos os participantes por meio da nossa atitude determinada nessa situação, ficamos a sós com Andrea. Demorou umas duas horas antes de ela voltar totalmente a si.

Da água, passando pela terra e pelos tambores e chegando até os aromas: nós tentamos de tudo. Eventualmente ela abria os olhos e eu percebi – assim como as minhas irmãs de alma – que não era Andrea que nos olhava sorrindo feliz. Andrea tinha um outro olhar quando abria rapidamente os olhos. Era um vaivém entre o que "passava através dela" e o que "Andrea é". Nessa troca contínua eu imaginei que isso fosse um sinal de canalização.

O que finalmente trouxe Andrea de volta foi a voz penetrante de Sheila. Por fim Andrea a seguiu, como seguimos uma corda e, assim, ela voltou à superfície. Depois de certo tempo descobrimos que ela havia comido muito pouco e se concentrado demais no seu crescimento espiritual, portanto, quase não estava "aterrada". Justamente as pessoas espiritualizadas muito ativas precisam urgentemente dessa fixação à terra. O vácuo resultante pode ser preenchido comendo carne, entrando em contato com a natureza, com a sexualidade, com o esporte, com um copo de vinho e com música em alto volume. Mas ele precisa ser urgentemente compensado. Tudo o que nos traz ao corpo é apropriado para isso.

Eu levei Andrea de volta ao seu quarto e, na cozinha do hotel – que atenciosamente foi aberta para mim de madrugada –, preparei algo para ela comer. Sentei-me ao lado dela, enquanto ela relutante comeu o queijo e alguns pedaços de pão. Eu pude perceber como tudo isso a repugnava e que ela só o fazia porque eu insistia. Também pensei em deitá-la no quarto de outra pessoa. Alguém que estivesse muito aterrado, pois eu não tinha certeza se esse era o caso de sua vizinha de quarto. Ambas queriam ficar juntas, e prometeram ser cuidadosas e me despertar ao menor sinal de mudança.

Andrea depois se sentou muitas vezes com Sheila e falou sobre os passos isolados da canalização. Esse é um processo muito cansativo, como dizemos, que muitas vezes acontece com grande esforço. Nele é da maior importância aterrar-se, caso contrário, quase não ficamos no corpo e não temos uma possibilidade real de nos recuperarmos.

Andrea e eu continuamos em contato. Meses depois, quando ela mesma começou a canalizar, aumentou o número de doenças físicas. Amizades começaram a oscilar, e com certeza ela sentia a pressão que havia sobre ela.

Quando alguém canaliza, muitas pessoas no ambiente próximo ficam muito contentes e gratas de ter essa situação, essa oportunidade. E embora o bem-estar do canalizador possa preocupá-las, ainda assim elas não querem que a canalização cesse. Eu aconselhei Andrea a fazer urgentemente uma pausa, de cerca de um ou dois anos (ou ela poderia deixar passar mais tempo) – e só quando se sentisse totalmente sadia no seu corpo e quando sentisse novamente grande vontade, o tempo para canalizar teria chegado. Caso contrário ela adoeceria por ceder ao desejo de obter informação das outras pessoas. E Deus, o que eu conheço, não pediria isso em nenhuma hipótese.

Como condutores de workshops assumimos uma grande responsabilidade. Eu nunca me teria perdoado se tivesse acontecido alguma coisa com Andrea. Eu sei que toda alma trilha o próprio caminho, mas eu pedi totalmente em proveito próprio: "Deus querido, por favor, não a deixe ir justamente agora, quando lidero este grupo". Eu já via as manchetes diante de mim: "Paralítica depois de um workshop com Sabrina Fox!"

Sim, esses medos vêm normalmente à tona. Eles têm algo a ver com a nossa capacidade de fazer, de seguir causas e efeitos. Bem automaticamente, o nosso cérebro oferece as várias possibilidades e uma delas é essa. A questão é se podemos nos fixar a ela, de tanto pânico e de tanto medo de tomar decisões baseadas nisso.

Além do mais: o medo e a excitação causam a mesma reação física. Em primeiro lugar, a razão decide se sentimos medo ou excitação. Todo medo sempre traz em si uma excitação. A nossa intuição, a nossa voz interior ajuda-nos então a tomar a decisão correta. Às vezes temos de passar literalmente pelo pântano do medo para chegar à claridade da intuição.

Canalização

Chegamos a determinadas opiniões porque experimentamos ou vivemos alguma coisa no nosso passado. Disso resulta uma rede de vivências conscientes e subconscientes, de acordo com as quais nos orientamos e tomamos as nossas decisões. Quando estamos no caminho espiritual, acrescentamos a nossa própria intuição – que conhecemos mais ou menos – como mais um componente. Buscamos as nossas informações do "que não aconteceu". Pode tratar-se de um pensamento que tivemos durante a oração ou de um diálogo interior que travamos com os anjos ou outras entidades celestiais. Alguns de nós buscam os seus ensinamentos ou informações pela canalização.

Vivências

Pedi que Andrea Stetzuhn descrevesse as suas experiências em Stellshagen do seu ponto de vista. Além da sua atividade como mestre de meditação, ela também trabalha como canal, bem como trabalhadora de energia e luz. Entre outras pessoas ela exerce sua atividade num escritório de auto-ajuda para pessoas que têm esclerose múltipla:

"Para mim a 'aventura' da canalização começou de modo fortuito e inesperado, durante a semana de seminário com você, em Stellshagen.

Afinal, eu fui para conhecê-la e para aprender a comunicação com os animais com Samantha. Um pouco antes, o meu mestre espiritual me havia dito que esse era o meu caminho e a minha tarefa... trabalhar com animais. Finalmente eu parecia conhecer o meu caminho e a minha missão. Naquela ocasião eu o considerava o meu caminho sem questionar, aceitei-o como a única verdade, pois parecia ser o fim de uma busca de muitos anos pelo de onde *e* para onde. *Uma pessoa tão espiritualizada por certo não se enganará, pensei.*

Hoje posso sorrir disso. Compreendi o fato de eu a princípio estar na lista de espera, mas ainda assim poder participar da semana de seminário como uma confirmação. Uma confirmação de tipo bem diferente, como pude constatar depois.

No dia em que ocorreria a primeira canalização com Sheila, tive um pressentimento de que algo decisivo iria acontecer para mim. O dia anterior, com Samantha, tinha sido ótimo, e eu tinha aprendido bastante no que se refere à comunicação com os animais. Eu estava comovida com o amor com que Samantha falava sobre o seu trabalho e com o amor que ela irradiava. Mas de alguma forma faltava o famoso 'sim, é isso mesmo', um sentimento de comprovação do âmago do ser, uma 'ressonância' indescritível do coração, como eu costumo dizer.

Eu não entendia muito sobre o que se entende por fixação à terra (sorriso) e o movimento feito por alguns participantes do seminário e por você e as suas irmãs... eis aqui uma foto... por favor, sorria Sabrina... ali uma dedicatória... por que não consigo marcar uma sessão com Sharon? ... e assim por diante.

Tudo isso me dava razoavelmente nos nervos naquela ocasião. Eu analisava cada pessoa como algo especial e único e não podia 'entender' isso. Eu também me sentia comovida com você e as suas irmãs e pelo amor que existe em vocês e com vocês, mas eu contemplava tudo de uma certa distância. Muito mais tarde eu compreendi como isso deve ter significado muito para as pessoas isoladas, o fato de poder levar um pedaço, um sopro de energia que existia em Stellshagen, seja numa fotografia ou numa dedicatória, para a vida cotidiana, normal.

Pois bem, seja como for. A canalização com Sheila fazia parte do programa. Eu nunca havia participado de uma canalização antes, não sabia o que iria acontecer e estava ansiosa pelo que iria viver.

Sheila entrou em transe, e assim que a primeira pergunta de uma participante foi feita eu fiquei como que sob uma correnteza, do primeiro ao último minuto... então era isso... a 'ressonância do coração'.

Com isso, fui para a tarde final de silêncio. Eu entrei no meu carro e simplesmente saí dirigindo... meus anjos teriam de me 'dizer' para onde. E, de fato, eles fizeram isso: 'Na próxima lanterna suspensa vire à esquerda, vá em frente ... continue em linha reta, vire à direita.' Eu não fazia a mínima idéia para onde

estava indo. 'Vire à direita', e eu continuei em frente, porque à direita era um estreito caminho no campo e eu com certeza não deveria entrar ali (risadas)...
'Você passou em frente, vire, você está quase no objetivo...'
Pois bem, eu virei na oportunidade seguinte, voltei e entrei no caminho rural estreito, parei o carro na frente de uma pequena floresta e saí andando. Eram apenas umas centenas de metros, e eu estava no centro de um maravilhoso lugar na floresta com um pequeno lago – um trecho de natureza intocada, que não era possível ver da rua!

Sentei-me à margem do lago. A margem oposta se refletia na água clara. Quando olhei por um momento para isso, as cores desapareceram... e então houve aquele sentimento que eu conhecia da minha infância, mas que não me havia mais permitido sentir há muitos anos: o sentimento de falta de peso, a sensação de estar flutuando e me fundindo com o ambiente (não sei como devo descrever isso, "fundir" foi a primeira palavra que me ocorreu). Eu me lembrei de como estabelecia contato com as criaturas da natureza da floresta na infância, como podia vê-las e falar com elas, sim, até que isso me foi desaconselhado pelo mundo dos adultos, o mundo da razão. Riam de mim por causa disso, infundiram-me medo: 'Entidades malignas da floresta pegam as meninas pequenas e as trancam'.

Assim, com cinco anos e meio, decidi não falar mais sobre as minhas percepções, decidi não querer mais ouvir ou falar com as entidades, o que provocou um período de dores crônicas de garganta e inflamações dos ouvidos.

Depois de algum tempo a minha razão se manifestou e, imediatamente, essa sensação foi desligada como que por um interruptor. Tudo ficou tranqüilo ao meu redor, o lago estava claro diante de mim.

Eu estava insegura, confusa e a minha razão dizia: 'Andrea, você não pode contar isso para ninguém; agora você está ficando totalmente louca'.

Na minha confusão pedi por uma confirmação de que não era imaginação o que acabara de viver, e eu ainda não havia concluído esse pensamento, quando um maçarico voou sobre a superfície da água na minha frente...

'Acaso isso seria uma confirmação?'

Seguiu-se um segundo maçarico. Eu não tinha outras perguntas para os meus anjos...

O resto do dia fiquei muito introspectiva, como acontecia com freqüência nessa época em que vivi as coisas mais maravilhosas, que até então eu nunca havia considerado possíveis para mim.

À noite, Sharon contou sobre a vida dela, os anjos e o seu trabalho. Da meditação pela qual ela levava o grupo no final da sua palestra, eu não voltei completamente.

Eu não sei muito mais do que aconteceu então. Lembro-me de que durante a meditação tive outra vez uma sensação de perda de peso igual à da tarde, mas agora associada com a forte energia da canalização – e imagens muito coloridas e qualidades de luz.

No final tive de fazer o maior esforço para me mover; e a maioria dos participantes já havia saído da sala quando tentei juntar os fones de ouvido para a tradução do meu grupo...

Então saí do meu corpo, vi-o deitado no chão, de cima, do teto da sala do seminário. Você e alguns dos participantes cuidaram de mim. Ivette, que nessa época partilhava o quarto comigo, me contou depois, que vocês não paravam de me chamar. Lá em cima eu não ouvia nada. Eu ouvia música e vi uma luz que me convidou a segui-la.

Era tão bonita que não havia nada de que eu gostasse mais de fazer. Eu mergulhei nessa luz... eu via e "sentia" as cores para as quais não há em nossas palavras nenhuma descrição realmente correspondente.

Uma sensação intensa de falta de gravidade, a proteção, o calor, o amor e a paz me envolveram – sem tempo, sem corpo, sem espaço.

Estava feliz, senti-me em casa, senti que havia chegado.

E, de repente, senti um puxão... é difícil descrever isso, pois 'parecia' realmente físico, apesar de eu não estar no corpo. Esse movimento abrupto me distanciou um pouco do centro da luz, mas eu queria ficar! Eu não queria voltar ao meu corpo, não queria voltar ao peso, à dor e ao mundo no qual eu tinha tanta saudade 'de casa'.

E me ouvi dizer em voz alta (embora agora tenha certeza de que se tratava de uma comunicação não-verbal): 'Eu não quero voltar. E só volto se vocês me derem uma missão. Dêem-me uma missão...'

Com grande rapidez, fui puxada de volta para o corpo. Eu ainda não o podia ver e tampouco podia senti-lo, mas à grande distância ouvi a voz de Sheila: 'Andrea, look at me, open your eyes, look at me!' [Andrea, olhe para mim, abra os olhos, olhe para mim!]

Uma voz que eu conhecia tão bem, indescritível... eu a ouço com minha audição interior, enquanto escrevo estas linhas... e sempre fico igualmente comovida como então, e agora me vêm as lágrimas.

Com uma dor e um ardor forte voltei ao meu corpo pelo chakra da coroa. Rápida escuridão e medo... mas depois de alguns momentos um círculo de calor (você e as irmãs ao meu redor...). Abri os olhos e vi Sheila que estava de joelhos junto de mim.

Os olhos dela eram luz clara, eles 'irradiavam' consolo, compreensão, amor. Ao redor as trevas da noite que começava – e em meio às trevas a luz dos seus olhos, que me recordavam a minha viagem recém-encerrada. O abraço dela me fez bem... meu corpo estava dolorido, de algum modo parecia ser muito pequeno... era indizivelmente triste o fato de eu ter voltado e não ter podido ficar na luz.

Eu parecia não ter mais palavras nem voz. Você e Sheila me fizeram perguntas, mas não pude responder, sem fala diante do vivido há pouco. E então havia ainda aquelas vozes e sons que eu podia ouvir com meus ouvidos interiores, mas que eu não entendia.

Essas vozes, que para mim não eram claras ou que falavam noutra língua se tornaram mais altas nos dias seguintes – como um rádio contínuo em busca da freqüência de um transmissor... Ruídos, então novamente sons e também palavras ininteligíveis. Esse fenômeno me acompanhou durante algum tempo depois de Stellshagen.

A visão energética também adquiriu uma qualidade totalmente diferente depois da minha experiência fora do corpo. Antes eu já podia sentir e 'ver' energias e a aura... agora subitamente reconhecia as cores e interações entre os sistemas energéticos dos homens, que falavam uns como os outros ou se sentavam juntos, tudo era tridimensionalmente colorido, eu podia enxergar o interior do corpo, reconhecer os órgãos e as estruturas internas... olhava dentro do meu corpo... fluía com o meu sangue pelo próprio corpo e vivia o meu mundo interior – e nas semanas seguintes passei por vários estados de esgotamento em virtude da imensa inundação de estímulos que vinham com isso. Tudo isso não podia mais ser compreendido e explicado com a razão 'normal'.

As conversas com você e com as irmãs na época, durante e depois ainda de Stellshagen me ajudaram muito. Em casa eu não podia falar com ninguém. Devido a essas vivências extraordinárias e às percepções exteriores aos sentidos eu parecia distanciar-me cada vez mais da vida cotidiana, da vida normal.

Em casa eu me lembrei da conversa com Theo. Eu perguntara por um símbolo que via constantemente nas minhas meditações... um círculo dourado com uma cruz dentro dele.

'O reconhecimento da presença dos anjos... há trabalho para você fazer.' Isso foi tudo... curto e grosso.

À pergunta se eu 'podia e devia canalizar', bem, agora, algum tempo depois, tenho de sorrir porque Theo respondeu: 'Você já faz isso'.

Naquela ocasião, caí das nuvens: eu não... eu não sei fazer isso.

Eu lhe contei que nos sonhos sempre me via diante de um público... eu dava uma palestra ou aulas. Isso me dava medo, eu me sentia insegura.

'Por nada do mundo eu me coloco diante de um grupo e começo a falar', eu pensava naquela época.

Você riu e disse: 'Sim, eu também a vejo falando com as pessoas'.

Alguns meses depois chegou a hora. Hoje posso falar livremente para um grupo... (sorriso).

Nas semanas seguintes depois de Stellshagen eu tinha grande saudade da luz. Ouvi Sharon dizer: 'Eu sei exatamente onde você esteve. Eu também já estive lá...'

Por que eu voltei? Tudo parece ser tão difícil... uma luta.

Eu fiz muitas viagens extracorpóreas pequenas e grandes, tive estados de transe, reações corporais intensas e sempre ouço ruídos e vozes na minha cabeça.

Os caminhos da minha mestra espiritual e o meu se separaram... durante algumas semanas isso me tirou quase totalmente o chão debaixo dos pés. Eu havia pensado que ela era uma das poucas pessoas que podiam me compreender na situação em que me encontrava. Senti-me abandonada. Mais tarde eu compreendi que havia me desenvolvido mais por meio das minhas próprias experiências. Ela seguia o caminho dela, eu tinha o meu próprio. Então também reconheci a dependência em que me encontrava.

Naquela ocasião Sheila me escreveu significativamente: 'Um mestre é um ser humano que quer o melhor para seu aluno e que o estimula, que faz tudo para o seu aluno continuar a se desenvolver... ajuda-o a erguer-se sobre os próprios pés'.

Minha querida amiga Wiwi, que faz um trabalho maravilhoso como agente de cura e dá seminários sobre o trabalho com os chakras, a anatomia sutil e a radiônica, me apoiou, me acompanhou e me ajudou, quando eu pensei ter realmente perdido a razão, ter perdido toda fixação à terra. O que eu teria feito sem ela, naquela ocasião? Nós tivemos muitas, muitas conversas sobre as minhas vivências, ela me deu sessões para harmonizar o meu sistema energético; agendei alguns cursos com ela e aperfeiçoei as minhas técnicas de trabalho com os chakras em combinação com as minhas percepções extra-sensoriais (realmente é muito interessante observar o que se passa no interior do corpo). Também foi ela que mais tarde me deu o empurrão para eu canalizar publicamente. Por isso lhe sou muito, muito grata.

Pois, num dia em setembro, uma voz subitamente ficou clara e limpa. De imediato tive uma sensação elétrica, uma energia que vinha ao meu corpo, meu pescoço, à parte de trás da cabeça, à nuca e que pareciam vibrar e, ao mesmo tempo, não responder mais à minha vontade. Seguiu-se um estado de transe, e uma voz falou por meu intermédio. A voz apresentou-se como um anjo com o nome de Matthias. Fiquei simultaneamente assustada, comovida e feliz. Realmente, funcionava! Mas também havia o medo de ficar louca: 'Andrea, você sabe o que acontece com as pessoas que começam a ouvir vozes...'

Durante as semanas seguintes, Matthias foi o meu acompanhante e amigo, ao qual eu podia perguntar tudo o que me perturbava nesse período novo e excitante. Era um contato realmente amoroso, e eu logo esqueci que Matthias me havia dito no início, que ele só viera até mim para um tempo de preparativos e adaptação. Eu estava sendo preparada para receber uma energia mais elevada e uma outra entidade, que falaria por meio da minha pessoa.

Quando Matthias então me disse, num dia de dezembro, que hoje me aparecia pela última vez, porque uma nova energia viria até mim, fiquei infinitamente triste. Era como se tivesse perdido um bom amigo. Depois disso, seguiram-se algumas semanas de fortes reações físicas e 'ruídos de estática' na minha cabeça – dificuldades de adaptação, sonhos premonitórios lúcidos.

Durante um passeio pela floresta, veio então a 'nova energia', ela era tão forte que tive a sensação de ter colocado o dedo na tomada... Não posso descrevê-lo de outro modo.

Eu perguntei à energia quem ela era, e ela respondeu: 'Eu sou Emesthos. Guardião do oráculo, mensageiro da paz, a luz e o amor de tudo o que existe.'

De tanta agitação, tive dificuldade para guardar o nome dele na memória até chegar em casa. 'Esse é um nome muito especial', pensei.

Desde então, Emesthos é o meu espírito amoroso, que fala por meu intermédio, e eu já aprendi muito com ele e com as suas mensagens e conselhos.

Perguntei qual era o significado do nome e recebi a resposta de que se comparava com uma vibração... Nós, seres humanos, precisamos de um nome para cada coisa, e por isso surgiu Emesthos para nós, derivado da palavra latina em, est *e* hospitor: *'Eu estou sempre aí, presente, e venho como hóspede e amigo'.*

Emesthos é orador de uma consciência coletiva da sétima dimensão, que se chama Consciência Delta; ele nunca se encarnou e é aquilo que nós definimos como um "anjo" na Terra.

De início Emesthos vinha nos mais diferentes dias e horas da noite, quer isso fosse conveniente ao curso do meu dia, quer não; por exemplo, durante o trabalho, quando eu estava dirigindo ou fazendo compras.

Pedi a ajuda de Sheila, e ela me aconselhou a determinar horários fixos para conversar com o espírito e para deixar claro para o mundo espiritual que há 'momentos inadequados' para manter um contato.

Fiz isso, e os estados repentinos e inesperados de transe cessaram.

Logo desenvolvi com Emesthos uma troca contínua. E me foi sugerido um trabalho conjunto, um projeto: 'A viagem ao coração com Emesthos'. Isso obviamente significava que eu devia canalizar para pessoas estranhas, em público. Emesthos me deu livre escolha e me perguntou se eu estava preparada para fazer isso.

Até aquele momento eu só havia canalizado para mim ou num círculo privado. ('Você pode perguntar aos seus anjos...?' E assim por diante.) Eu estava insegura. Já havia recebido muitas confirmações nas conversas com o espírito; coisas que eu não podia saber me foram transmitidas, cada pergunta foi paciente e amorosamente respondida. Mas eu não podia sentar-me diante de um grupo, entrar em transe e não saber o que aconteceria, isso sem mencionar o que eu falaria então. Há algumas semanas eu não podia me lembrar o que era transmitido no transe – eu sempre fazia gravações para ouvir mais tarde.

Nessa época minha amiga Wiwi me ajudou, encorajando-me a dar esse passo. E alguns meses depois eu devia fazer minha primeira canalização pública. A data se aproximava e eu ficava cada vez mais nervosa. Eu sempre tinha a sensação de que devia me preparar de algum modo, adquirir conhecimento.

Contudo, Emesthos apenas disse carinhosamente: 'Não há nada a fazer. Nós estaremos presentes e responderemos a cada pergunta'.

Assim desenvolvi confiança e 'pulei na água fria'... Naturalmente, Emesthos estava presente e todos os participantes foram tocados pela energia, pela vibração e pelos sábios conselhos.

Seguiram-se outras canalizações, vinham cada vez mais participantes. Eu dava sessões privadas, canalizava para pequenos grupos e para grupos maiores.

Esse trabalho e as minhas viagens noturnas extracorpóreas para outras dimensões me preenchiam. Eu reuni muitas experiências novas e com a minha ação vivi a 'indescritível ressonância do coração'.

O desafio desse trabalho certamente é a união entre Céu e Terra, uma união 'desses dois mundos'. Como eu mesma sei agora e como Emesthos diz com freqüência aos que perguntam, na verdade essa separação não existe. Nós podemos criar um Céu na Terra para nós, à medida que vivemos o nosso verdadeiro eu, à medida que abrimos o nosso coração.

Nos primeiros períodos da busca pelo meu caminho, antes eu pensava que a espiritualidade e a vida terrena, cotidiana, se excluíam reciprocamente. No entanto, fiz a experiência de que, quanto melhor eu ficar aterrada no aqui e agora e me dedicar às coisas terrenas banais, tanto melhor farei esse trabalho espiritual, tanto melhor poderei viver minha união com os anjos, com Jesus e com Deus.

Eu aprendi a lidar com as minhas percepções extra-sensoriais, seja a visão, a audição, a sensação ou os sonhos lúcidos. Na vida cotidiana consigo ativar e desativar essas percepções; por assim dizer, sirvo-me de um interruptor invisível em mim, que tem essa capacidade de ligar e desligar. Assim, não tenho mais problemas para estar entre grandes multidões (nenhuma inundação de estímulos), ao contrário (sorriso) isso é pura fixação à Terra – é vida plena.

Um outro desafio da canalização é a clareza e a pureza do canalizador. Até que ponto eu sei que as mensagens realmente são transmitidas de modo claro e sem erros? Eu fiz a experiência de que não preciso ter conhecimento especial, ao contrário – quanto menos eu souber, tanto melhor.

Sheila me disse: 'Tente e as confirmações virão'.

E as confirmações vieram. Coisas, que eu simplesmente não podia saber, me foram transmitidas.

Eu alcanço a maior 'clareza' possível à medida que me entrego com confiança à energia de Emesthos. Eu não sei se existe uma clareza de cem por cento, como alguns canais afirmam existir!

Além disso, é importante cuidar do corpo, ouvir as mensagens sobre o que ele precisa para poder fazer esse trabalho. Em média, perco cerca de dois quilos de peso numa noite de canalização (cerca de vinte e duas horas com um intervalo). Comer regularmente, descontração e atividade física são muito importantes para mim. Depois de quase três anos comendo comida vegetariana, como carne outra vez, porque o meu corpo precisa desse alimento, dessa energia.

Um equilíbrio saudável entre trabalho e recuperação é importante; nos últimos tempos negligenciei isso, havia cada vez mais clientes. Todos tinham problemas e perguntas 'urgentes'...

A organização, o trabalho que existe além da canalização propriamente dita (telefonemas, marcação de compromissos, aluguel de salas, escrita, e assim por diante) ficou tão grande que não consegui mais dominá-lo sozinha. Minha amiga Veronika assumiu toda a organização para que eu pudesse concentrar-me na canalização. Eu penso que cada pessoa que faz esse trabalho para o público, precisa ter alguém por perto para ajudá-la e colaborar com ela.

Também é um desafio a lida com as informações que eu recebo endereçadas aos participantes da canalização. Os problemas individuais e a conversão ou aceitação das mensagens do mundo espiritual para os clientes requer clareza e o estabelecimento de limites. Esses são pressupostos básicos para poder fazer esse trabalho a longo prazo.

Mas também o estabelecimento de acordos com o mundo espiritual é de grande importância, como experimentei várias vezes. Além de Emesthos, pessoas falecidas falaram por meio de minha pessoa, e outras energias quiseram que eu estivesse à sua disposição como canalizadora. Um ir e vir, batidas, estados de transe, dificuldades de adaptação a diferentes campos de energia – eu disse à minha amiga Veronika na ocasião: 'Às vezes tenho a impressão de ser uma estação ferroviária'.

Como você sabe, eu me concedi no mínimo até março de 2005 um período isento de qualquer trabalho energético e de canalização pública. Primeiro, eu tinha fechado totalmente o meu canal por algumas semanas, agora ele está aberto exclusivamente para a energia de Emesthos, um acordo bem detalhado com o mundo espiritual... uma espécie de 'acordo de trabalho com férias'... (sorriso)! A maioria predominante dos meus clientes teve compreensão para com esse passo e eu recebi muita ressonância. É muito bonito que a maioria ainda me veja como ser humano e não apenas como canalizadora.

Eu me concedo o período de férias para juntar novas forças, para terminar a minha formação como agente de cura e, simplesmente, para observar o que vem. Emesthos está presente e eu falo com ele sobre as coisas que me preocupam pessoalmente. Também isso eu negligenciei, com tanto trabalho: meu contato pessoal com o espírito.

Emesthos já me ensinou muitas coisas. A que considero a mais importante: eu vim para cá com uma 'missão'. Mas eu tinha uma idéia relativamente 'errada' daquilo que é uma missão... (sorriso).

Muitos dos meus clientes perguntaram a Emesthos sobre o caminho deles, o seu trabalho, sobre o futuro. O espírito sempre respondia que cada um pode formar e manifestar o próprio futuro com seus pensamentos, palavras e atos. Emesthos não se entende como um 'adivinho' do futuro, mas como um conselheiro para as pessoas, para que estas se encontrem, possam se reconhecer e tornar-se conscientes. Durante muito tempo eu também pensei que tivesse essa tarefa, que tivesse de fazer este ou aquele trabalho – e assim por diante.

No entanto, Emesthos me dissera: 'A missão com a qual você veio para cá, é simplesmente ser você mesma, fazer uma experiência como ser humano num corpo, estar aqui na Terra, experimentar o momento em toda a sua diversidade, estar no aqui e agora... simplesmente ser. Você não precisa fazer nada para ser amada. Você é amada: assim como você é e pelo que você é. Você mesma pode se reconhecer em muitas atividades e âmbitos da vida, você tem livre-arbítrio para fazer e para ser o que deseja. Nenhuma criatura do mundo espiritual, que trabalhe em sintonia e sob o comando da fonte divina, lhe prescreverá ou dirá o que fazer ou deixar de fazer. Se você alguma vez receber uma mensagem nesse sentido, pode ter a certeza de que ela não serve ao seu autoconhecimento e ao desenvolvimento da sua alma, mas diretamente à manipulação'.

Emesthos é um bom amigo, e ele sempre está comigo quando tenho perguntas ou preciso de proteção. Também o meu meio ambiente privado direto conhece a energia de Emesthos; e, às vezes, eu recebo de volta uma comunicação, algo como: 'Emesthos estava subitamente lá durante a minha prova... no dentista... quando dirigia o carro... Eu senti exatamente a energia, ele me protegeu, tirou o meu medo...' Então me alegro; isso comprova a minha profunda confiança de que somos protegidos em tudo o que fazemos, e em toda parte, estejamos onde estivermos.

Ao mesmo tempo, superei a saudade do meu lar com a sua ajuda. Durante muito tempo, decidi a cada dia se ainda queria ficar aqui ou ir embora.

Emesthos me transmitiu que o lar é a origem da alma, ali de onde ela vem, onde está a família de almas e onde ela pode se reunir. Mas que para esta vida o meu lar é a Terra.

E eu sempre me sinto cada vez mais em casa aqui; alegro-me com as décadas que ainda virão, e agradeço ao meu corpo por ele me dar a possibilidade de estar aqui. Eu me alegro de saber que poderei voltar para a minha família de almas em algum momento..."

Mas que desafio é canalizar! Não para as pessoas que canalizam, mas para aquelas que buscam conselho com "uma entidade que não vive em forma humana".

Que nós ou que eu fale com os anjos, isso só pode no mínimo ser tomado com um sorriso condescendente. Quando se trata de canalização, então os sinos de alarme das outras pessoas soam muitas vezes sem rodeios. O olhar que nos atinge, de repente mudou: "Que pena, uma mulher tão boazinha!"

E não gosto de falar sobre a canalização, porque aquelas pessoas que não passaram por uma boa canalização, dificilmente conseguirão entendê-la. E, contudo, tenho de confessar que me perturba quando meu parceiro de conversa realmente me considera tão idiota, que eu cairia nas mãos de toda chantagista. Não, eu não acredito que no caso de pessoas que canalizam se trate de personalidades divididas, e também não acredito que elas tenham simplesmente uma fantasia especialmente ativa.

Na história da concepção cristã do universo – e naturalmente antes ainda – sempre houve conversas com Deus, com os profetas ou os anjos, que muitas vezes também se mostraram em forma física. Canalizar realmente não é um fenômeno novo.

Toda boa mensagem canalizada – e eu parto desse pressuposto neste trecho – tem sua personalidade própria. E somente quando ouvimos o espírito por algum tempo podemos julgar se o seu conselho é válido. Observei durante anos os canalizadores pelos quais me senti atraída. Testei muitos uma única vez e nunca mais. Seja o que for que me tenham dito, não provocou nenhuma ressonância ou simplesmente era tão lapidar, que eu não quis gastar mais cem euros ou cem dólares. Muitos me deixaram a impressão de que não me conheciam, e também a esses nunca mais pedi conselho. Eu testei mais ou menos dez canalizadores, fiquei e ainda estou encantada com três.

Uma coisa sempre torna a chamar a minha atenção; há mensagens canalizadas que respondem à minha pergunta; e então há outras que, além disso, oferecem uma visão geral.

Aqui eu gostaria de dar um exemplo relativamente normal, o de uma mudança. Nem toda pergunta que se faz a um canalizador é uma questão de vida ou de morte. Imagine que você quer mudar porque deseja uma moradia favorável duradoura. Você mudou há um ano para essa nova cidade e quase não teve tempo para procurar algo. Você se sente muito bem na sua casa, mas o aluguel, embora possa pagá-lo, é caro e, afinal, a longo prazo, você quer pagar menos.

Depois de longas buscas você finalmente encontrou uma moradia que lhe "parece boa". Você está procurando há muito tempo, e o que viu antes na mesma classe de preço, era indiscutível. Essa casa, em que mais pessoas interessadas estavam presentes na mesma data, era melhor do que todas as outras, mas apesar disso não correspondia muito bem ao nível da sua atual moradia. Por exemplo, você queria uma cozinha já instalada, uma vez que não tem tempo para encomendar uma nova – e lá estão um fogão pequeno e uma pia estranha. O lugar para armários é reduzido em toda a casa, mas aí é possível dar um jeito tirando um pedaço de um quarto e construindo uma parede fina. Assim você se decide por essa moradia de modo rapidamente estranho, visto que não quer perdê-la para outro inquilino.

Mal assinou o contrato de aluguel, e já sentiu um certo pânico; "Será que realmente pensei bem sobre o assunto? Essa nova cozinha não só me custará bastante dinheiro, mas também precisará de muita atenção e planejamento, e eu já tenho tanta coisa a fazer!"

Uma semana depois você ainda não está "alegremente estimulada" e quanto mais pensa sobre essa nova moradia, tanto mais insegura se sente. Uma parte de você planeja interessada a nova cozinha, mas apesar disso lhe chama a atenção o fato de não se alegrar o suficiente com a nova casa.

Você busca o conselho de uma entidade canalizada e quer saber por que, subitamente, está tão agitada. Naturalmente você pensa cuidadosamente nas perguntas que vai fazer. Portanto: "Será que eu me decidi por essa casa depressa demais? Será que vou me sentir bem nessa casa? Será que receberei o dinheiro da cozinha planejada de volta? Imaginemos que você tenha duas personalidades canalizadas à escolha e marca uma sessão com cada uma. Então, na sua consulta com a entidade canalizada A, talvez receba a resposta:

Canalizada A: "Sim, como você mesma sabe, você se decidiu depressa pois ficou sob pressão por medo de perder a moradia. Isso não teria sido necessário. O que está lhe trazendo dificuldades é a sensação de que tem de pagar demais para a modificação; e por isso você faz várias censuras a si mesma. Essas censuras são igualmente desnecessárias".

À pergunta seguinte, sobre se você se sentirá bem nessa casa, a resposta pode ser: "Se você tivesse a sensação de que havia uma dúvida sobre isso, você não teria adquirido a casa. Você sabe por experiência própria que sempre conseguiu criar uma atmosfera doméstica agradável ao seu redor. Isso também dará certo nesse caso".

E quanto à última pergunta, se receberá de volta o dinheiro pela cozinha planejada: "Tenha consciência de que não deve gastar muito dinheiro com a cozinha. Enquanto mantiver os gastos dentro de um certo limite, será bem-sucedida. A sua tendência é deixar tudo tão bonito quanto possível e o seu gosto é caro".

Portanto, a canalizada A respondeu exatamente às perguntas. À canalizada B, que se vê como informante e ajudante, atribuiu-se uma outra tarefa. Ele dará as informações adicionais. Na maioria das vezes, como um diálogo e com perguntas contrárias:

Eu: "Será que me decidi depressa demais por essa casa?"

Canalizada: "Em você há uma luta em que você está insegura de ter tomado a decisão certa".

Eu: "Por que isso?"

Canalizada: "O que lhe dá mais trabalho nessa nova casa?"

Eu: "A lista de todas as coisas que tenho de fazer. Escolher uma cozinha com geladeira, máquina de lavar, fogão. Lugar para colocar as coisas. Então não tenho lugar suficiente para armários e preciso fazer uma reforma. No momento tenho tanto a fazer, que isso me assusta".

Canalizada: "A sua personalidade sente prazer em decorar ambientes para viver. Por que você acha que desta vez não está gostando de fazer isso?"

Eu (pensando por uns momentos): "Na verdade eu queria trabalhar menos. Eu queria ter mais tempo para os meus passatempos e meus amigos; e agora eu já sei que terei de me ocupar com atividades artesanais durante os próximos dois, três meses. Eu estou, acredito, simplesmente muito cansada e por isso não tenho vontade".

Canalizada: "Ah! Qual poderia ser então a alternativa?"

Eu (na expectativa): "Talvez não mudar?"

Canalizada: "Qual seria o problema se você não mudasse?"

Eu: "Na verdade, eu teria menos trabalho e menos *stress*. E claro, agora pago mais aluguel, mas em compensação não terei a despesa com essa cozinha; e me sinto muito bem na minha moradia atual".

Canalizada: "Nas últimas semanas você não pensou em dinheiro com muito mais freqüência?"

Eu: "Sim. Percebi que ando preocupada em não gastar dinheiro demais com essa cozinha".

Canalizada: "Portanto, você passou de uma sensação de riqueza para uma sensação de carência".

Eu (assustada): "Isso é verdade. Constatei subitamente que quero segurar o meu dinheiro, e por isso estou preocupada. Eu acho que ficarei simplesmente onde estou, e me alegrar por ter uma moradia tão linda".

Ambas as informações canalizadas são verdadeiras: tanto uma como a outra. Se nos tivéssemos decidido pela mudança, então também teríamos nos instalado muito bem na moradia e nos sentido bem. O segundo canal deu nitidamente mais informações. Entendi por que tomei determinadas decisões – por mais banais que sejam – e com isso obtive mais sabedoria e mais autoconhecimento.

Um dos desafios nas informações canalizadas, portanto, está no modo de fazer as perguntas. Lembremo-nos do que o mestre que chamei de "Nora" no capítulo anterior ouviu de um canalizador (para lembrar: possuir o aprendizado). Realmente obtemos um apoio quando temos bastante tempo para elaborar as perguntas antes da sessão. Também convém pensar se ainda existem perguntas que, na verdade, não queremos ver respondidas. No exemplo, nós já nos havíamos decidido pela mudança. Nos nossos desejos não havia lugar para a pergunta sobre a conveniência de renunciar à mudança. Nós nos havíamos decidido por ela e, na verdade, só queríamos ter a certeza de não termos tomado uma decisão tola com conseqüências caras. Quando o canal que vamos consultar é um canal com personalidade A, é extremamente importante preparar cuidadosamente as perguntas. Por exemplo, podemos acrescentar: "O que aconteceria se eu não tivesse escolhido essa casa?", "Será realmente necessário mudar?" ou "Por que, afinal, quero mudar com tanta urgência?" – e assim por diante.

Uma outra necessidade importante é o questionamento das informações canalizadas. Quando não entendemos algo (e isso acontece muitas vezes), temos de insistir. A entidade canalizada não se ofenderá com isso. Ao contrário, ela se alegrará por poder esclarecer. Não é de supor automaticamente que um canalizador "perceba" se entendemos ou não. Muitas vezes o processo de reflexão não está excluído quando ouvimos a resposta ou a sugestão. Continuamos a pensar sobre ela. No entanto, quando alguma coisa não ficou clara desde o início, a informação tem pouca utilidade para nós, e nós a avaliamos de outra maneira.

Certa vez fiquei com a impressão de que uma entidade canalizada, que aprecio muito, não transmitiu a resposta corretamente. Depois de anos de respostas maravilhosas elas de repente se tornaram estranhas. Ela parecia estar surpresa com as minhas decisões e me aconselhou coisas que eu já havia concluído há tempos. Quase todo conselho parecia falso.

Perto do final da sessão tive novamente a sensação de que ela estava presente, e as suas últimas palavras me comoveram profundamente. O resto não me cabia avaliar. E assim eu a deixei. Eu confiei na minha intuição, e na minha opinião; esse é um dos desafios mais importantes, quando ouvimos informações canalizadas. Também nesse caso devemos preservar a nossa consciência crítica. Em última análise, devemos em primeiro lugar confiar no nosso próprio conselho. Pois, mesmo que muitas informações estejam corretas, nem todas precisam ser. Como vemos, não existem conselhos cem por cento certos, mesmo que estejamos há muito tempo no nosso caminho espiritual.

Já é um sentimento maravilhoso quando encontramos um canalizador no qual podemos confiar. Mas também aqui vale a pena ficar sempre atento. O canalizador também tem os próprios desafios pessoais. Há crises conjugais, preocupações financeiras, doenças, clientes nervosos. Quanto mais tempo ele conhece um cliente, tanto mais pessoal é o seu contato, tanto mais difícil se torna para o canalizador transmitir informações claras. Para ele é muito mais simples transmitir algo para uma pessoa totalmente estranha, visto que não tem nenhum interesse particular na vida pessoal da pessoa que faz as perguntas.

Depois de ter experiências com algumas entidades canalizadas, eu constatei, com admiração, que cada uma tem a sua personalidade própria. Eu não sei se o canalizador e o canalizado precisam ter características semelhantes para combinarem. Mas eu quase acredito nisso. Até agora nunca constatei uma diferença dramática na essência. Dramáticas já são as outras condições: a voz se modifica, ela muitas vezes fica mais grave e tem sempre um sotaque estranho – naturalmente diferenciado. Às vezes até mesmo a cor dos olhos se modifica.

Por exemplo, LD Thompson bem como Solano são seres muito articulados. Sempre imagino Solano como alguém de porte imperial sobre um recife, vestindo uma túnica branca. LD Thompson é igualmente um perfeito cavalheiro.

Solicitei a LD Thompson algumas experiências com a canalização. Ele me enviou um excerto do seu manuscrito *Revelation for a New Humanity* [Revelação para uma Nova Humanidade], que ele estava escrevendo na época:

"Era o verão de 1982, e eu havia justamente começado a canalizar Solano para uns poucos amigos. Apesar de eu lhes ter pedido para não falarem sobre isso, a notícia se espalhou. Certo dia, quando eu voltava de um piquenique no Lake Washington, uma maravilhosa lagoa em Seattle, encontrei uma mensagem na minha secretária eletrônica, que iria mudar totalmente a minha vida – se eu não teria vontade de apresentar Solano para um público maior? Uma mulher muito conhecida da alta sociedade de Seattle sugeriu uma noite na sua casa para isso.

Primeiro eu fui totalmente contra, mas então tive a sensação de que devia levar essa sugestão para a minha meditação e pedir conselho a Solano.

A resposta dele não podia ser mais clara: 'Foi para isso que você foi preparado, para o que o seu corpo foi preparado. E é importante para o seu crescimento que você tenha essa oportunidade. Você realmente acredita que pode guardar esse presente, esse talento? Você já percebeu que isso é impossível. De fato, haverá desafios para você depois disso. Mas essa chance é igualmente uma oportunidade para você continuar se desenvolvendo'.

Eu apresentei Solano a um público maior pela primeira vez em julho de 1982. No início ele não abriu os meus olhos, nem moveu o meu corpo com quaisquer gestos. Quando entrei em transe, eu saí do meu corpo e a essência dele entrou. Eu não tinha consciência do que falou com o grupo, nem de quem estava presente no grupo.

[Na canalização, uma outra alma entra no corpo "emprestado". Na maioria dos casos, a entidade canalizada também pode mover esse outro corpo. Mas, na verdade, isso demora um pouco. Portanto, no início em geral só é possível à entidade canalizada mover as cordas vocais e a boca da outra pessoa, e só mais tarde os olhos, as mãos, o tronco. Muitas vezes essa entidade canalizada também consegue fazer o corpo emprestado andar. Mas tudo isso demora um pouco e, em muitos casos, é muito cansativo e requer muito esforço.]

Nessa primeira aparição pública uma mulher, que eu conhecia de Nova York, chegou um pouco atrasada. Naquela ocasião eu ainda era artista e nós havíamos compartilhado os papéis principais de um musical da Broadway chamado 'Babes in Toyland', com o qual saímos em viagem. Eu me lembrei de que ela era muito emotiva e nervosa e que muitas vezes tivera muita dificuldade para suportar o stress de um grupo itinerante de teatro.

Quando essa noite chegou ao fim, eu estava ocupado reunindo outra vez os meus pensamentos, pois uma vivência de transe como essa sempre provoca certa desorientação. Leslie fez questão de ser trazida ao quarto onde eu me recuperava – não sem antes forçar passagem com grosseria entre meus amigos, para então me confiscar. Fazia muito tempo desde que nos víramos pela última vez e nos abraçamos carinhosamente. De repente ela terminou o abraço, os olhos dela se expandiram e ficaram vidrados, e ela me explicou: 'Agora eu entendo do que se trata: você é a metade da minha alma!'

Essa foi uma afirmação inconveniente de alguém que eu nem sequer apreciava; mas esforcei-me por ser amável, e respondi: 'Mas que elogio maravilhoso, e me comove profundamente, mas não creio que seja isso'.

'Não importa', ela disse radiante, 'é verdade. Eu sei!'

Graças a Deus meus amigos chegaram naquela hora para me livrar dessa situação, e eles acompanharam Leslie para fora.

Quase um ano se passou, sem que eu tivesse contato com Leslie, minha suposta 'metade da alma'. Agora eu canalizava regularmente. As noites em grupo se tornaram cada vez maiores, e os esforços cobraram o seu preço. Enquanto isso eu tinha muito mais experiência em lidar com o gasto de energia necessária para canalizar. Para me carregar novamente, eu decidi fazer uma viagem curta para a ilha San Juan, que fica diante da costa da cidade de Washington. Assim eu teria a possibilidade de ver a beleza dessa ilha e, ao mesmo tempo, de me recuperar. Além disso, eu me alegrava por encontrar-me com meus amigos de Nova York que haviam sugerido que eu fosse para lá.

'Por acaso', Leslie também vivia em San Juan, e o destino aproximou-nos outra vez. Ela participava do grupo de amigos com os quais fiz uma caminhada pela montanha. Enquanto caminhávamos por essa natureza grandiosa e observávamos a abundância de flores, Leslie me perguntou sobre uma entidade que se chamava 'Bala Shunai'. Ela seria um espírito feminino, sobre a qual Solano lhe havia falado na recente reunião noturna do grupo. Bala Shunai, de acordo com Solano, era uma de quatro grandes almas que cuidavam do clima e dos elementos deste planeta. Como eu não me lembrava do que Solano havia ensinado, ouvi com delicadeza, mas não estava nem um pouco interessado.

Mais tarde, durante a nossa conversa, subitamente entendi que Leslie havia entrado em contato com essa unidade anímica e logo ela confirmou a minha suspeita, quando me contou com os olhos brilhantes: 'Bala Shunai quer que eu a canalize!'.

Eu não tinha tempo para maquinar uma resposta mais cuidadosa, encantadora, refletida e respondi sem pensar: 'Não faça isso, Leslie. Como personalidade você não está suficientemente integrada, muito menos o seu ego é bastante estável para canalizar'.

Diversas recordações vieram à tona quando eu disse essa frase para ela: rápido como um raio voltou à minha memória quando ela me convidou para ir à sua casa. Um dos seus vários gatos estava doente. Por isso Leslie teve um ataque de histeria, enquanto eu me mexia no chão tentando fazê-lo engolir um remédio e ele se recusava a tomá-lo com todas as suas forças. Ou quando ela teve um caso com um playboy conhecido. Como era de se esperar, esse relacionamento logo terminou, e Leslie deitou-se na cama e não comeu nem disse nada durante uma semana. Naquela ocasião até houve boatos de que ela morrera.

Senti instintivamente que a personalidade dela era frágil demais para suportar a forte pressão provocada pela canalização. Mas assim que dei o meu conselho, pude ver que ele provocou o contrário: os olhos dela se fecharam só restando fendas estreitas. Ela já me mostraria! Ela canalizaria.

E foi o que ela fez então.

A canalização não é tarefa simples, não é um jogo social, mas um verdadeiro acontecimento físico, que foi documentado por estudos clínicos. Primeiro acontecem mudanças no corpo – um stress considerável para o sistema nervoso, que muitas vezes faz com que, por exemplo, a água fique retida por mais tempo no corpo para que os nervos possam ser protegidos por esse líquido. Ao mesmo tempo, o organismo é afetado por mudanças químicas, e da composição sangüínea são retiradas muitas substâncias minerais importantes para a vida.

Mas muito mais difícil é lidar com as projeções dos outros. Pessoas que se encontram na presença de um verdadeiro canalizador, que está em condições de transmitir entidades de freqüências mais elevadas, sentem-se, elas mesmas, elevadas. A sua perspectiva de vida muda e é possível um efeito de cura.

A canalização pode ser um acontecimento poderoso, e pode existir uma tendência de projetar o amor e a admiração, o respeito e o status elevado sobre o canalizador. Isso significa: quando as pessoas que canalizam não fazem as próprias 'tarefas de casa' (por exemplo, criar um equilíbrio e uma compensação na própria vida) então elas podem tornar-se dependentes dessa admiração. Em outras palavras: Elas 'acreditam na sua própria escola'. Elas começam a acreditar que são algo de extraordinário, por assim dizer, que foram tocadas especialmente por Deus. Quando o canalizador ainda tiver também uma autoconsciência baixa ou disponha de um ego faminto, então facilmente ele pode apresentar o lado escuro do todo: cobiça, manipulação, autoconsciência ou ego inflado, supervalorização de si mesmo e daquilo que o corpo pode suportar. E, assim, ele não consegue alcançar esse estado claro, limpo, que um bom canalizador simplesmente precisa ter para transmitir informações claras.

Eu me lembro de quando me ensinaram a canalizar. Eu estava cercado por dois amigos, com cuja presença eu me sentia suficientemente protegido para correr o risco de entrar num transe profundo. Minha experiência pode ser comparada com um profundo relaxamento, em que eu deixo para trás o meu ego, a minha personalidade; e a sensação era a de estar mergulhando no solo de um mar profundo. A superfície lentamente se recolhe, enquanto eu rezo pelo meu corpo abandonado e peço a bênção de Deus para as pessoas para as quais canalizo no momento. Pois há um momento em que a superfície dá a impressão de recolher-se cada vez mais. A superfície representa a minha consciência do corpo. Portanto, eu dou as costas ao meu corpo e continuo mergulhando cada vez mais fundo, para um lugar de completo silêncio. Esse é o momento em que a essência de Solano toma o meu corpo e se torna ali a energia condutora.

Em geral eu era muito bem-sucedido nesse 'mergulho'. Uma vez, numa sessão que eu dava, lembro-me de ter ouvido uma risada sonora – como que a distância – e eu queria saber de onde ela vinha. Assim, me movi na direção desse ruído.

Quando cheguei mais perto, ouvi a voz de Solano em mim: 'Libere o corpo'.

E então houve silêncio. Lembrei-me outra vez: 'Ah, sim, estou em transe'.

E então, mergulhei mais fundo até estar de volta ao silêncio.

Mais tarde Solano me disse: 'Se quisermos fazer a canalização em conjunto, você tem de soltar as rédeas enquanto isso. Senão, existe o perigo de as coisas que a sua personalidade considera importantes interferirem no estado que queremos alcançar. Exijo que me prometa isso. Isso não quer dizer que no futuro não haverá uma hora em que você poderá trabalhar com co-consciência (consciência dividida, consciência conjunta) com aquilo que eu sou. Mas agora a separação é imprescindível para você'.

Eu fiz a promessa e a mantenho até hoje. No momento, mais de vinte anos depois, movimento-me cada vez mais para a consciência conjunta, mas eu precisei de todos esses vinte anos para me preparar realmente devagar para isso.

Mas estou divagando. Apesar de eu ter advertido Leslie, pouco tempo depois ouvi dizer que ela tinha grupos que vinham até ela em San Juan para ouvi-la canalizar, e que os grupos se tornavam cada vez maiores. Pouco tempo depois ouvi notícias estranhas sobre Bala Shunai e o que ela ensinava: coisas que tinham relação comigo. Disseram-me que Bala Shunai afirmava que Leslie e eu fomos o primeiro homem e a primeira mulher que encarnaram na Terra, e que naquela ocasião eu abusara dela. Esse teria sido o princípio de todos os problemas das pessoas na Terra. Mas isso não era tudo: Bala Shunai também afirmava que eu teria sido Adolf Hitler e Leslie, Eva Braun. E, como conseqüência dos horrores que eu fizera na Terra naquela ocasião, Bala Shunai previa um confronto entre mim e Leslie, que terminaria em violência.

Uma amiga me telefonou tarde da noite de uma sexta-feira, em pânico. Ela me contou que o grupo ao redor de Bala Shunai estava a caminho do Park Cascade Mountain, nas proximidades de Seattle, onde eu moro, e que entre eles havia algumas figuras ameaçadoras. Ela também ouviu falar de um plano do círculo interno ao redor de Leslie, ao qual também pertenciam dois veteranos do Vietnã, que queriam me seqüestrar e me levar para a sua instituição. Minha amiga sugeriu que eu saísse urgentemente da cidade para qualquer lugar, de preferência para um final de semana prolongado. Eu não poderia ter recebido um conselho mais sábio. Ironicamente, eu até mesmo tinha planos de viajar para o Oregon no final de semana.

Portanto, fui embora para me recuperar de toda a agitação. Na verdade, eu nem sequer imaginava que drama se desenrolaria mesmo sem a minha presença.

O séquito de Leslie aumentara pela propaganda boca a boca. Naquela época a 'New Age Community' [Comunidade Nova Era] de Seattle ainda era relativamente pequena e muitas pessoas faziam 'channel-hopping', ou seja, pulavam de um canalizador para outro a fim de buscar apoio e conselho. Nesse período havia uma mulher famosa que canalizava um velho guerreiro (e ele também era um guerreiro muito corajoso e mandão) que também ficou alarmada com as manifestações de Bala Shunai e as histórias sobre ela. Ela não queria que o seu próprio séquito se associasse a Leslie.

Essa outra mulher estava inquieta pelo fato de o grupo de Bala Shunai fazer as assim chamadas cerimônias do vinho, em que todos bebiam vinho das grandes garrafas que eram passadas adiante na multidão. Ela temia que poderia haver um tremendo acidente, como um envenenamento ou suicídio em massa, sobre os quais nós todos pudemos ler nas manchetes dos jornais nos últimos anos. Na verdade, eu acredito que ela simplesmente não estava feliz pelo fato de Bala Shunai desejar tirar uma fatia grande demais do seu bolo.

E assim aconteceu de essa mulher, junto com algumas pessoas do seu círculo interno, entrarem num trailer *e se dirigirem para o parque onde Leslie dava o seu workshop de final de semana. Estava quase escuro quando ela atingiu seu objetivo. Assim que chegou, ela entrou em transe para transmitir o seu guerreiro vingador. Ela/ele passaram pelo meio das pessoas que se haviam reunido para ouvir Bala Shunai e ficaram parados diante de Leslie; e o guerreiro canalizado proclamou: 'Você é uma charlatã e uma enganadora!'*

Profundamente chocada, Leslie caiu desmaiada.

O vingador se virou então e gritou para a multidão: 'Aqueles de vocês que me pertencem, venham comigo até o rio e lavem as mãos para se limparem desse negócio infeliz'.

E quase todos os reunidos se levantaram e o/a seguiram para lavar as mãos no rio.

Alguns do séquito de Leslie ficaram lealmente para trás e a levaram para a sua casa. Especialmente uma mulher, uma terapeuta que eu conheço há muitos anos e que admiro, cuidou bastante de Leslie e queria ajudá-la a elaborar o trauma e a humilhação. Mas Leslie deitou-se na cama e recusou-se a falar uma só palavra, como fizera quando foi abandonada pelo playboy de Nova York.

Certa manhã, algumas semanas depois, Leslie subitamente desapareceu. Ninguém viu quando foi embora. Ela não deixou nenhum bilhete nem vestígios. Também não parecia ter feito as malas. Ninguém jamais ouviu falar dela outra vez.

Como era cidadã britânica e estava ilegalmente nos Estados Unidos, tenho a impressão de que ela fugiu para o Canadá para definir-se outra vez e começar uma nova vida. E até hoje eu espero que alguém me fale sobre Leslie, porque a encontrou em qualquer lugar.

É surpreendente que essas coisas possam acontecer com pessoas que estão tão encantadas por experimentarem Deus. E, em todo caso, é uma vivência de advertência que nos pode de algum modo deixar claro que a energia espiritual – descontrolada e indisciplinada – pode fazer as coisas darem terrivelmente errado."

"Descontrolada e indisciplinada": justamente no caminho espiritual é muito importante seguir disciplinadamente o seu caminho. Lembremo-nos de que a nossa tarefa na vida consiste em nos conhecermos melhor. Isso significa que devemos aprender a confiar em nós mesmos (eu sei, já mencionei isso várias vezes... por favor, tenha paciência comigo). Seja qual for o conselho que recebamos, ele precisa "ressoar" em nós.

Uma vez minhas amigas e eu falávamos sobre canalização e sobre todos os que são canalizados. Nós discutíamos justamente sobre a freqüência com que determinados espíritos como St. Germain, que deve ser inacreditavelmente esforçado, parece falar por meio de vários canalizadores. Minha amiga Sheila Kenny, que estava conosco no quarto e que havia se deitado um pouco para descansar, levantou-se da cama e gritou: "Vocês sabem, certa vez encontrei uma mulher que canalizava verduras! *Verduras...!*"

Caímos numa gargalhada sonora e quase não conseguíamos nos controlar. Verduras? Estava falando sério? O que uma cenoura poderia saber sobre a sabedoria da vida? Uma couve-flor realmente pode ajudar no autoconhecimento?

Em meio às nossas risadas Sheila Kenny queria se fazer ouvir: "Sério! Ela ficou tremendamente ofendida, quando não reagi ficando encantada com isso. Ela me diminuiu, dizendo que eu tinha uma relação perturbada com as verduras. Eu! Justamente eu, que sempre refogo levemente as verduras!"

Demorou um pouco para que ao menos uma de nós estivesse outra vez em condições de articular uma frase que fizesse sentido.

Serenidade

O que nos fascina em muitas pessoas espiritualizadas é a sua serenidade. Quase não podemos imaginar um Dalai Lama apressado. Madre Teresa também parecia ter sempre todo o tempo do mundo – apesar de ter muito trabalho. O papa João Paulo II nunca me deu a impressão de uma pessoa apressada, mesmo nas épocas em que estava com saúde perfeita e viajando muito.

Para mim não foi fácil ser serena. Eu carregava a serenidade como se ela fosse um manto. Vestido com esforço e logo retirado. Ela era uma peça desconfortável de vestiário. No entanto, eu espero que em algum momento ela me sirva como uma segunda pele.

Antes de começar a meditar, eu parecia uma garota apressada. Eu não consigo me lembrar de ter estado alguma vez "no agora". A não ser quando prendia o dedo nalgum lugar ou sofria alguma pancada. Naturalmente, em algum momento ficou claro que a minha personalidade (que gosta de ser chamada de "ego" – não só por mim) gosta quando eu termino as coisas. Tudo o que, de alguma forma tem de ser feito, me irrita: desde esvaziar armários de roupas, passando por elaborar *websites* até a reforma de uma casa de campo. A única exigência: precisa ter um fim visível. Por isso também reservo um certo tempo para o "assunto" ser resolvido. Toda meta alcançada me transmite no final a sensação de que consegui fazer alguma coisa. Uma sensação à qual me acostumei, sem poder realmente gozar o resultado.

Meu foco total está direcionado para o futuro. O presente é algo que se precisa superar depressa e deixar para trás. Pois no futuro estão os sonhos, os anseios, a realização de várias tarefas e, sem dúvida, os tempos melhores.

Eu nunca tinha a sensação de ter chegado ao fim de alguma coisa. E eu acredito que a serenidade só pode surgir quando se está na situação de entregar-se ao presente. E, na melhor das hipóteses, até de desfrutá-lo.

Mas eu não tinha tempo para isso: eu tinha coisas para fazer, situações para resolver, sonhos a alcançar. Cada vivência de sucesso era apenas um momento pequeníssimo de felicidade, que eu mal podia compreender. Eu nunca investi nesses momentos de felicidade. Eu nunca os usufruía, assim como se usufrui um banho quente. Eu sempre ficava imaginando o que ainda tinha de ser feito "depois": secar, passar creme, usar o secador de cabelos. As toalhas tinham de ser penduradas, a banheira tinha de ser limpa. Eu sempre pensava no que devia ser atacado "em seguida". A minha personalidade com o seu desejo de completar as coisas, me tinha totalmente sob controle.

O meu treinamento espiritual pedia cada vez mais que eu reconhecesse o momento presente e continuasse serena. Esse era mais um grande desafio, pois eu era especialista em "quando eu for isto e aquilo":

— Quando eu tiver o meu cachimbo sagrado, as minhas cerimônias serão melhores.
— Quando eu compreender e captar Jesus, as curas funcionarão.
— Assim que eu controlar as minhas emoções, minha vida será isenta de sofrimentos.
— Quando for vegetariana, eu agüentarei com menos sono.
— Quando eu conseguir me sair bem dormindo menos, a iluminação não estará longe.
— E quando eu for iluminada não terei mais problemas.

Um dos meus maiores desafios foi e sempre será a aceitação total do estado em que me encontro no momento – inclusive o lado de sombras.

Tanto quanto é importante esforçar-se pela luz, tão impossível é ignorar o lado de sombras. Cada um de nós o tem. Ele pertence a nós, quer isso nos convenha quer não.

Nós devemos preocupar-nos por não sermos serenos.

Por não sermos amados.

Por não sermos aceitos.

Talvez temamos a morte, temamos a nossa falta de importância, os nossos complexos de inferioridade. Talvez tenhamos medo de voar, tenhamos medo das pessoas, da violência ou do envelhecimento. Existem épocas em que nos sentimos sozinhos, perdidos, sem esperança – e, além disso, ainda desinteressantes – sentimentos que conhecemos mais ou menos. Quanto mais nos abrirmos, tanto mais sentiremos. Quanto mais nos fecharmos, tanto menos sentiremos.

Afinal, somos sensíveis e isso tem suas vantagens, mas também suas desvantagens. Naturalmente seria ótimo se com todas as vantagens que vêm com uma perceptível sensibilidade (por exemplo, intuição) não tivéssemos as desvantagens (como a suscetibilidade). Mas uma coisa sem a outra talvez não seja possível.

Na minha classe de escultura há uma mulher, que eu chamarei de "Paula". Paula é aquilo que denominamos uma "personalidade forte". Para tudo ela tem uma opinião e uma voz, que faria honra a qualquer oficial. O que ela diz vem com ponto de exclamação!

Embora ela se interesse muito por temas espirituais, medite e nós muitas vezes falemos sobre Feng Shui, a situação em que o mundo e as pessoas estão, a seu modo ela é muito abrupta e muitas vezes exigente.

Como nos conhecemos há alguns anos, eu acompanhei várias discussões dentro do nosso grupo de escultura, que eram animadas e até cansativas. Paula gosta de discutir em voz alta e apaixonadamente, inclusive de rolar os olhos, dar profundos suspiros e de gesticular dramaticamente com as mãos.

No nosso grupo de escultura, em geral o modelo se senta no centro, e nós temos nossos carrinhos com rodízios sobre os quais estão massas maiores ou menores de argila com as quais trabalhamos no momento. Como nas esculturas quase sempre se trabalha em três dimensões, todos os participantes se movimentam regularmente ao redor do modelo. Uma vez eles o contemplam de trás, uma vez de frente, uma vez dos lados, uma vez mais de perto, outra vez a maior distância. Alguns de nós ficam por mais tempo em determinadas posições, e em geral se espera até aquela pessoa terminar, caso necessitemos da mesma perspectiva. Ou, o que acontece com freqüência, pergunta-se por quanto tempo o outro ainda precisa dessa posição. Muitas vezes ele então se afasta um pouco para o lado. Às vezes, no entanto, precisamos exatamente dessa perspectiva mais próxima, e então o outro espera até mais tarde. Essa é uma troca muito normal e também harmoniosa.

Chris, que também estuda escultura comigo, certa vez assumiu uma posição diante do modelo, que eu também precisava assumir. Eu precisava aproximar-me mais, para ver melhor o pescoço de frente, mas Chris também estava trabalhando nisso. Eu lhe perguntei de quanto tempo ainda precisava.

"Dez minutos", foi a resposta dela.

Depois dos dez minutos Chris saiu da sua posição e eu empurrei o meu carro, ao mesmo tempo que Paula, para diante do modelo, na antiga posição de Chris.

Esta então disse a Paula: "Sabrina está esperando há algum tempo por essa posição". Com isso ela indicou que eu seria a primeira.

Paula gritou para mim: "Assim não dá, agora já estamos reservando posições? Onde iremos chegar?"

Lágrimas me vieram aos olhos, e eu me afastei com o meu carro.

Por trás de mim o professor disse: "Ah, eu acho que alguém está com disposição belicosa".

Senti-me injustamente agredida e percebi como as outras pessoas se viraram cuidadosamente para mim. Na verdade, eu não queria chorar na frente do grupo, visto que entendi que haveria uma grande discussão que eu queria evitar.

Eu saí da sala. Os outros ainda disseram alguma coisa enquanto eu saía, alguns me ofereceram uma posição nas proximidades, mas eu tinha de sair, e tão rápido quanto possível.

Lá fora primeiro fui até a rua e a percorri para me acalmar. Surpresa, constatei que estava furiosa. Furiosa? Eu nunca me permito ficar furiosa, e muito menos com alguma outra pessoa. Meu primeiro passo treinado e, portanto natural, é ter compreensão com as outras pessoas. Por que ela reagiu desse modo? Qual o segundo plano dessa troca? O que ele/ela precisa de mim para se acalmar outra vez? Essa é a minha lista normal de consulta, que percorro automaticamente. Mas dessa vez nem pensei nisso. Eu dei a volta no quarteirão com passos de gigante e estava – furiosa! Naturalmente conheço a raiva. Afinal, antes do meu treinamento espiritual, muitas vezes eu ficava furiosa. Mas essa raiva era diferente. Percebi que não queria me tranqüilizar, o que sempre costumo fazer. Eu já conhecia a Paula (você sabe como ela é; ela não quis ofender) e normalmente eu começo a me justificar ("não seja tão sensível!").

Mas dessa vez havia uma outra coisa que eu queria extravasar. Numa grande velocidade eu fui em frente. Mudando de repente de direção, murmurando em voz baixa e intensamente: "O que mais? Eu estava no encalço de alguma coisa?" E então, subitamente reconheci e fiquei parada de susto: "Por que eu me retirei imediatamente? Por que não consegui me defender? Por que não consegui ficar serena e dizer: 'Paula, eu esperei por essa posição, e agora vou usá-la' ".

Eu não me defendi. Não me ocorreu fazer isso nem em sonho!

Preferi sair. Ferida. Chorando.

Minha raiva aumentava cada vez mais, e eu estava perplexa com a minha incapacidade de me defender. Eu não acabara de fazer uma terapia?

Eu ainda me lembro de, quando criança e ainda durante meus anos de adulta, ter imaginado como seria o meu enterro. Todos os que me trataram mal iriam chorar(!), ficar diante do meu túmulo. Mas então seria tarde demais! Eles nunca mais ficariam alegres; de consciência pesada, não poderiam mais dormir em paz! Essa idéia era magnífica. Naquela ocasião eu a enfeitava com todos os detalhes e depois de diversas horas me sentia de algum modo consolada.

Quando serei suficientemente adulta para dizer logo do que não gosto?
Quando finalmente me permitirei achar que algo não me serve?
Valham-me os céus, quando afinal aprenderei a me afirmar?

Eu voltei, não sem antes buscar algo para comer virando a esquina. Eu não queria dar a impressão de ter fugido. (Comportamento tolo, infantil, eu sei.) Eu queria evitar discussões para as quais não tinha vontade nenhuma. (Isso soa muito melhor como explicação, certo?)

Quando eu voltei, Paula imediatamente me ofereceu a posição dela.

E embora eu soubesse que essa situação me fora enviada para que eu pudesse modificar as minhas reações, embora eu soubesse que essa era uma troca importante, apesar disso eu não consegui reagir "normalmente" à oferta dela. Eu só olhei rapidamente para ela (não consegui olhar mais tempo nos olhos dela, senão ela veria o que acontecera) e então disse, com um traço de sofrimento (não demais – certamente você conhece as nuances sutis, certo?), exatamente com o mesmo tom na voz, que basta para gerar uma certa inquietação na outra pessoa: "Agora não. Depois. Obrigada". Com isso afastei-me dela.

Eu sei, eu sei, foi um amável castigo espiritual. Não fui suficientemente franca para logo ser reconhecida tão "legal" como eu sou. Eu não dei a ela nenhuma chance real para uma troca, pois nós reagíamos em planos diferentes. Eu ainda estava montada no meu alto cavalo espiritual. E, no entanto, eu gostei quando na aula seguinte ela foi extremamente amável comigo. Sim (suspiro), eu sei...

Quando a minha filha tinha três anos, meu marido Richard e eu fomos passar o final de semana em San Diego, fomos fazer um passeio na praia. Do lado da costa, do outro lado da rua, havia um coche puxado por um cavalo e a nossa filha Júlia queria ir lá para acariciar o cavalo. Richard não parecia disposto. Ele tinha um plano: nós vamos passear de A para B. E tínhamos de nos ater a isso. Atravessar a rua e acariciar o cavalo era um desvio. Eu também reagi mal. Por que não atravessar a rua e acariciar o cavalo? O que perderíamos com isso? Por que temos de manter o caminho reto de A para B?

Com freqüência nos incomoda nos outros o que nós também fazemos. E embora naquela ocasião eu achasse totalmente incompreensível o fato de ele não querer atravessar a rua para deixar Júlia acariciar o cavalo, eu conhecia o comportamento dele muito bem.

Era o meu próprio comportamento.

Eu mesma não interromperia o meu caminho de A para B. Eu queria ir em frente no meu desenvolvimento espiritual, e nada, nenhum cavalo, nenhuma flor me deteriam. E sim, eu estava sob pressão. Deixe tudo de preferência para amanhã, quando não dá certo hoje.

Em cada *visionquest*, em cada viagem espiritual que eu fazia, eu esperava grandes modificações. Nada era longe demais, nada muito cansativo. Eu esperava que algum dia algo fizesse "clique" e então tudo seria diferente. No mínimo, melhor.

Eu queria progredir. Fosse o que fosse que essa palavra quisesse dizer.

Tratava-se menos de eu ser feliz do que de obter autoconhecimento. Eu costumava imaginar que poderia ser feliz quando estivesse sentada no jardim observando as borboletas. Sim, eu sei, eu *devia* ser feliz. Pessoas verdadeiramente espiritualizadas sempre são felizes quando estão serenamente sentadas no jardim observando as borboletas. Mas eu não estava nem um pouco feliz! Eu estava entediada. O que, pelo amor dos céus, havia de errado comigo?

Mesmo nessas situações eu não me permitia lançar uma verdadeira praga. Afinal, eu não queria ameaçar a minha iluminação com um impensado "maldito".

É difícil, quando se quer ser perfeita. Não só pelo fato de que temos de nos esforçar muito mais quando há pessoas presentes; também queremos ser perfeitos quando ninguém nos estiver observando.

Eu já havia planejado e construído a minha vida futura, até mesmo o meu enterro (lembre-se de que eu tenho somente quarenta e seis anos) até os mínimos detalhes (não o enterro como "ofendida", mas o "certo").

No decurso dos anos o cenário do meu próprio enterro modificou-se ligeiramente, o que descrevo a seguir é a "última posição". Embora eu agora constate com surpresa, ao escrever, que há alguns anos não estou mais planejando o meu enterro. Acho que esse é um bom sinal.

Portanto, eis o que desejo: quero morrer na Itália. Cercada pela família e os amigos. Espero que com uma porção de netos. Como só tenho uma filha, ela terá de se esforçar muito para criar esse grupo de netos. O dia em que eu estiver morrendo, haverá uma grande festa, e todos farão os discursos que fariam somente quando eu não estivesse mais no corpo.

Então os netos cantarão alguma coisa (espero que seja relativamente belo). Finalmente eu me concederei duas horas de massagem ao ar livre – ah, será que já mencionei que devo morrer no verão? No outono, na primavera ou no inverno simplesmente é muito frio para uma massagem no jardim. Nesse caso eu poderia buscar a morte...

Sim, então me deitarei para morrer. Descontraída, visto que não preciso esforçar-me para levar o corpo.

É isso.

Bem planejado, certo?

Mas agora ainda não estou morta. E um planejamento assim também tem um alicerce inseguro. Além da dúvida se a minha filha quer produzir um neto para mim, quanto mais cinco ou seis, talvez eu seja atropelada por um ônibus em Frankfurt. E nesse caso todos os preparativos terão sido em vão.

Uma das minhas mestras, Byron Katie, certa vez disse a alguém, que tinha uma vida saudável e que não comia chocolate nem praticava sexo, etc.: "Você pode imaginar como ficará com raiva, se em vez de ficar uma idosa 'em forma', você for atropelada por um carro aos cinqüenta anos?"

Dei uma estrondosa gargalhada. Sim, é verdade. É provável que devamos conceder-nos algumas coisas no aqui e agora com serenidade. Afinal, eu não me apresentei à ascese. E isso também seria uma pena, uma vez que o mundo está cheio de pães, vinhos preciosos, champanhes selecionados, magníficos pastéis e toques de fazer derreter.

Aprender a viver

Eu espero que este novo livro não dê a impressão de que subitamente questiono tudo o que aprendi, experimentei e testei nestes últimos anos ou que eu me divirta com isso.

Eu não faço isso.

Tempos depois sempre nos tornamos mais espertos e comigo não foi diferente. É provável que você tenha vivido experiências semelhantes às minhas: quando a nossa família se reúne, com freqüência damos boas risadas do que "já aconteceu antes". Rimos das nossas vivências, da nossa infância, de todas as coisas que naquela época foram tão difíceis, sérias, cansativas, mas também estranhas, alegres ou insanas. Hoje, trinta anos depois, essas experiências na maioria das vezes se transformaram em anedotas que provocam um sorriso. Mas o amor, as experiências ou os ensinamentos que tiramos disso sempre continuam presentes. Só que não vemos mais tudo tão limitado.

Para mudar a nossa vida totalmente – para nos descobrirmos de novo – necessitamos de força e de uma forte consciência do objetivo. Infelizmente, não me foi possível desenvolver a suficiente serenidade para isso. Naquela ocasião, eu considerava esse impulso para a frente muito importante; e, com ele, naturalmente, vinha uma determinada teimosia. Sem esse impulso provavelmente eu não teria sentido entusiasmo suficiente para trilhar o meu caminho espiritual com o necessário sucesso. Por isso, ele teve sua utilidade e sou grata por isso.

Muitas coisas se modificaram: eu como carne outra vez, tomo bebidas alcoólicas outra vez e até gosto de dançar em clubes enfumaçados (é claro que sem fumar – alguma coisa eu devo ter aprendido sobre isso).

Eu continuo abençoando a minha comida e rezo todos os dias. Minhas meditações acontecem (na maioria das vezes) duas vezes por dia, mas não em horas determinadas. Às vezes elas duram cinco, às vezes vinte e cinco minutos. Eu vivo e deixo os outros viver como quiserem – sem querer convertê-los.

A melhor coisa que provavelmente aprendi com o meu treinamento espiritual foi demonstrar compreensão pelos outros. Meu anseio de querer curá-los ou ao menos convencê-los diminuiu radicalmente. E às vezes eu me questiono se talvez tenha me tornado egoísta, preguiçosa ou indolente. Vejo com menos estreiteza o meu "estar-a-serviço". Eu não quero estar somente a serviço das outras pessoas, mas também a meu próprio serviço.

Estou certa de que a minha vida continuará se modificando. Como, naturalmente, ainda não posso dizer. É isso que é interessante na nossa existência. Eu sei também que tanto para nós como para a natureza existem "estações". Períodos que são pensados para o crescimento, a criação ou o relaxamento, ou seja, para o descanso. E é provável que eu esteja outra vez numa nova fase.

Duas vezes por ano marco uma sessão para uma canalização particular com Theo ou Solano, e duas vezes por ano consulto a minha astróloga. Bem, na verdade, eu *ia* duas vezes por ano à minha astróloga...

Quando as minhas irmãs espirituais e eu tiramos uma semana de férias na Itália em 2003, foi diferente do que de costume. Nós meditávamos juntas – em vez de duas vezes por dia, como antes – somente algumas vezes. Em vez disso ríamos muito, nos descontraíamos e contávamos muitas histórias.

Num desses dias eu voei para Frankfurt para comparecer a um enterro. Fiquei toda a tarde na casa de amigos, uma família muito grande, muito íntima e animada. Horas depois, de repente, senti-me estranha. Uma sensação esquisita de peso e depressão tomou conta de mim, e de preferência eu queria sumir. Eu não sabia o que estava acontecendo, mas sabia que havia acontecido algo que eu não provocara.

Eu fui para fora a fim de fazer um pequeno passeio. Assim que fechei a porta atrás de mim, senti um desejo urgente de pegar um táxi e ir embora. Afinal, o que estava acontecendo comigo?

Encostei-me a uma árvore e rezei. Surgiu à tona uma imagem: eu vi uma esponja. Entendi imediatamente o que isso significava. Eu entrei, juntei-me à família e logo captei todo o luto e o sofrimento existente ali. E agora eu estava repleta. Por isso essa sensação estranha. Eu sabia que precisava de ajuda.

Portanto, peguei o meu celular e telefonei para as minhas amigas na Itália. Pedi que me ajudassem. Pedi que se sentassem para uma meditação conjunta e me ajudassem a esvaziar a minha esponja outra vez.

Elas prometeram fazer isso.

Depois de dez minutos me senti mais leve. Foi uma das minhas experiências mais surpreendentes. Naturalmente eu conhecia a força da oração, mas era muito bom poder senti-la também.

Pouco tempo depois voltei a me juntar às minhas amigas. Eu era eu novamente. Não sem antes deixar a minha esponja diante da porta da casa.

Essa ajuda foi possível devido à estreita união com minhas irmãs de alma. Nós tecemos a nossa união durante muitos anos – e eu tenho certeza: também durante muitas vidas. Eu sinto a grande graça de ter um grupo de pessoas com que posso contar a qualquer momento ao meu redor; e, naturalmente, eu espero que elas saibam que podem contar comigo. Nós todos sabemos que amizades profundas não "surgem do nada". E mesmo quando passamos muitas vidas juntos, ainda existe o livre-arbítrio, que nos permite ficar com aquelas pessoas ou não.

Eu tenho irmãs de alma muito íntimas, que só estiveram intensivamente presentes na minha vida durante alguns anos. Elas ou eu nos decidimos de modo diferente. A nossa vida, as nossas decisões nos levaram para outras direções. Talvez nos encontremos mais uma vez nesta vida, talvez não. Amizades precisam de tempo. Sem tempo passado junto não existem amizades. Nós criamos uma rede de amigos; e quanto mais intensa, mais freqüente, mais calorosa, mais honestamente nós lidamos com eles – e, naturalmente, eles conosco – tanto mais profundos serão os nossos relacionamentos. Nós nos abrimos, permitimos que entrem, e eles também nos deixam entrar. Todos nós sabemos como essa intimidade é criada.

Eu ainda não senti a iluminação. Há momentos em que sinto que não estou mais tateando nas trevas, mas eu não chamaria isso de estar "iluminada". E quem sabe, eu já tenha uma estranha suposição de como uma pessoa verdadeiramente iluminada deva parecer e se movimentar. Na última semana recebi um convite por e-mail, para assistir ao Mestre totalmente realizado "Fulano de tal". Nesses casos costumo pensar: "Quem pode afirmar que está 'plenamente realizado'?" Se outras pessoas falarem isso dele, pode tratar-se da opinião delas. Mas escrever algo assim sobre si mesmo...? Minha curiosidade de conhecer um autodenominado "mestre totalmente realizado" não foi suficientemente grande.

Eu acredito que estamos aqui porque queremos juntar experiências. Cada um de nós, experiências diferentes. Estamos na Terra para entender o que a vida significa, que não estamos separados de Deus, mas que sempre estamos ligados a Ele como os raios estão ligados ao sol. Acredito no livre-arbítrio e, ao mesmo tempo, num determinado caminho e em determinadas tarefas que a minha alma trouxe para esta vida. Acredito que o universo está a meu favor, e que ele me apóia em tudo o que eu quiser experimentar. Posso não gostar de algumas dessas experiências, algumas podem ser dolorosas, mas elas são necessárias.

Naturalmente nem todas as perguntas são respondidas. Questionei tão intensamente durante dez anos e recebi tantas respostas que estou realmente "vazia de perguntas". Talvez surja nova rodada. Talvez não.

Houve tempos em que eu tinha certeza de que não queria voltar a este planeta. Hoje eu me alegraria com isso.
Houve tempos em que desejei que esta encarnação fosse a última. Hoje eu acho as próximas excitantes.
Houve tempos em que desejei levar o meu corpo junto na hora de morrer. Hoje me pergunto, para quê?
Houve tempos em que meu único tema de conversação era Deus. Hoje acho muitos outros temas interessantes outra vez.
Houve tempos em que eu achava monótonas todas as pessoas que não se ocupassem de Deus. Hoje não gosto de falar sobre Deus. Eu prefiro senti-lo.
Houve tempos em que nada mais desejava a não ser sentir a felicidade. Hoje eu sinto saudade, confusão, tristeza, paixão, insegurança, medo de ser abandonada, irritação, desejo – e tudo o mais que há na nossa grande paleta emocional.
Eu aceitei que sou humana. E que, com isso, reúno determinadas experiências humanas e tenho determinados sentimentos humanos. E não quero mais livrar-me deles. Reconheci que esses sentimentos são certos e que mostram a minha temperatura como num termômetro. E eu não quero mais fingir que eles não existem ou tentar afastá-los por meio da meditação. Realmente eu estou em condições de achá-los interessantes. Naturalmente, algumas vezes eles são apenas irritantes ou dolorosos.

Agora quero simplesmente "aprender a viver". Eu acho que não sou muito boa nisso.
Eu sei o que significa assumir responsabilidades. Eu sei o que significa preocupar-se com os outros. Eu sei o que significa ser disciplinada, corajosa e começar algo novo com um agudo senso de objetivo.
Mas isso não é toda a vida. Faltam-me muitas coisas.

Começo a intuir o que significa entrega. O que significa desapego. Tento, verdadeiramente, compreender que não devemos proteger nunca o coração, mas apenas deixá-lo morrer. Só há pouco tempo comecei a aceitar os meus sentimentos – sem logo querer mudá-los. Eu começo justamente a viver uma vida mais fácil. Eu quero divertir-me mais e rir, do fundo do coração, quero ser mais alegre. E eu desejo experimentar uma intimidade com as pessoas que eu amo e que estão perto de mim.

E desta vez, somente desta vez, não me coloco sob pressão. Não existe um objetivo que eu tenha de alcançar. E se eu não conseguir alcançá-lo nesta vida, então o farei na próxima.

Para o que, então, serviria a eternidade?

Obrigada

Alguns membros da família, amigos e conhecidos participaram deste livro e quero agradecer calorosamente por isso. Não só pelo fato de me terem dado o seu tempo e com isso o seu coração e conhecimentos para todos nós: eles tiveram de suportar os meus e-mails e telefonemas durante semanas, com os quais eu sempre os irritava outra vez, até obter as prometidas vivências:

"Meus queridos, não me é possível expressar em palavras que grande alegria vocês proporcionaram à minha vida. Obrigada, obrigada pela sua proximidade, seu conforto, seu bom humor e sua generosidade. Thank you for being a part of my life. I couldn't do it without you. I love you for ever [Obrigada por serem uma parte da minha vida. Eu não conseguiria fazê-lo sem vocês. Eu os amarei para sempre]."

Susanne Adlmüller, Renate Gsottberger, Carolin Frydman, Eva Herman, Taylor Jackson, Ursula Karven, Sheila Kenny, Samantha Khury, Mon Müllerschön, Tom Ockers, Peter Probst, Gerhard Riemann, Stan Swartz, Sunny Swartz, LD Thompson, René Tischler, Sharon Walker, Rita Werner. De todo coração agradeço a Polly Dovenmuehle e Nina Utne. E, naturalmente, a todos os meus outros amigos que tiveram sucesso em fugir da contribuição.

Para Júlia, minha magnífica filha:

"Agradeço a Deus todos os dias pelo fato de poder tê-la como filha. Eu espero muito que, como adulta, você não precise de anos de terapia para superar a sua estranha mãe. Eu a amo por toda a eternidade."

Para Richard:

"Thank you for staying in my life. I know it is forever. I am so grateful for having this deep friendship with you and if you should ever need a kidney or anything else for that matter, it is yours. I couldn't have wished for a better friend."

[Obrigada por permanecer na minha vida. Eu sei que é para sempre. Sou muito grata por ter essa amizade profunda com você e se alguma vez precisar de um rim ou de qualquer outra coisa, são seus. Eu não desejaria um amigo melhor.]

Eu agradeço ao meu editor Gerhard Riemann:
"Obrigada, Gerhard, como sempre pelo seu conselho e as suas idéias para o quarto livro que publicamos juntos. Gostaria de saber como isso vai continuar!"

Agradeço ao revisor do meu livro, Ralf Lay:
"Além do agradecimento devo pedir desculpas pelos meus terríveis erros gramaticais no inglês e no alemão, que certamente lhe deram trabalho adicional. Obrigada! É surpreendente que depois do nosso terceiro projeto conjunto você ainda não tenha desistido."

E agradeço a Werner Lord, leitor da Goldmann:
"Querido Werner, obrigada por você sempre preocupar-se com tudo o que exige tanto trabalho, visão geral e tempo. É tranqüilizador saber que você cuida tão bem do parto do livro."

Mon Müllerschön, que como sempre é a primeira a quem confio os meus livros:
"Obrigada, Mon, você é o meu barômetro! Eu valorizo muito não só o seu conselho, mas também a você mesma!"

Eu agradeço a G. – o homem que eu amo – por tudo o que ele é; e isso é bastante:
"Eu sei que você agradece ao céu pelo fato de nos termos descoberto novamente, depois que o 'pior' já passou. Mas eu não posso prometer nada... eu agradeço porque você abriu o seu coração e os seus braços para mim, e pelo fato de me amar tão indescritivelmente."

Eu agradeço pelo amor infinito que recebo dos meus anjos e dos meus mestres: Jesus, Zaratustra, Solano e Theo.

Agradeço de joelhos a Deus, que é o meu pai e a minha mãe, pela graça de poder viver.

E eu agradeço a você – pelo seu tempo e a sua paciência. Que este livro possa lhe ser útil. Eu espero que ao menos você tenha se divertido.